环境行政法律责任规范的体系化研究

梁晓敏 ◎ 著

Systematization of the Norms of Environmental Administrative Legal Liability

中国法制出版社
CHINA LEGAL PUBLISHING HOUSE

浙江省习近平新时代中国特色社会主义思想研究中心省委党校基地
中共浙江省委党校浙江省"八八战略"创新发展研究院
资助成果

序

梁晓敏博士邀请我为她的专著作序，我欣然答应。她是我指导的硕士生和博士生，这本书是在她博士论文基础上修改完成的。2015年9月，她到中国人民大学法学院就读硕士研究生，入学当时的环境法教研室采用抽签方式确定导师，在当年入学的5位硕士生中，只有她抽中我作为指导老师，从此有缘建立师徒关系。我对这份真挚的师生情谊非常看重，且行且珍惜。

我一贯主张学生的培养方案应当与学生自身职业规划相匹配，不能千篇一律。我总觉得，博士生导师好比艺术品设计师，因材施教要求我们基于对博士生专业基础、兴趣志向、思维特质等的准确、综合研判，为其设计博士期间的能力培养和学术训练方案，乃至引导其确立学术和职业规划，所以每一个博士生的培养方案都是一份独特的育人方案，这不比艺术品设计要求低。甚至答案还有几分悬念，每份独到的学术训练方案最终能否实现设计初衷，还需待10年、20年，甚至更久的未来才能揭晓设计与培养的成败。

梁晓敏在硕士生入学后不久就决定未来要开展学术研究，这也让我对她的培养能够进行更长期的规划，包括训练其发现问题、理解问题、分析问题和解决问题等能力，研习文献、综述观点、提炼命题、文字表达等学术基本功。我越来越感到，学术人才培养若能形成团队和梯队，自然是更高效、美妙的职业之旅，但有时真的可想不可得、可遇不可求。梁晓敏刚入学时，适逢我已开始学着如何指导博士生，她的同门师姐丁霖时常被安排带着她一起完成一些专项的科研任务，于是梁晓敏就成了丁霖的小助理，也无意中有了科研、教研的传帮带提高育人效率的一点点尝试。我想，后来梁晓敏能快速独立承担并完成学术研究的任务，也得益于丁霖博士的传帮带。我有幸见证了她们在学学问问互助中的成长，耳闻了学生们"博士僧"艰难之旅中互相抱团勉励和互助的经历。这一定给认真的生命扮演者留下了温馨、美好的记忆，也必将是面对挫折困苦时战胜困难的一份力量。

自2015年硕士入学以来，梁晓敏就持续参加了生态环境部（原环境保护部）委托我主持的《环境保护法》配套办法实施情况评估专题研究。她从一开始就参与整个专题的研究评估工作，对工作的整体情况很了解，在后期逐渐成为这个评估项目团队的牵头人，实现了她在整个科研团队中的角色转型。她在我拟定的课题框架下开展课题研究，比较合理地设计课题推进方案，并在这项课题研究中逐步培养了自己的学术研究能力和团队协作能力。

我一直秉持环境法学教育应当重视实践教学的理念，不管是本科生、研究生还是博士生，学习都不能远离环境法实践。梁晓敏是我备课组的成员之一，在环境公益诉讼成为环境法体系中新的组成部分之后，她主动提出要做这部分案例资料的搜集人，平时主动关注热点和典型案例，并及时补充进备课素材库，丰富课程内容。虽然当时的环境公益诉讼实践开展得如火如荼，但是环境公益诉讼知识在形式上并不够体系化。以环境公益诉讼的丰富实践为契机，我打算把多年开展环境法实践教学的经验转化为文字，尝试出版教材，一方面可以直接适用于环境法诊所教学，另一方面也可以构建体系性的环境公益诉讼理论知识框架。当我把这个想法告诉梁晓敏后，她也很兴奋。她先是搜集了当时公开可获取的案例教材，研究了这些教材的体例。在我们进行了几轮沟通之后，决定采用"以案释法"的模式，用"知识点理论阐述+案例对知识点进行实证解读"的思路开展这本教材的设计。在确定案例教材的体例之后，加上她之前有足够多的环境公益诉讼案例素材储备，很快她就把整本教材的体例框架、典型案例拿出来，在我指导的研究生学术组会上供大家讨论完善。之后，我的学术团队在商定的框架下开展教材编写，《环境公益诉讼实案释法》出版之后获得了较高的学术评价，荣获了"全国法律诊所教育优秀教材奖"。后续我主编出版的环境法实案释法系列教材都是以《环境公益诉讼实案释法》的体例为模板，可以说这本书是这套系列教材的试金石。在这项工作中，梁晓敏得到了案例研究能力的训练和提升，这为她顺利取得博士学位和日后独立开展环境法学术研究打下了坚实的基础。

除出版教材外，我的团队还尝试研发一些教学视频。例如，在中国大学MOOC（慕课）平台上线《环境公益诉讼的理论与实案解析》课程，制作《"绿孔雀民事公益诉讼案"案例实训》并参加2020年法律硕士视频案例大赛，在这两项教研活动中，梁晓敏都参与了课程策划、脚本设计工作，同时也在后期的视频剪辑、校对、修改上贡献良多。此外，梁晓敏还协助我参加了多项科研和教学工作，如《生态环境法典专家建议稿及说明》的起草和研究、《关于审理人民检察院提起行政公益诉讼案件适用法律若干问题的解释（专家建议稿）》的起草和论证、《环境法入门笔记》的撰稿和更新等。我想，这些科研、教研工作对她逐步形成学者和教师的思维方式、工作方式及方法，都有一种细细、绵绵的影响。

据我观察，环境法案例研究贯穿了梁晓敏在中国人民大学法学院学习的各阶段，围绕环境司法案例开展的相关研究激发了她对环境法研究的极大兴趣。在研读环境司法案例时，她不仅会关注案例裁判或处理结果的实质合理性，同时也会思考相关实践的合法性。例如，她从比较法研究的视角思考环境行政罚款的多重功能，撰写了《环境行政罚款的替代性履行方式研究》，讨论环境行政罚款功能填补的路径；她敏锐地发现环境司法中的"技改抵扣"现象，并进行了学术分析和思考，基于此撰写了《论环境诉讼中"技术改造"责任承担方式的规范化》一文，研究了这类责任承担方式适用的规范边界，还提出应当由行政机关主导实施这项责任承担方式的学术观点。以这两篇学术论文为代表，基于持续的收集、整理、观察、思索，她对博士论文的选题思路逐步清晰，尝试从更宏观的角度思考环境行政法律责任规范体系的科学性问题，直至完成博士论文。

梁晓敏的博士论文研究对象是"环境行政法律责任规范"。在环境行政法律责任研究中，学者更多从理论角度讨论环境行政法律责任的功能、环境行政法律责任与其他两类责任的关系处理等。而基于其博士论文修改完善的这本书的不同之处在于，不拘泥于从静态规范的视角研究环境行政法律责任规范，其引入了体系化理论，从内在体系、外在体系和体系融贯的角度分别论证环境行政法律责任规范进行建构或完善的理论基础及要点；还基于环境法实践来解构环境法原则，提出了建立以环境责任原则为核心，以其他环境法基本原则为辅助的"中心—辅助"内在体系结构；同时认为环境行政法律责任规范的外在体系应然结构应当是"三层金字塔"结构，这个模型在内容上包括"基本原则"条款、"一般条款"和"具体规则"条款。

我希望博士论文仅仅是一个学术探索的开端，梁晓敏未来能坚持学术追求的初心，能对其在博士论文中所提的学术命题，不断完善论证、不断验证确信，并尝试使之转化为环境法治实践或有助于环境法治实践的完善。

如果用一句话概括梁晓敏给我的最深印象，我想说，她具有一种将"概念"转化为"现实"的超凡能力。难忘她每每将我或科研团队所提的一个想法转化为一本案例教材的编写方案、编写手册、编写示例，将一个研究假设转化为一篇学术论文，将一门参考的网上慕课转化为一套收集案例的规范、撰写脚本的模板、选摘图片视频素材的方案、拍摄视频的"剧本"、剪辑慕课后期文案……祝贺梁晓敏博士出版自己的首部学术专著！希望她能继续保持学术好奇心和敏锐观察力，敢于向更多更难的学术命题发起挑战，取得更多更大的成就，工作与生活双丰收。

中国人民大学法学院教授　竺效
2024年1月28日

目 录

导论 / 001

    一、选题背景和研究价值 / 001

    二、研究现状 / 007

    三、基本思路和主要内容 / 021

    四、研究方法 / 025

第一章 环境行政法律责任规范体系化的概述 / 027

第一节 环境行政法律责任规范体系化的基本范畴 / 029

    一、环境行政法律责任规范的界定 / 029

    二、环境行政法律责任规范体系化的内涵 / 034

第二节 环境行政法律责任规范的问题 / 045

    一、环境行政法律责任规范的立法不足 / 045

    二、环境行政法律责任规范的实践困境 / 048

第三节 环境行政法律责任规范体系化的理念 / 059

    一、适度功能主义理念 / 059

    二、责任过程理念 / 061

第四节　环境行政法律责任规范体系化的意义 / 065

一、环境行政法律责任规范体系化的实践意义 / 066

二、环境行政法律责任规范体系化的学理意义 / 069

第二章　环境行政法律责任规范的内在体系建构 / 077

第一节　环境行政法律责任规范的内在体系建构基础 / 080

一、内在体系的法内影响因素 / 080

二、内在体系的法外影响因素 / 086

第二节　环境行政法律责任规范的内在体系建构要求 / 089

一、环境理念、价值等对环境法的影响 / 089

二、政策对环境法的塑造 / 091

第三节　环境行政法律责任规范的内在体系核心 / 094

一、环境责任原则的表达修正 / 094

二、环境责任原则的价值明晰 / 100

三、环境责任原则的功能拓展 / 102

第四节　环境行政法律责任规范的内在体系结构 / 105

一、责任过程理念下环境责任原则"二元"结构 / 106

二、功能主义理念下其他基本原则的辅助作用 / 108

第三章　环境行政法律责任规范的外在体系完善 / 115

第一节　环境行政法律责任规范的外在体系要素与效益 / 117

一、外在体系的要素 / 117

二、外在体系的效益 / 121

第二节　环境行政法律责任规范的外在体系完善要求 / 124
　　一、融合行政法律责任理论和环境法要求 / 124
　　二、化解法律政策对外在体系的消解 / 129

第三节　环境行政法律责任规范的外在体系结构 / 132
　　一、环境行政法律责任规范的外在体系实然结构 / 132
　　二、环境行政法律责任规范的外在体系应然结构 / 137

第四章　环境行政法律责任规范的体系融贯 / 145

第一节　环境行政法律责任规范体系融贯的内涵和方式 / 147
　　一、法律规范的体系融贯内涵和方式 / 147
　　二、环境行政法律责任规范体系融贯的方式 / 153

第二节　我国促进环境行政法律责任规范体系融贯的实践 / 159
　　一、技术改造的界定 / 159
　　二、技术改造适用的无序情况及原因 / 163
　　三、技术改造作为功能性一般条款的规范性构建 / 167

第三节　域外促进环境行政法律责任规范体系融贯的经验 / 174
　　一、环境行政罚款替代性履行方式的规范性分析 / 175
　　二、环境行政罚款替代性履行方式的政策性分析 / 181
　　三、环境行政罚款替代性履行方式的技术性分析 / 185

第五章　环境行政法律责任规范体系的实现 / 195

第一节　环境行政法律责任规范体系的立法实现 / 198
一、环境行政法律责任规范的条款类型 / 198
二、比较法上环境（行政）法律责任规范的体系结构 / 202
三、其他部门法上法律责任规范的体系结构 / 208
四、我国环境行政法律责任规范体系的"总—分"结构 / 209

第二节　环境行政法律责任规范体系的适用 / 212
一、环境行政法律责任规范体系的适用规则 / 212
二、环境行政法律责任规范体系的适用保障 / 216

结论 / 223
一、本书的基本观点 / 223
二、本书的创新点 / 226
三、本书的局限和不足 / 228

附录 / 230

附录1　环境保护类法律中的技术改造条款情况 / 230
附录2　环境诉讼中技术改造案例要点情况 / 232

参考文献 / 237

导 论

一、选题背景和研究价值

（一）选题背景

本书研究环境行政法律责任规范体系化的动因源于对目前环境行政法律责任规范存在问题的观察。环境法律责任是否落实关乎生态文明的建设效果。"我国80%的法律、90%的地方性法规以及几乎所有的行政法规和规章是由行政机关执行的"[①]，在一定程度上行政法承担了生态文明的保护功能[②]。就环境法律责任而言，"行政责任是最主要的环境法律责任"[③]。环境行政法律责任规范在环境法律责任规范中占比较大。实践情况中凸显了目前环境行政法律责任规范存在的一些问题。

首先，"严格型"环境行政责任规范"主场"下出现"柔性"规范的狭小适用空间。针对历史上出现的因环境执法不严、违法成本低等情况导致的环境

[①] 李洪雷：《行政体制改革与法治政府建设四十年（1978—2018）》，载《法治现代化研究》2018年第5期。

[②] 参见关保英：《新时代背景下行政法功能重构》，载《社会科学研究》2018年第5期。

[③] 巩固：《守法激励视角中的〈环境保护法〉修订与适用》，载《华东政法大学学报》2014年第3期。

问题突出，①以2014年《环境保护法》修订为时间点，此后的环境保护类法律规范修改的一项显著变化和重要特点是将强化法律责任作为落实最严格生态环境保护制度的保障②。这种趋势在环境保护类法律规范中的体现：不仅细化了刑事责任法网，而且环境行政法律责任强度也明显加大，如2014年《环境保护法》增设了按日连续处罚；原环境保护部颁布实施了《环境保护主管部门实施按日连续处罚办法》《环境保护主管部门实施查封、扣押办法》和《环境保护主管部门实施限制生产、停产整治办法》，五部委联合发布《行政主管部门移送适用行政拘留环境违法案件暂行办法》③。这些规范措施被形容为"环保法长出钢牙"，此评价在很大程度上准确描述了强化法律责任规范对于落实《环境保护法》产生的巨大作用。即便如此，为了实现一定的社会、经济目标，实践中通过相关政策或补充制度对"严格"追究环境行政法律责任的"基调"进行了一定调整，如"轻微生态环境违法行为免罚清单"和执法方式灵活的情况。这些实践中因现实需要创设的制度和更新的执法方式在外观上呈现出与前述环境行政法律责任规范的"严格"要求相反的趋势。总体看来，目前环境行政法律责任规范的类型打破了"严格型"责任规范的"一言堂"局面，从为更好地实现环境法律目的、促进社会发展的角度开始有"灵活性"规范的适用空间。

其次，"严格型"责任规范的适用导致环境行政法律责任双方关系的紧张对峙。"严格"的法律规范在环境行政执法实践适用中引发了法律关系双方当事人的紧张关系。为了确保环境行政机关及其相关人员正确履行职责，2014年《环境保护法》与后续的制度建构亦强化了环保行政机关的责任。这种压力

---

① 参见丁敏：《"环境违法成本低"问题之应对——从当前环境法律责任立法缺失谈起》，载《法学评论》2009年第4期；柯坚：《当代环境问题的法律回应——从部门性反应、部门化应对到跨部门协同的演进》，载《中国地质大学学报（社会科学版）》2011年第5期；刘传义：《环境执法为啥这样难？》，载《中国环境报》2014年2月26日，第02版。
② 参见《关于构建现代环境治理体系的指导意见》《中共中央关于坚持和完善中国特色社会主义制度 推进国家治理体系和治理能力现代化若干重大问题的决定》。
③ 参见寇江泽：《环保的"钢牙"可以更利些》，载人民政协网，https://www.rmzxb.com.cn/c/2017-04-26/1504644.shtml，最后访问日期：2023年10月19日。

传导到执法环节,与加大的环境行政法律责任力度一起对环境行政法律关系相对人形成了巨大压力。这在实践中表现为环境行政法律关系双方当事人的紧张对峙,涉及从干扰执法到人身冲突等各类现象,如拒绝检查、撕毁封条、干扰执法、破坏执法设备,甚至双方发生暴力冲突[①]。为应对这类情形,加重了阻挠执法的处罚力度[②]又加剧了执法矛盾。这种"强压"产生了环境行政执法效果的负外部性,并且这种负外部性外溢又产生了一定的社会矛盾。未区分(广义的)环境行政法律责任规范的不同适用逻辑导致了执法效果的负外部性。

最后,针对环境法律责任的创新呈现多样性。前述紧张的环境执法关系对于实现环境目的并无助益,反而增加了社会矛盾。为了缓解矛盾,同时也为了更好地实现救济生态(环境)[③]损害的目的,在制度建构的顶层设计层面提倡司法机关在责任履行方面依据行为人的主观和客观情况"探索多样化责任承担方式"。这种较为灵活的责任承担方式已经在司法实践中被广泛适用,如基于人文主义关怀,考虑到被告人无力承担金钱赔偿,法院判决被告人进行公益劳动以"劳务代偿"方式履行责任[④];基于《环境保护法》的基本理念,把生态保护和环境修复放在判定法律责任履行方式的首位,鼓励企业进行产业技术改造并以相应成本抵扣相当比例的环境修复费用[⑤]、适用"补种复绿""增殖放流"等修复方式[⑥];为平衡企业生产经营和支付环境修复费用的

[①] 参见马新萍:《阻挠执法比环境违法性质更恶劣》,载《中国环境报》2018年9月20日,第02版。

[②] 参见贺震:《遏制阻挠执法须补齐法律短板》,载《中国环境报》2017年4月21日,第03版。

[③] 已经有学者从词源的角度通过历史考证对"生态环境"的词语予以正名,论证其在学术讨论中采用"生态(环境)"更为合理。出于尊重官方文件语词,并兼顾学术研究严谨性的考虑,本书在引用官方文件等相关部分采用"生态环境"表述,在学术讨论语境中适用"生态(环境)"表达。学者对词语的考证参见巩固:《"生态环境"宪法概念解析》,载《吉首大学学报(社会科学版)》2019年第5期。

[④] 参见(2014)连环公民初字第00002号;(2018)浙11民初104号。本书此类案例均来源于中国裁判文书网,最后访问日期:2024年1月19日。

[⑤] 参见(2015)民申字第1366号。

[⑥] 参见《最高人民法院环境资源审判庭成立五周年新闻发布会》,载人民法院网,https://www.chinacourt.org/article/subjectdetail/id/MzAwNMhON4ABAA.shtml,最后访问日期:2023年10月19日。

压力，妥善处理环境保护与经济发展，允许被告分期赔付环境修复费用①等。即便在刑事案件中也较为普遍地适用非刑事措施来救济生态（环境）损害，如将前述"补种复绿""增殖放流"等措施作为环境刑事案件的量刑考量因素以鼓励责任人进行生态（环境）修复、落实环境法律目的。司法机关有关法律责任的创新主要出现在环境民事案件履行阶段和环境刑事案件的责任量刑阶段。与司法机关基于能动性创新不同，以行政机关为主导的创新，如建立"轻微环境违法行为免予处罚"清单等制度是通过赋予行政机关自由裁量权的方式对《行政处罚法》规定的免罚机制进行激活。在满足特定条件下免除对特定环境违法行为的处罚与优化营商环境的背景有巨大关系；责任履行端鼓励责任人以修复生态（环境）的方式承担责任或者在量刑阶段考虑责任人的相关行为以减轻刑罚。这些创新责任方式在一定程度上具有殊途同归的作用，表明环境法律责任在朝着功能导向的方向发展。

前述问题反映出，环境行政法律责任规范在类型上既有加重责任的"严格"型规范，也有免予处罚的"柔性"规范；既有处罚违法行为人的规范，又有规制环境行政机关人员的规范。同时，从行政机关与司法机关同时创新及适用的情况看，相较于环境民事法律责任和环境刑事法律责任的"灵活"，环境行政法律责任更加强调"规范性"。综合来看，这反映出环境行政法律责任规范存在三类问题：第一，规范类型不均衡，即倚重"严格型"责任规范；第二，规范类型混同，即未依据规范运行逻辑区分规制不同主体的规范类型；第三，环境行政责任规范坚守规范性，未从功能性角度出发进行创新，传统的"严格型"责任规范无法全面维护环境行政秩序。

环境行政法律责任是环境法律责任的一个重要类型。目前对于环境法律责任的研究集中在以公益诉讼为代表的程序性规则②研究、生态（环境）

---

① 参见指导案例129号：江苏省人民政府诉安徽海德化工科技有限公司生态环境损害赔偿案；（2017）鲁01民初1467号。
② 参见竺效：《建立生态（环境）损害预防与救济长效法律机制》，载《中国环境报》2017年12月22日，第03版。

损害赔偿法律责任的方式及性质等问题的研究。对环境行政法律责任的实体内容研究较少。对于环境行政法律责任研究的单一与其在环境法律责任中占比较大且具有明显的不匹配性。

从促进环境法治发展的角度而言，环境行政法律责任的研究也具有重要作用。在环境立法已经比较完备的时代背景下，环境立法的重点已经从"多"立法向"好"立法进行转变。其中实现法的目的或者更好地实现法的秩序是"好"的一个判断标准。同时，作为环境法的一个重要组成部分，环境行政法律责任规范的内容及其编排在很大程度上体现了立法技术水平。目前，环境保护法律中行政法律责任规范类型较为单一，导致实践中存在一定困境。因此，就制定"好"的环境保护法而言，环境行政法律责任规范的编排是一个重要的评价标准。从长远来看，生态环境法典的编纂工作已经被提上立法日程。环境行政法律责任规范作为生态环境法典的重要组成部分，对其的研究深度是影响判断生态环境法典的立法技术是否成熟的重要"指标"。

（二）研究价值

在理论研究中，环境法律责任规范的研究多集中在环境民事责任规范，因为其具有区别于传统侵权责任的诸多特色。近年来，对于环境刑事责任规范的研究也逐渐增多，其中也涉及环境民事责任承担方式对环境刑事责任量刑方面的影响。对环境行政法律责任规范的研究集中于环境行政活动中创设的各种强化环境行政职权的制度，如环保督察、环境行政公益诉讼等。对于实践中偶尔出现的环境行政机关能动创设的执法方式，因缺少法律规范作为依据则较容易受到突破环境行政权的诟病。同时，对于（广义）环境行政法律责任规范的混同研究，导致未厘清不同类型规范的运用逻辑产生相关问题。在研究顺序上，应当先确定环境行政法律责任规范的范围。

狭义的环境行政法律责任（仅指环境行政违法相对人的责任，下文若无专门说明，都仅指狭义的概念），作为联结环境行政主体和环境行政相对人的法律责任类型，长期以来都存在对其功能的认识局限性。因为冠以法律责任的属性，环境行政法律责任的目的与惩罚违法行为进行了单向度"捆绑"。在极力追求实现惩罚目的的环境行政法律责任中，很容易忽视环境保护行政管理目标，而产生因"严格"执行环境行政法律责任规范导致的执法负外部性效果。在意识到这个问题之后，对于环境保护行政管理目标的重申，环境行政法律责任价值的再认识都推动了对环境行政法律责任相关理论的深入研究。创新的环境行政法律责任实现方式或新制定的规范在更好地实现环境效益、降低执法成本、缓和法律双方关系等方面都更优。

除此之外，作为环境行政法律责任表现形式的法律条款，其本身存在的一些问题也促使对环境行政法律责任进行研究。法律条款方面出现的问题一方面表明环境行政法律责任规范的立法技术较为落后，使这些条款在适用性上产生一些问题；另一方面表明对环境行政法律责任的价值研究不够深入，使之在结构上没有产生一以贯之的理念。

环境行政法律责任在实现环境行政管理目标和法律条款制定方面均存在问题。前者涉及环境行政法律责任价值、目标等内在内容；后者则涉及环境行政法律责任规范建构等外在内容。这两方面的问题看似可以通过执法自由裁量和法律解释的环境法运用得以解决，但实际上，规范内在内容的完善无法通过行政裁量理论进行解释；规范外在内容的一些问题也无法通过法律解释的方式得以化解。内在内容完善和外在内容修正应当分别展开。在此基础上，内在内容和外在内容协同一致的问题是进一步应当讨论的议题。

借用法律体系作为研究工具探讨环境行政法律责任规范体系化建构，内在内容和外在表现形式在法学理论上是法律体系的两个方面，表述为内在体系和外在体系。作为一种研究方法，内在体系研究着重于对客体价值、理念、目的等研究；外在体系研究着重于对客体外在表现形式的研究。两者的研究分别构成了法律体系的两个方面。但与此同时，内在体系和外在体系的融贯是体系化的"灵魂"。引入这种体系化的研究方式，使环境行政法律责任规范的研究脱离了仅关注直接目的，而忽视根本目标；仅关注制度本身，而忽视制度体系；仅落脚于取得及时效果，而忽视根本效益的片面性。对环境行政法律责任规范的研究应当着眼于实现环境法的价值、实现执法过程中的价值判断，使环境行政法律责任规范真正发挥作用，实现促进生态文明建设的目标。

本书以环境行政法律责任规范体系化为研究内容，出发点为如何通过对"严格型"责任规范类型的填补实现环境行政法律责任的目的、缓和执法主体之间的关系张力、调动相对人的守法履责积极性，从而更好地服务于环境行政秩序的实现。环境行政法律责任规范的体系化研究对于促进我国的环境保护法律成熟化发展，实现生态环境法典化具有重要意义。环境行政法律责任规范的体系化对于提升我国环境保护法律的立法技术起到巨大作用。更长远而言，高超的环境行政法律责任规范立法技术对于编纂生态环境法典、彰显社会主义法治的优越性具有重要意义。[①]

环境行政法律责任规范的体系化研究提供了一种方法论路径。这种开放式的研究方式，为司法实践和环境执法实践中出现的灵活的责任承担方式进入环境责任领域提供了可能性，为司法和行政领域出现的新情况和产生的新趋势提供了合法性支持。总而言之，环境行政法律责任规范的体系化研究具有完善理论架构、推动环境法治建设的理论价值，并且具有解决问题的实践意义。

二、研究现状

本书以"环境行政法律责任规范的体系化研究"为题。从目前国内外的研究进展看，运用体系化理论研究法律和立法问题在国外研究中较普遍，概念法学、利益法学和价值评价法学等法学流派都对法的体系化作了深入研究，

[①] 编纂法典是具有重要标志意义的法治建设工程，是一个国家、一个民族繁荣强盛的象征和标志。法典化的进阶意味着新中国成立初期确立的"共同努力建设新法律的完整体系"目标被具体化。参见王理万：《中国法典编纂的初心与线索》，载《财经法学》2019年第1期。

这些形成了法的体系化研究基础，并在比较法上相关国家的法典化过程中发挥了重要作用。在环境法领域，已经有较多国家和地区进行了法典化的实践，因此比较法上环境法体系化的研究成果也相对丰富。国内针对法的体系化研究主要集中在民法、法理，行政法领域对体系化和法典化的研究也有几十年的积累。目前环境法领域体系化的研究尚未形成合力，散见于对环境法体系的范围、环境基本法、环境保护单行法等局部研究。但是随着生态环境法典研究的兴起，环境法体系化的研究也朝着蓬勃的方向发展。对环境法律责任的研究主要集中于环境公益诉讼、环境民事责任的性质与承担方式、环境刑事责任的量刑考量等程序和实体方面的内容。而对于环境行政法律责任的研究较少。

从查阅的文献来看，大致包括以下四类：一是体系化研究的基础理论方面文献；二是部门法对于体系化（或法典化）[①]的研究文献；三是环境法领域对于体系化及法典化的研究文献；四是环境法律责任的研究文献。

（一）体系化研究的基础理论文献

关于体系化研究的基础理论文献主要集中在法理学和社会学领域中。在法理学领域，概念法学、利益法学和价值评价法学等流派对于法体系和体系化的研究论述较为丰富。例如，概念法学对于法体系的研究集中在法概念层面，认为法体系本身就是一个"概念构筑物"[②]。仅研究外在体系，而忽视内在体系的片面研究成为概念法学派区别于其他学派研究法体系的典型特征。[③]

[①] 从学理角度，法典化与体系化并不能等同。由于我国学者对于体系化的研究成果在很大程度上为服务法典化工作，而法典化的相关成果也丰富了部门法体系的研究，两者具有相互促进的作用。体系化和法典化的研究在一定程度上有同轨性，故此处将二者放在一起进行表述，文献综述部分对于民法（典）体系化、行政法体系化和法典化的表述都是基于此原因。

[②] 吴从周：《概念法学、利益法学与价值法学：探索一部民法方法论的演变史》，中国法制出版社2011年版，第328页。

[③] 参见梁迎修：《方法论视野中的法律体系与体系思维》，载《政法论坛》2008年第1期；汤文平：《民法教义学与法学方法的系统观》，载《法学》2015年第7期；方新军：《内在体系外显与民法典体系融贯性的实现　对〈民法总则〉基本原则规定的评论》，载《中外法学》2017年第3期。

在认识到外在体系并非独立存在，而是受到特定内在价值影响之后，利益法学派推动了法体系研究向前发展。利益法学派认为法体系分为内在体系和外在体系两个部分。虽然将利益冲突作为内在体系描述仅停留在解释论层面①，但是从丰富法体系内容的角度看，利益法学派作出了巨大贡献。价值评价法学派继承了利益法学派对于法体系内容进行拓展的观点，在解释论的层面基础上进一步发掘了内在体系的立法论的意义②，并且确定了内在体系的要素③。

在社会学领域中也有对体系化的研究，代表人物和学说观点为：卢曼的"法律自创生系统"（Legal Autopoietic System）理论和托依布纳的反身法理论。法律自创生系统理论强调法律功能与社会系统相联系，法律设计通过专门法律规范的分立和最终通过一个特殊的法律系统的分立来解决社会系统中的特定问题，法律就是一种为社会适应其环境服务的调节机制。④ 反身法理论主张"法律要想实现对社会的有效调解，就必须建立与其他社会系统的结构耦合（Structural Coupling）"⑤，以实现法律在整个社会系统中的作用。这两种理论观点论证了法律与社会的互动关系，强调了法律系统的开放性。

---

① 参见汤文平：《民法教义学与法学方法的系统观》，载《法学》2015年第7期；雷磊：《法律体系、法律方法与法治》，中国政法大学出版社2016年版，第68页；方新军：《内在体系外显与民法典体系融贯性的实现——对〈民法总则〉基本原则规定的评论》，载《中外法学》2017年第3期。

② 参见雷磊：《法律体系、法律方法与法治》，中国政法大学出版社2016年版，第68页；方新军：《内在体系外显与民法典体系融贯性的实现——对〈民法总则〉基本原则规定的评论》，载《中外法学》2017年第3期。

③ 参见方新军：《融贯民法典外在体系和内在体系的编纂技术》，载《法制与社会发展》2019年第2期；吴从周：《概念法学、利益法学与价值法学：探索一部民法方法论的演变史》，中国法制出版社2011年版，第328页。

④ 参见［德］尼克拉斯·卢曼：《社会的法律》，郑伊倩译，人民出版社2009年版，第90页；泮伟江：《托依布纳法的系统理论评述》，载《清华法律评论》2011年第1期。

⑤ 参见［德］贡塔·托依布纳：《法律：一个自创生系统》，张骐译，北京大学出版社2004年版；杨炳霖：《对抗型与协同型监管模式之比较》，载《中国行政管理》2015年第7期；泮伟江：《托依布纳法的系统理论评述》，载《清华法律评论》2011年第1期。

（二）部门法中的体系化研究文献

部门法中对体系化理论研究比较有代表性的是民法。比较法上体系化的研究成果多用在法典制定上，典型代表是法国民法典和德国民法典。我国也已制定并通过《民法典》，在这个过程中形成了较为丰富的民法（典）体系（化）研究成果。

我国学者对于民法（典）体系（化）的研究重点分成几个部分：第一，研究体系化对民法研究的重要意义，如促进民法规范的逻辑关联和价值一致[①]。第二，对民法内在体系的研究，如对内在体系外显形式的民法基本原则的研究[②]，以及民法基本原则的价值理念在具体规则中体现方式的研究[③]。第三，对民法外在体系的研究，如研究民法外在体系的构成要素——法律概念[④]；体系化方法下对民法规则的要求[⑤]；肯定外在体系效益[⑥]；促进民法典条款实现抽象层次一致性的技术[⑦]等。第四，研究民法（典）体系（化）的技术，如将民法典的编纂技术细化为四类[⑧]；或在原《民法总则》的基础上

[①] 参见许德风：《论法教义学与价值判断——以民法方法为重点》，载《中外法学》2008年第2期；参见柳经纬：《民法典编纂的体系性困境及出路》，载《甘肃社会科学》2018年第2期。

[②] 参见于飞：《民法基本原则：理论反思与法典表达》，载《法学研究》2016年第3期；赵万一：《民法基本原则：民法总则中如何准确表达？》，载《中国政法大学学报》2016年第6期；于飞：《"内在体系外显"的功能与局限：民法总则基本原则规定评析》，载《人民法治》2017年第10期。

[③] 参见方新军：《内在体系外显与民法典体系融贯性的实现——对〈民法总则〉基本原则规定的评论》，载《中外法学》2017年第3期。

[④] 参见许中缘：《论法律概念——以民法典体系构成为视角》，载《法制与社会发展》2007年第2期。

[⑤] 在体系化中运用具体的抽象技术制定"具有逻辑性、体系化、简洁化的民法规则"，参见朱芸阳：《民法典抽象技术的逻辑与路径》，载《南京大学学报（哲学·人文科学·社会科学）》2016年第1期。

[⑥] 参见谢鸿飞：《民法典的外部体系效益及其扩张》，载《环球法律评论》2018年第2期。

[⑦] 参见蒙那代里、薛军：《关于中国民法典编纂问题的提问与回答——以民法典的结构体例为中心》，载《中外法学》2004年第6期。

[⑧] 程序技术、内部体系的编纂技术、外部体系的编纂技术以及融贯内部体系和外部体系等不同类型的编纂技术，参见方新军：《民法典编纂技术中的规范运用问题》，载《人民法治》2017年第10期；方新军：《融贯民法典外在体系和内在体系的编纂技术》，载《法制与社会发展》2019年第2期。

分析立法技术①等。第五，对民法特别法的体系化研究，如物权编的外部体系协调问题②；民法典编纂对于民事部门法的意义③。

民法典编纂也带动了其他部门法的体系化。以知识产权法为例，民法典的编纂及其相关内容对知识产权法律体系化研究产生了影响。例如，讨论《民法典》相关条款对知识产权法体系化、法典化的影响④，并在此基础上考虑民法私权体系化；⑤在民法法典化的基础上讨论知识产权法体系化的路径及其优劣；⑥讨论知识产权法与民法体系的关系⑦等。

我国行政法对于体系化和法典化的研究在一定程度上受到民法（典）体系化的影响。20世纪80年代，行政法学者就提出模仿《民法通则》制定行政法通则。⑧之后对于行政法体系化的研究涵盖了体系（化）理论、比较

---

① 例如，从宏观体系和微观条文上区分民法典的编纂技术，并将微观条文编纂技术应该区分条文形式性编纂技术和条文实质性编纂技术，参见王竹：《从〈民法总则（草案）〉看民法典条文形式性编纂技术——部分基于法律条文大数据分析对比技术的编纂建议》，载《法学论坛》2017年第1期。研究民法总则与分则的链接技术，参见杨立新：《〈民法总则〉规定的民法特别法链接条款》，载《法学家》2017年第5期。石佳友：《民法典的立法技术：关于〈民法总则〉的批判性解读》，载《比较法研究》2017年第4期；茅少伟：《民法典的规则供给与规范配置 基于〈民法总则〉的观察与批评》，载《中外法学》2018年第1期。
② 参见房绍坤：《论我国民法典物权编立法中的外部体系协调》，载《政治与法律》2018年第10期。
③ 参见朱广新：《民法典编纂：民事部门法典的统一再法典化》，载《比较法研究》2018年第6期。
④ 参见何华：《〈民法总则〉第123条的功能考察——兼论知识产权法典化的未来发展》，载《社会科学》2017年第10期；石丹：《民法典背景下的知识产权体系化构建探析》，载《私法》2018年第2期；卢纯昕：《民法典编纂中知识产权的体系化建构》，载《私法研究》2018年第1期。
⑤ 参见杨绪东：《对知识产权未在〈民法典〉独立成编的检视与反思——论知识产权法体系化与〈民法典〉的连接》，载《重庆工商大学学报（社会科学版）》2020年第6期；杨绪东：《对民法典分编排除知识产权的检视与反思—兼论知识产权法体系化与民法典的连接》，载《重庆工商大学学报（社会科学版）》2019年第3期。
⑥ 参见郭禾、张新锋：《民法典编纂背景下的知识产权法体系化路径》，载《知识产权》2020年第5期。
⑦ 参见熊琦：《知识产权法与民法的体系定位》，载《武汉大学学报（哲学社会科学版）》2019年第2期。
⑧ 参见何海波、晏翀、严驰恒：《法治的脚步声——中国行政法大事记（1978—2014）》，中国政法大学出版社2005年版，第51页。

法上的法典化经验、我国行政法法典化等诸多内容。行政法对于体系（化）理论的研究既包括宏观上的体系化研究，如体系化能够对行政法产生的效益、体系化建构的途径，①也包括行政法部分内容的体系化，如行政法学总论的体系化②、行政法总则中基本原则体系化的研究③。对我国行政法法典化的研究可以细分为对行政法典整体的研究，如明确行政法法典化的意义④、我国行政法法典化的路径⑤、行政法典的编纂技术和模式（提取公因式的编

---

① 参见［德］施密特·阿斯曼：《行政法体系及其建构》，刘飞译、刘兆兴校，《环球法律评论》2009年第5期；赵宏：《行政法学的体系化建构与均衡》，载《法学家》2013年第5期。

② 参见宋华琳：《中国行政法学总论的体系化及其改革》，载《四川大学学报（哲学社会科学版）》2019年第5期；宋华琳：《部门行政法与行政法总论的改革——以药品行政领域为例证》，载《当代法学》2010年第2期。

③ 参见周佑勇：《行政法总则中基本原则体系的立法构建》，载《行政法学研究》2021年第1期。

④ 参见钟瑞华、李洪雷：《论我国行政法法典化的意义与路径——以民法典编纂为参照》，载《行政管理改革》2020年第12期。

⑤ 有学者将行政法学者对行政法法典路径的观点概括为四类：制定统一的行政程序法、制定一部行政法通则或行政基本法、制定一部完整的行政法典、制定一部行政法总则。参见钟瑞华、李洪雷：《论我国行政法法典化的意义与路径——以民法典编纂为参照》，载《行政管理改革》2020年第12期。赞同行政程序法路径的学者及其相关研究，参见杨海坤：《论我国行政程序法典化》，载《学习与探索》1996年第3期；应松年：《中国行政程序立法的路径》，载《湖南社会科学》2008年第6期；王万华：《中国行政程序法典试拟稿及立法理由》，中国法制出版社2010年版；应松年：《中国行政程序法立法展望》，载《中国法学》2010年第2期；章剑生：《从地方到中央：我国行政程序立法的现实与未来》，载《行政法学研究》2017年第2期；姜明安编：《行政程序研究》，北京大学出版社2006年版，第22页。赞同制定行政法通则或行政基本法的学者及其相关研究，参见江必新：《迈向统一的行政基本法》，载《清华法学》2012年第5期；陶希晋：《在改革中尽快完善行政立法》，载《现代法学》1987年第1期等。赞同制定行政法典的学者主要是参考了荷兰经验，参见湛中乐、尹好鹏：《制定统一的行政法典既有必要亦有可能——〈荷兰行政法通则〉概述》，载罗豪才主编：《行政法论丛（第2卷）》，法律出版社1999年版，第279页。还有学者认为制定行政法总则就是行政法法典化，参见朱维究：《对我国行政法法典化的思考——兼论行政法实体规范与程序规范的统一》，载《中国行政管理》2001年第4期；关保英：《行政法典总则的法理学分析》，载《法学评论》2018年第1期。还有学者认为中国行政法法典化的路径除了前述四种外，应当还有第五种选择，既制定一般行政法的"总法模式"，参见刘太刚：《中国行政法法典化的障碍、模式及立法技术》，载《甘肃行政学院学报》2008年第1期。

纂技术和分步走的编纂模式）①；和对行政法典中部分内容的研究，如对行政处罚法作为行政处罚总则的研究②、对行政法总则部分相关内容的研究③等。除受到民法研究成果影响外，比较法上行政法典化经验④也是我国学者研究行政法法典化的基础。

即便行政法法典化的研究成果已经很丰富，行政法法典化并非学界共识，杨建顺教授认为行政法内容的广泛性和规范的易变性等决定了其不应该追求法典化。⑤王贵松教授也有相同的主张，认为"统一法典，不好立、不好改、不好用"，主张采纳问题性立法路径，针对特定问题进行立法。⑥

受到民法法典化过程中对民法典和特别民法关系处理方法的影响，⑦有部分行政法学者认为部门行政法（或称专门行政法）的法典化可以依据法典编纂的成熟度先行法典化，如制定生态环境法典。⑧这在一定程度上为制

---

① 参见应松年：《制定行政法总则的时机已经成熟》，载财新网，https://opinion.caixin.com/2017-12-29/101191468.html，最后访问日期：2023年10月19日；万学忠：《学界首次提出构建中国行政法法典》，载《法制日报》2018年1月19日；章志远：《中国特色行政法法典化的模式选择》，载《法学》2018年第9期；章志远：《民法典编纂对行政法法典化的三重启示》，载《特区实践与理论》2020年第5期。

② 参见章志远：《作为行政处罚总则的〈行政处罚法〉》，载《国家检察官学院学报》2020年第5期。

③ 参见章志远：《行政法总则行政保障篇起草的基本遵循》，载《江淮论坛》2019年第2期。

④ 以德国为代表的部分领域法典化、以荷兰为代表的一般行政法的法典化、以法国为代表的行政法典群模式、以美国为代表的法典编纂。参见刘飞：《德国〈联邦行政程序法〉的"法律性"效力分析——对德国行政程序立法体例的一个侧面观察》，载姜明安主编：《行政法论丛》（11卷），法律出版社2008年版，第389页；刘绍宇：《论行政法法典化的路径选择——德国经验与我国探索》，载《行政法学研究》2021年第1期；彭錞：《迈向欧盟统一行政程序法典：背景、争议与进程》，载《环球法律评论》2016年第3期；严益州：《德国〈联邦行政程序法〉的源起、论争与形成》，载《环球法律评论》2018年第6期；张莉：《法国行政诉讼法典化述评》，载《法学家》2001年第4期。

⑤ 参见杨建顺：《为什么行政法不能有统一的法典？》，载《检察日报》2020年6月3日，第07版。

⑥ 参见王贵松：《我国行政法法典化路径》，载《法治日报》2021年2月26日，第05版。

⑦ 民法的法典化不影响特别民法规范的效力。参见苏永钦：《寻找新民法》，北京大学出版社2012年版，第8页。

⑧ 参见薛刚凌：《行政法法典化之基本问题研究—以行政法体系建构为视角》，载《现代法学》2020年第6期。

定环境法典提供了理论依据。

（三）环境法领域的体系化研究文献

虽然我国的环境法体系化研究起步较晚，但是从研究的整体情况看来，体系化研究一直在环境法学者的研究视野中。依据我国环境立法情况和环境法学者对体系化的研究情况，可以将我国的环境法体系化（法典化）[①]的进程分为三个阶段，三个阶段的工作层层递进。

第一个阶段是环境法体系的勾勒阶段。这个阶段对环境法体系研究的主要目的是为环境法的形成与发展提供一个框架思路，目标是实现环境法的体系完备。[②]这一阶段环境法学者的研究着眼于如何建构我国的环境法体系[③]、比较法上环境法体系建构的经验研究[④]，以及环境法相关内容的体系化[⑤]。

第二个阶段是环境法律体系的基础完善阶段。此阶段在立法方面的主要贡献是制定了较为全面的环境保护单行法，基本实现了环境保护法律规范的全面性，为体系化研究提供了充实基础。本阶段中的环境法体系化研究涵盖了环境法学体系、法律体系和法典化研究。除对环境法学体系[⑥]、体系化意

[①] 依据研究的内容，环境法体系化的研究包括环境法体系化、环境法学体系化、环境法法典化这三部分，有时候三个概念之间存在混用的情况。为了较为全面地介绍环境法体系化的情况，这三类均纳入此部分的综述范围。

[②] 参见文柏屏：《试论环境保护法的体系》，载《环境管理》1984年第1期。1986年原国家环保局和武汉大学联合主办了全国环境法体系学术论理会。参见乐：《全国环境法体系学术讨论会在武汉大学召开》，载《法学评论》1987年第2期。

[③] 参见胡保林：《我国环境法体系的形成与发展》，载《中国环境管理》1989年第5期；汪劲：《对构筑我国环境法律体系框架若干问题的思考》，载《环境保护》1995年第2期。

[④] 参见王曦：《中美环境法律体系比较谈》，载《环境导报》1994年第4期；汪劲：《日本环境法体系的现状与内容》，载《中国环境管理》1995年第1期；王灿发：《瑞典环境法的体系及其借鉴意义》，载《中国环境管理》1995年第5期。

[⑤] 参见张梓太：《我国环境标准法规体系初论》，载《南京大学法律评论》1994年第2期。

[⑥] 参见徐祥民、巩固：《关于环境法体系问题的几点思考》，载《法学论坛》2009年第2期；朱春玉：《环境法学体系的重构》，载《中州学刊》2010年第5期；钭晓东、黄秀蓉：《论中国特色社会主义环境法学理论体系》，载《法制与社会发展》2014年第6期。

义①、环境法律体系②的研究外,开始分别研究环境基本法③和环境部门法④的体系化。也正是在这一阶段,我国学者开始关注对于环境法法典化的研究,内容涵盖了环境法法典化的趋势及基本问题⑤;比较法上的法典化经验⑥;法典化的模式⑦以及我国的适度法典化⑧选择。此外,这一阶段的环境法体系化建设受到生态文明理念的指导,这在环境法体系化研究中也有所体现。⑨

第三个阶段是在立法上追求环境保护法律协调和统一的阶段。这一阶段中,环境法学者提出推进环境立法法典化工作并作了相关前期研究。一方面是召开学术会议且进行比较法上环境法典的译介工作。为了推动比较法上

---

① 参见刘先辉:《环境法的体系化及其发展方向》,载《可持续发展·环境保护·防灾减灾——2012年全国环境资源法学研究会(年会)论文集》。
② 参见马骧聪:《论我国环境资源法体系及健全环境资源立法》,载《现代法学》2002年3期;文柏屏:《论环境资源法律体系》,载《水污染防治立法和循环经济立法研究——2005年全国环境资源法学研讨会论文集(第三册)》;黄锡生、史玉成:《中国环境法律体系的架构与完善》,载《当代法学》2014年第1期;周绑扬、罗大平:《我国环境法的法律体系与立法体系研究》,载《理论月刊》2004年第10期。
③ 参见李挚萍:《环境基本法体系结构的比较分析》,载《可持续发展·环境保护·防灾减灾——2012年全国环境资源法学研究会(年会)论文集》。
④ 参见周晨:《我国海洋资源法体系初探》,载《林业、森林与野生动植物资源保护法制建设研究2004年中国环境资源法学研讨会(年会)论文集(第四册)》。
⑤ 参见张梓太:《论法典化与环境法的发展》,载《华东政法大学学报》2007年第3期;李传轩:《环境法法典化的基本问题研究》,载《华东政法大学学报》2007年第3期。
⑥ 参见夏凌:《法国环境法的法典化及其对我国的启示》,载《江西社会科学》2008年第4期;夏凌、金晶:《瑞典环境法的法典化》,载《环境保护》2009年第2期。
⑦ 参见张梓太:《论我国环境法法典化的基本路径与模式》,载《现代法学》2008年第4期;张梓太、陶蕾、李传轩:《我国环境法典框架设计构想》,载《东方法学》2008年第2期。
⑧ 参见夏凌:《环境法的法典化——中国环境立法模式的路径选择》,华东政法大学2007年博士论文;张梓太:《中国环境立法应适度法典化》,载《南京大学法律评论》2009年第1期;夏凌:《国外环境立法模式的变迁及中国的路径选择》,载《南京大学法律评论》2009年第1期。
⑨ 生态文明理念指导下的法律体系建构,参见蔡守秋:《论我国法律体系生态化的正当性》,载《法学论坛》2013年第2期;生态文明理念下的环境法体系研究,参见罗丽:《论生态文明理念指导下的环境法体系的完善》,载《环境与可持续发展》2014年第2期;生态文明背景下的气象法律体系研究,参见冯汝:《生态文明背景下我国气象法律体系的重塑》,载《上海政法学院学报(法治论丛)》2014年第2期;以基本法模式建构生态文明建设法律保障体系,参见王灿发:《论生态文明建设法律保障体系的构建》,载《中国法学》2014年第3期。

环境法典的研究，为我国的生态环境法典研究和制定工作提供比较法经验，2017年10月，中国法学会环境资源法学研究会在北京举办各国环境法典翻译出版国际研讨会，邀请中法意瑞德俄等国学者参会讨论生态环境法典化经验。同时，中国法学会环境资源法学研究会组织了比较法上环境法典的翻译出版工作作为我国生态环境法典化工作域外参照的重要工作成果。① 另一方面是以民间智库组织专家学者开展研究，并出版了《生态环境法典专家建议稿及说明》②。生态环境法典化工作获得有权机关推动有明显的阶段性：首先，2017年第十二届全国人民代表大会环境与资源保护委员会收到以吕忠梅教授等30名代表提出制订生态环境法典的议案。③ 生态环境法典工作在2020年和2021年获得实质性推动。2020年11月，习近平总书记在中央全面依法治国工作会议上明确提出，要总结编纂民法典的经验，适时推动条件成熟的立法领域法典编纂工作。《法治中国建设规划（2020—2025年）》指出"对某一领域有多

---

① 以吕忠梅教授为总主编，竺效教授为执行主编的各国环境法典译丛系列涵盖了法国、瑞典、意大利、爱沙尼亚、菲律宾、德国等国家的环境法典（草案），截至2021年4月已经出版了《法国环境法典》《瑞典环境法典》《菲律宾环境保护法典》。与此同时，翻译团队发表了相关国家环境法典的介绍性学术论文，参见竺效、田时雨：《瑞典环境法典化的特点及启示》，载《中国人大》2017年第15期；李钧：《一步之遥：意大利环境"法规"与"法典"的距离》，载《中国人大》2018年第1期；莫菲：《法国环境法典化的历程及启示》，载《中国人大》2018年第3期；沈百鑫：《两次受挫中前进的德国环境法典编纂》，载《中国人大》2018年第5期；张忠利：《迈向环境法典：爱沙尼亚〈环境法典法总则〉及其启示》，载《中国人大》2018年第15期。此外，也有其他学者针对比较法上环境法典或环境法体系研究的文献，参见张璐璐：《德国环境法法典化失败原因探究》，载《学术交流》2016年第6期；施理：《德国环境法法典化立法实践及启示》，载《德国研究》2020年第4期；刘林琳、张小虎：《论津巴布韦环境与资源保护法律体系》，载《河南科技学院学报》2020年第9期等。
② 北京卓亚经济社会发展研究中心编：《生态环境法典专家建议稿及说明》，中国民主法制出版社2021年版。该建议稿由中国政法大学、中国人民大学、天津大学、武汉大学等高校的专家参与执笔，全稿共7编、41章、1035条，7编分别为总则、污染防治、自然生态保护、自然资源开发利用中的环境保护、能源节约与资源综合利用、循环经济与废弃物综合利用、应对气候变化。
③ 全国人民代表大会环境与资源保护委员会对该议案向国务院有关部门征求意见，经审议之后，全国人民代表大会环境与资源保护委员会建议国务院有关部门进一步开展研究论证工作，待立法条件成熟后将制定环境法典列入立法规划。参见《全国人民代表大会环境与资源保护委员会关于第十二届全国人民代表大会第五次会议主席团交付审议的代表提出的议案审议结果的报告》。

部法律的，条件成熟时进行法典编纂"。2021年1月29日，在全国人大常委会办公厅举行的专题新闻发布会上，提出"在条件成熟时，将积极推进生态环境立法领域法典编纂研究论证工作。"①在立法机关的推动下，2021年3月16日，中国法学会立法学研究会召开专题会议，相关专家在会上论证了环境法作为法典编纂领域的成熟度。②2021年4月21日发布的全国人大常委会2021年度立法工作计划中明确指出"研究启动环境法典等条件成熟的行政立法领域的法典编纂工作。"③这一阶段中环境法体系化和法典化研究迎来了热潮，并且较前一阶段而言，研究深度不断加强。例如，对环境法法典化研究的深入表现为在法理层面论证环境法典的必要性④、通过法典目的来研究环境法体系化⑤、环境法典的编纂基础⑥及其整个法律体系完善的意义⑦、环境法典制度体系的研究⑧、环境法典编纂中对内在体系和外在体系的处理⑨、环境治理机制角

---

① 梁秋坪：《全国人大常委会法工委：将积极推进生态环境立法领域法典编纂工作》，载中国人大新闻网，http://npc.people.com.cn/n1/2021/0130/c14576-32017715.html，最后访问日期：2023年10月19日。
② 立法学研究会专题会议：《如何有序推进法典编纂？｜立法学研究会专题会议》，载中国法律评论公众号，https://mp.weixin.qq.com/s/JHnaXL3Lv-e3BEOopHGuQQ，最后访问日期：2023年10月19日。
③ 参见《全国人大常委会2021年度立法工作计划》。
④ 参见何江：《为什么环境法需要法典化——基于法律复杂化理论的证成》，载《法制与社会发展》2019年第5期。
⑤ 参见周骁然：《体系化与科学化：环境法法典化目的的二元塑造》，载《法制与社会发展》2020年第6期。
⑥ 参见吕忠梅：《环境法典编纂：实践需求与理论供给》，载《甘肃社会科学》2020年第1期。
⑦ 参见焦艳鹏：《环境法典编纂与中国特色社会主义法律体系的完善》，载《湖南师范大学社会科学学报》2020年第6期。
⑧ 参见王灿发、陈世寅：《中国环境法法典化的证成与构想》，载《中国人民大学学报》2019年第2期；张忠民、赵珂：《环境法典的制度体系逻辑与表达》，载《湖南师范大学社会科学学报》2020年第6期。
⑨ 参见李艳芳、田时雨：《比较法视野中的我国环境法法典化》，载《中国人民大学学报》2019年第2期；邓海峰、俞黎芳：《环境法法典化的内在逻辑基础》，载《中国人民大学学报》2019年第2期；朱炳成：《形式理性关照下我国环境法典的结构设计》，载《甘肃社会科学》2020年第1期；于文轩、牟桐：《生态文明语境下环境法典的理性基础与法技术构造》，载《湖南师范大学社会科学学报》2020年第6期。

度下的环境法体系化①、环境法法典化的边界②及其方法③。对环境法体系化的研究也更为精细,以内在价值体系和外在规则体系讨论环境法体系化的两个方面④;对环境保护法中特定内容的体系化研究,如自然保护地⑤和自然资源权利体系⑥等。

（四）环境法律责任（规范）的研究文献

环境法律责任规范是环境保护法律规范的重要组成部分,也是确保环境保护法律规范得以实施的保障。但是相较于环境权利、环境法制度等内容而言,对于环境法律责任（规范）的研究相对较为薄弱。

针对环境责任整体的研究,包括对环境责任存在问题及对策的研究⑦、环境责任范畴的研究⑧;环境法律责任的重构,如责任机制的重构⑨、三类责任竞合的处理⑩、以环境责任主体为中心的建构⑪等。庄超博士在其博士论文

---

① 参见杜辉：《公私交融秩序下环境法的体系化》,载《南京工业大学学报（社会科学版）》2020年第4期。
② 参见刘长兴：《论环境法法典化的边界》,载《甘肃社会科学》2020年第1期。
③ 参见曹炜：《论环境法法典化的方法论自觉》,载《中国人民大学学报》2019年第2期。
④ 参见徐以祥：《论我国环境法律的体系化》,载《现代法学》2019年第3期。
⑤ 参见吴凯杰：《环境法体系中的自然保护地立法》,载《法学研究》2020年第3期。
⑥ 参见王剑、史玉成：《中国自然资源权利体系的类型化建构》,载《甘肃政法学院学报》2019年第6期。
⑦ 参见丁敏：《"环境违法成本低"问题之应对——从当前环境法律责任立法缺失谈起》,载《法学评论》2009年第4期;徐以祥、刘海波：《生态文明与我国环境法律责任立法的完善》,载《法学杂志》2014年第7期。
⑧ 参见吴继刚：《环境法律责任概念辨析》,载《理论学刊》2004年第2期;环境法律责任的特点：行政责任扩大化,行政责任民事化、民事责任扩大化以及行政责任刑事化的特点,参见毛庆国、杨国胜：《我国环境法律责任的发展特点》,载《环境保护》1994年第8期。
⑨ 参见钭晓东：《论环境法律责任机制的重整》,载《法学评论》2012年第1期;刘长兴：《超越惩罚：环境法律责任的体系重整》,载《现代法学》2021年第1期。
⑩ 参见吴继刚：《论环境法律责任》,载《学术交流》2004年第2期。
⑪ 参见曹洪军、李昕：《中国生态文明建设的责任体系构建》,载《暨南学报（哲学社会科学版）》2020年第7期。

中对环境法律责任的功能进行了分析，主张环境法律责任的功能应当包含惩罚性、填补性和预防性三种，应当通过从民事责任拓展、行政责任深化、刑事责任强化实现环境法律责任制度的进化。①随着环境治理理念的变化，学者也开始思考环境责任应当产生的相应变化②。

近年来，随着对环境法律责任研究的深入，对环境法律责任主体的研究突破了传统的政府环境责任③、企业环境责任④等划分，环境服务机构责任⑤、贷款人责任⑥、公司参与人的责任⑦等也逐渐进入环境法律责任的研究范围。

较常见的环境法律责任分类是依据责任类型，分为环境民事责任、环境刑事责任和环境行政责任。就环境民事责任而言，除对传统的证明责任、责任分配等问题的研究外，近年来的研究重点向生态环境责任⑧、修复生态

---

① 参见庄超:《环境法律责任制度的反思与重构》，武汉大学2014年博士学位论文。
② 参见胡炜:《公私合作环境治理的法理透析》，载《江西社会科学》2017年第2期。
③ 参见姜渊:《政府环境法律责任的反思与重构》，载《中国地质大学学报（社会科学版）》2020年第2期；吕霞:《我国〈环境保护法〉中的政府环境质量责任及其强化》，载《法学论坛》2020年第5期；徐祥民:《地方政府环境质量责任的法理与制度完善》，载《现代法学》2019年第3期；闫胜利:《我国政府环境保护责任的发展与完善》，载《社会科学家》2018年第6期；徐祥民:《大气污染防治中的地方政府大气环境质量责任制度实证研究》，载《法学论坛》2020年第5期；熊超:《我国生态环境部门职责履行责任清单机制构建——以环保部门机构垂直管理改革为背景》，载《学术论坛》2020年第5期；刘长兴:《论环境损害的政府补偿责任》，载《学术研究》2017年第1期；唐瑭:《生态文明视阈下政府环境责任主体的细分与重构》，载《江西社会科学》2018年第7期。
④ 参见赵惊涛、张辰:《排污许可制度下的企业环境责任》，载《吉林大学社会科学学报》2017年第5期；吴真:《企业环境责任确立的正当性分析——以可持续发展理念为视角》，载《当代法学》2007年第5期。
⑤ 参见黄萍:《环境服务机构侵权责任探讨——基于〈环境保护法〉第65条的分析》，载《甘肃政法学院学报》2017年第3期。
⑥ 参见冯汝:《贷款人生态环境损害赔偿责任的认定及立法完善——一种法解释学路径的分析》，载《河北法学》2019年第4期。
⑦ 参见周杰普:《论公司参与人的环境损害赔偿责任》，载《政治与法律》2017年第5期。
⑧ 参见王利明:《〈民法典〉中环境污染和生态破坏责任的亮点》，载《广东社会科学》2021年第1期；田超:《生态环境损害赔偿责任的法律性质探讨》，载《环境保护》2020年第24期；刘士国:《民法典"环境污染和生态破坏责任"评析》，载《东方法学》2020年第4期；陈伟:《环境污染和生态破坏责任的二元耦合结构——基于〈民法典·侵权责任编〉（草案）的考察》，载《吉首大学学报（社会科学版）》2020年第3期。

环境责任①、生态环境损害赔偿理论构成②转变。环境刑事责任研究重点为环境修复责任的多元化适用③、单位环境刑事责任④、严格责任问题⑤、证明责任问题⑥。相较而言,环境行政法律责任的研究较少,如基于责任承担方式讨论环境行政权与司法权的衔接与协调⑦;环境行政法律责任虚置导致的环境行政不作为、不有效作为等问题⑧;完善环境行政处罚规制功能⑨等。

目前环境行政法律责任规范体系化研究存在三个方面的不足:第一,不论是在环境法还是行政法中,相较于其他内容的研究,环境行政法律责任规范的研究都相对薄弱;第二,环境行政法律责任的研究存在缺乏理论

---

① 参见吕忠梅、窦海阳:《修复生态环境责任的实证解析》,载《法学研究》2017年第3期;李挚萍:《生态环境修复责任法律性质辨析》,载《中国地质大学学报(社会科学版)》2018年第2期;朱晓勤:《生态环境修复责任制度探析》,载《吉林大学社会科学学报》2017年第5期;修复责任的选择适用,参见徐本鑫:《民事司法中环境修复责任的选择性适用》,载《安徽师范大学学报(人文社会科学版)》2019年第5期;刘静然:《论污染者环境修复责任的实现》,载《法学杂志》2018年第4期;胡静、崔梦钰:《二元诉讼模式下生态环境修复责任履行的可行性研究》,载《中国地质大学学报(社会科学版)》2019年第6期。

② 参见冯洁语:《公私法协动视野下生态环境损害赔偿的理论构成》,载《法学研究》2020年第2期。

③ 参见徐本鑫:《刑事司法中环境修复责任的多元化适用》,载《北京理工大学学报(社会科学版)》2019年第6期。

④ 参见侯艳芳:《单位环境资源犯罪的刑事责任:甄别基准与具体认定》,载《政治与法律》2017年第8期;耿佳宁:《污染环境罪单位刑事责任的客观归责取向及其合理限制:单位固有责任之提倡》,载《政治与法律》2018年第9期;欧阳澍、杨开湘:《严格责任原则在环境刑法中的应用》,载《求索》2007年第9期;邓文莉:《我国环境刑法中不宜适用严格责任原则》,载《法商研究》2003年第2期。

⑤ 参见侯艳芳:《我国环境刑法中严格责任适用新论》,载《法学论坛》2015年第5期;侯艳芳:《我国环境犯罪惩治中严格责任制度之否定研究》,载《河南大学学报(社会科学版)》2010年第4期。

⑥ 陈柏祥:《试论环境刑事司法中的证明责任问题》,载《求索》2012年第3期。

⑦ 参见张辉:《环境行政权与司法权的协调与衔接——基于责任承担方式的视角》,载《法学论坛》2019年第4期。

⑧ 参见刘志坚:《环境保护基本法中环境行政法律责任实现机制的构建》,载《兰州大学学报(社会科学版)》2007年第6期;阮李全、胡耕通:《论环境行政不作为的控制机制》,载《社会科学家》2009年第5期。

⑨ 谭冰霖:《环境行政处罚规制功能之补强》,载《法学研究》2018年第4期。

基础、内部责任类型不清（如环境行政机关责任和环境行政相对人责任的区分）等问题，制约了对环境行政法律责任规范的深入研究；第三，环境行政法律责任规范研究目前尚未成为环境法法典化的一个专门研究对象，将制约环境法法典化的进程。就部门法体系化的研究而言，法典化研究与体系化研究之间具有密不可分的关系。两者在一定程度上存在相互促进的紧密关系。在环境法法典化工作继续推动的背景下，作为法典重要内容，环境行政法律责任规范的研究应当同步深入。依据目前的研究，已经有学者开始深入思考环境行政法律责任功能拓展、责任承担方式等问题，但是这些研究还尚未从体系化的理论角度进行分析。

三、基本思路和主要内容

基于前述实践和理论方面的考虑，本书以"环境行政法律责任规范的体系化研究"为题，从体系化角度分析我国环境行政法律责任规范存在的问题，在充分分析内在体系、外在体系和体系融贯相关理论的基础上提出环境行政法律责任规范体系化的一般理论，结合环境法的特色、借鉴民法等部门法体系化、比较法上法典化过程中对于环境（行政）法律责任规范的体系编排和相关制度创新，最后落脚于我国环境行政法律责任规范体系化的实现。

在具体论述时，命题被分解为一组相互关联且逐步递进的分命题：首先，什么是环境行政法律责任规范的体系化？其次，为何环境行政法律责任规范需要体系化？环境行政法律责任规范体系化的一般要求以及特殊要求是什么？最后，如何实现环境行政法律责任规范体系化？具体内容如下：

第一章为环境行政法律责任规范体系化的概述。本章分为四个部分。第一部分为环境行政法律责任规范体系化的基本范畴，对本书研究所涉及的行政法律责任、环境行政法律责任（规范）、体系与体系化、法律责任规范体系化进行界定，从而明确环境行政法律责任规范体系化的内涵。第二部分为环境行政法律责任规范的问题，通过分析目前环境行政法律责任规范存在的立法不足和实践困境，论证目前的司法解决方案并非最优解，进而引入本书的写作基础。第三部分为环境行政法律责任规范体系化的理念。通过引入适度功能主义理念和责任过程理念解决第二部分总结的问题。第四部分是环境行政法律责任规范体系化的意义，分为实践意义和学理意义两个方面。实践意义是前述相关问题解决的意义，学理意义是其在更深层次上对于落实环境法价值、推动环境法的法教义学研究和环境法体系化（法典化）具有重要意义。本章内容在结构编排上的逻辑关系如下：是什么（第一节）；为什么（第二节）；怎么办（第三节）以及意义（第四节）。结合体系化的两个方面——内在体系和外在体系，基本上对应了第二章和第三章的内容，使全文呈现"总—分—总"的结构。

第二章为环境行政法律责任规范的内在体系建构。本章分为四个部分。第一部分为环境行政法律责任规范的内在体系建构基础。明确内在体系的影响因素，以确定环境行政法律责任规范的内在体系建构基础。第二部分为环境行政法律责任规范的内在体系建构要求。结合环境法的特色和政策要求明确环境行政法律责任规范的内在体系建构要求。第三部分为环境行政法律责任规范的内在体系核心。通过对损害担责原则的历史分析，讨论由环境责任原则作为该原则立法表达修成的可能性与必要性，并在此基础上分析环境责任原则的价值和功能拓展，分析其作为环境行政法律责任规范内在体系核心的可能性。第四部分是环境行政法律责任规范的内在体系结构。采用责任过程理念和功能主义理念确立环境责任原则的"二元"结构，以及以环境责任原则为核心、其他基本原则为辅助的"中心—辅助"结构。其中第一节和第二节属于理论阐述部分，确立环境行政法律责任规范的内在体系建构理论基础；第三节和第四节属于基于建构环境行政法律责任规范内在体系的分析与建议部分。

第三章为环境行政法律责任规范的外在体系完善。本章分为三个部分。第一部分为环境行政法律责任规范的外在体系要素与效益。主要为阐述外在体系的要素和外在体系的体系效益。第二部分为环境行政法律责任规范的外在体系完善要求。这部分内容论述了融合行政法律责任理论和环境法要求，以及化解法律政策对外在体系消解的要求。第三部分为环境行政法律责任规范的外在体系结构。在分析环境行政法律责任规范实然结构的基础上提出其应然结构。本章内容在整体上遵从了从理论基础—实践情况—完善建议的逻辑结构。

第四章为环境行政法律责任规范的体系融贯。为了实现环境行政法律责任规范的体系化，仅建构规范的内在体系和完善规范的外在体系并未完成全部工作，还要通过特定的方式实现环境行政法律责任规范内在体系和外在体系的融贯。本章分为三个部分。第一部分为环境行政法律责任规范体系融贯的内涵和方式。以明确环境行政法律责任规范的体系融贯意指为何，如何实现环境行政法律责任规范的体系融贯。第二部分为我国促进环境行政法律责任规范体系融贯的实践。第三部分为域外促进环境行政法律责任规范体系融贯的经验。第二部分和第三部分内容是在第一部分明晰环境行政法律责任规范体系融贯方式的基础上对具体制度的分析，探讨其被抽象为价值性一般规范的可能性。

第五章为环境行政法律责任规范体系的实现。本章分为两个部分。第一部分为环境行政法律责任规范体系的立法实现。本节分为四个部分、三类内容：首先，针对第二章、第三章、第四章的论述，讨论不同部分内容所对应责任规范的条款类型；其次，在此基础上分别介绍了比较法上环境（行政）法律责任规范体系的结构，以及其他部门法上法律责任规范体系的结构；最后，提出我国选择"总—分"结构作为环境行政法律责任规范。第二部分是环境行政法律责任规范体系的适用。这部分内容细分为环境行政法律责任规范体系的适用规则和适用保障两部分，既包括相关条款适用的启动规则，也包括相关保障机制等以确认不会违背法的权威性和以功能为导向的损害法的规范性。本章立足于环境行政法律责任规范体系的立法实现和适用，目的是使学理上的讨论落到实处。

环境行政法律责任规范的体系化研究

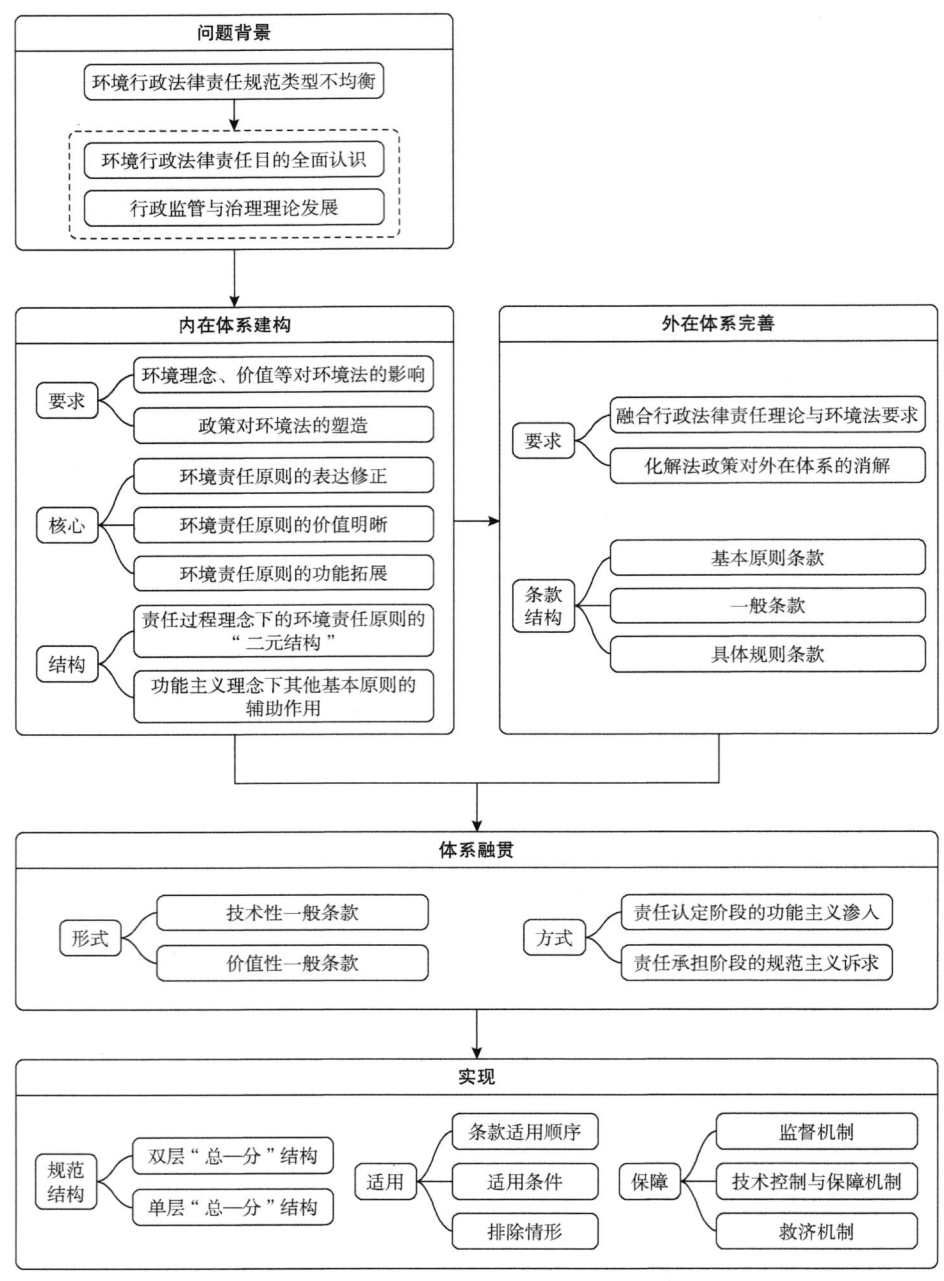

图 1　本书行文思路

需要予以说明的是，本书的研究主题为环境行政法律责任规范的体系化，问题聚焦在环境行政法律责任规范的问题，以及通过对体系要素的解构，致力以体系化的方式去解决这些问题。环境行政法律责任规范的实施障碍并非本书的核心研究议题。环境行政法律责任规范的实施障碍在一定程度上是环境行政法律责任规范不体系化，在相关部分的论述中涉及，但非核心议题，因而本书未用大量篇幅专门论述其实施障碍。

四、研究方法

研究方法取决于研究对象和研究问题。本书的研究对象是环境行政法律责任规范的体系化，研究问题是我国环境行政法律责任规范是否应该以及如何进行体系化。本书在参考环境法已有研究的基础上，重点对环境行政法律责任规范的问题进行研究。据此，本书主要采用的研究方法有以下四种：

（一）规范分析法

规范是法学的一个学科特征，因此对于规范的研究是法学研究的一项重要内容。规范分析法是以法律规范为研究对象，通过对特定某一法律规范或某类法律规范进行分析，解构其内涵的研究方法。本书的研究对象是环境行政法律责任规范的体系化，其主要是以法律规范为载体。为了分析其存在的问题以及明确的解决方法，大量适用了规范分析的方法。同时，本书的规范分析并不仅局限于环境法，还包括宪法、行政法、民法等法律规范的研究。但是需要明确的一点是，相较于其他部门法对规范的研究而言，环境法研究中的规范分析法还需加强。

（二）比较分析法

比较分析法是指在研究中通过运用比较研究的方法，为厘清相关问题，找出解决方案提供思路的方法。环境法是新兴部门法，其在发展过程中不免需要借鉴国外的先进经验和其他部门法的研究方法。因此，本书的研究过程中采用的比较分析法包括两类：第一，运用比较分析法以考察其他部门法尤其是民法、行政法的理论与实践，探求体系化的共性，并在此基础上识别环境行政法律责任规范的个性，实现本书的研究目标；第二，运用比较分析法考察国外有关环境行政法律责任（规范）的实践经验和法典化有益探索，遵循功能相似但应具体分析的原则，探究这些内容适用于我国环境行政法律责任规范体系化的可能性。

（三）实证分析法

环境行政法律责任规范体系化缺失是本书的研究起点，这需要通过实证分析法对问题进行明确识别，这是本书研究的前提。同时，司法和环境执法实践中探索的有益尝试，以及这些尝试中彰显的共性内容为环境行政法律责任规范体系化提供了有益经验。因此，实证分析法在本书的研究中也显得尤为重要。

（四）历史分析法

历史分析法是指将相关问题的研究置于历史中，发展并辩证地看待问题和解决问题。我国环境法从产生到目前经历了几十年时间，其间经历了理念和制度的变化，这些都是重新审视和建构环境行政法律责任规范体系化时应当考量的因素。同时，比较法上的法典化经验也是相关国家历史发展的产物，这些经验可以成为我国建构环境行政法律责任规范体系的宝贵经验。因此，历史分析法的适用也尤为重要。

第一章

环境行政法律责任规范体系化的概述

本章首先从"环境行政法律责任规范"和"体系化"两个概念分析"环境行政法律责任规范体系化"这一基本概念的内涵，以明确本书的研究范围和研究内容，分析环境行政违法责任规范存在的问题，解释引入体系化理念来解决这些问题的合理性。环境行政法律责任规范的体系化具有的实践意义和学理意义表明了对其进行体系化研究的必要性。

第一节 ▎环境行政法律责任规范体系化的基本范畴

一、环境行政法律责任规范的界定

（一）行政法律责任

在现代汉语中，"责任"是指因没做好分内事而应承担的过失。① 就类型而言，责任包括政治责任、道义责任和法律责任等。其中，法律责任是指"因违法而必须承担的相应的法律后果"②。根据违法行为所违反的法律性质不同，法律责任可以分为公法责任和私法责任③，前者如行政法律责任、刑事法律责任、违宪责任等；后者即为民事法律责任。依据责任主体和责任原因的范围界定不同，行政法律责任的内涵有广义和狭义之分。广义的行政法律责任是指行政法律关系双方当事人因违反行政法律规范的行为或者不适当履行行政法律义务的行为而应当承担的法律责任。在这个概念涵摄下，行政法律责任的主体包括行政法律关系的双方。而狭义的行政法律责任仅指行政相对人因违反行政法律规范的行为而应当承担的法律责任。④ 尽管在学理上有不同的概念范围界定方式，但由于行政法律规范调整的对象

---

① 参见《当代汉语词典》，中华书局2009年版，第1807页。
② 《当代汉语词典》，中华书局2009年版，第405页。
③ 参见孙笑侠主编：《法理学》，中国政法大学出版社1996年版，第191页。
④ 参见张志勇编：《行政法律责任探析》，学林出版社2007年版，第4—5页。

包括行政法律关系的双方主体，在法律文本意义上，行政法律责任是在广义上进行界定的，即责任主体包括行政法律关系的双方，且责任原因涵盖违反行政法律规范和不适当履行行政法律义务两种。

由于行政法律责任规范的主体包括法律关系的双方，因此行政法律规范调整的法律关系可以依据其涉及的调整对象分为行政关系和监督行政关系。① "行政关系是国家行政机关在履职过程中，对内对外发生的各种关系。监督行政关系是国家有权机关在监督行政行为过程中与行政机关形成的关系。"② 基于行政法调整对象的二分类型，相应地，行政法律规范和行政法律责任亦均具有双重性。其中，以调整行政关系为内容、规定行政管理相对人行为模式的法律规范是行政管理规范；以调整监督行政关系为内容，规定行政管理主体职权、职责及责任的法律规范为监督行政规范。监督行政规范主要是为了规范行政主体的行政执法行为③。行政执法行为是行政机关履行职权的主要手段，因此违反监督行政规范的法律责任即为行政职权责任，其责任主体是行政机关；与之相对，行政相对人违反行政管理规范，产生

---

① 参见罗豪才、湛中乐主编：《行政法学》（第四版），北京大学出版社2016年版，第17页。虽然也有学者将行政法的调整内容确定为"行政关系"，但是从其对行政法的定义中理解"行政关系"的含义，能得出与罗豪才教授相同的结论。比如，姜明安教授以比较研究的方法，从内容、本质和形式三个方面将行政法界定为"调整行政关系的、规范和控制行政权的法律规范体系"。姜明安主编：《行政法与行政诉讼法》（第六版），北京大学出版社、高等教育出版社2015年版，第18页；石佑启教授从行政法的调整对象和规范内容方面认为行政法是"调整行政关系，规范行政组织及其职权、行政行为的条件与程序，以及对行政活动予以监督的法律规范的总称"。方世荣、石佑启主编：《行政法与行政诉讼法》（第三版），北京大学出版社2015年版，第5页。

② 罗豪才、湛中乐主编：《行政法学》（第四版），北京大学出版社2016年版，第17页。

③ "行政执法"的概念存在广义、较广义、狭义、较狭义的不同认识和主张。依据本书的使用语境，本书采用较广义的观点，行政执法行为既包括行政机关"依法采取的具体的直接影响相对一方权力义务的行为"，也包括"对个人、组织的权力义务的行使和履行情况进行监督检查的行为"。参见姜明安：《行政法》，北京大学出版社2017年版，第281页。本书在此意义上使用行政执法概念，主要是为了与行政管理规范及其法律责任作出区别，阐明行政法律规范和行政法律责任的双重性。

行政违法的效果，即导致行政违法责任①。虽然行政职权责任和行政违法责任被统合在行政法律责任的内容项下，但由于两者的调整对象、法律依据等具有完全不同的逻辑，因此不能混同起来对两者进行整合研究。

（二）环境行政法律责任

环境行政法律责任主要研究环境保护类法律规范②中有关行政法律责任的内容。为了学科基本概念统一，环境法学者也依据相同的路径基于责任主体的范围不同对环境行政法律责任进行了界定和研究。广义上的概念认为环境行政法律责任的主体涉及环境行政法律关系的双方主体。例如，吕忠梅教授认为环境行政法律责任"是指国家环境行政主体及其工作人员，以及作为环境行政相对人的公民、法人或者其他组织违反环境行政法律规范应承担的不利法律后果"③。周珂教授和张璐教授也持相似观点，认为环境行政法律关系的双方均可成为环境行政法律责任的主体。④金瑞林教授在狭义上对环境行政法律责任进行定义，认为其是指"行政机关或者其他法定机构对违反环境法规范的行为人给予的制裁或惩罚"⑤。

如前所述，行政法律责任的两个方面——行政职权责任和行政违法责任在逻辑上具有根本的差别，因此在研究环境行政法律责任时也应对此两

---

① 通说意义上的"行政违法"是指"行政法律关系主体违反行政法律规范所规定的义务，侵害受法律保护的行政关系，对社会造成一定程度的危害，尚未构成犯罪的行为。包括行政主体的违法和行政相对人的违法。"罗豪才、湛中乐主编：《行政法学》（第三版），北京大学出版社2012年版，第334页。此处为了区分行政法律责任的双重性，本书在狭义上适用行政违法责任概念，仅指行政相对人的行政违法责任。
② 这里的环境保护类法律规范并非一个法定术语，而是指表现为环境法内容体系的所有环境立法。其在内容上包括环境基本法、污染防治法、自然资源法、生态保护法、物质循环管理法和节能法以及环境综合行政管理法。
③ 吕忠梅主编：《环境法原理》（第二版），复旦大学出版社2017年版，第181页。
④ 参见张璐主编：《环境与资源保护法学》，北京大学出版社2010年版，第153页；参见周珂、高桂林、楚道文主编：《环境法》（第四版），中国人民大学出版社2013年版，第82页。
⑤ 金瑞林：《环境法概论》，当代世界出版社2000年版，第246页。

类责任进行划分。除去两种法律责任调整的法律关系主体、导致法律责任产生的理由以及违法行为侵害的客体均有所区别,环境行政违法责任和环境行政职权责任在实践中呈现出两种不同的趋势,具体表现为:督促环境行政机关正确履行职权的制度措施不断增多,且环境行政职权责任的追究力度加大;环境行政违法责任在一定程度上呈现出灵活和宽松趋势。

为了督促环境行政机关落实正确履行职权,环保部门内部及其他相关部门出台了相关制度予以保障,前者如原环境保护部实施的环保约谈、以"督政"为目标的环保督察、"双随机、一公开"制度等;后者的典型制度为环境行政公益诉讼。前者或以行政机关内部督促政府或以有关部门正确履行职权为手段落实环保行政职权①,或以夯实责任、强化问责、警示威慑为工作目标②,或以解决执法随意、执法不公、减少权力寻租③,以实现正确履行环保职权为目的。环境行政公益诉讼是以落实环境行政主管部门不履行或不正确履行职权而引发的环境职权责任为目标而设计的制度。与前述几项制度不同的是,环境行政公益诉讼是通过检察机关作为外部监督力量督促环境行政机关正确履行职权。这些制度或措施的共同点是其规制的对象均为环境行政主管机关及相关人员,且整体上呈现了对环保行政机关及其工作人员规制愈加严格的趋势。

与环境行政职权责任相对的环境行政违法责任则呈现出相反的态势。一

---

① 《生态环境部约谈办法》第2条规定:"本办法所称约谈,是指生态环境部约见未依法依规履行生态环境保护职责或履行职责不到位的地方人民政府及其相关部门负责人,或未落实生态环境保护主体责任的相关企业负责人,指出相关问题、听取情况说明、开展提醒谈话、提出整改建议的一种行政措施。"

② 《中央生态环境保护督察工作规定》第3条规定:"中央生态环境保护督察工作以习近平新时代中国特色社会主义思想为指导,深入贯彻落实习近平生态文明思想,增强"四个意识"、坚定"四个自信"、做到"两个维护",认真贯彻落实党中央、国务院决策部署,坚持以人民为中心,以解决突出生态环境问题、改善生态环境质量、推动高质量发展为重点,夯实生态文明建设和生态环境保护政治责任,强化督察问责、形成警示震慑、推进工作落实、实现标本兼治,不断满足人民日益增长的美好生活需要。"

③ 参见《推行"双随机"的主要目的有哪些?》,载中国政府网,http://www.gov.cn/xinwen/2018-06/08/content_5297093.htm,最后访问日期:2023年10月19日。

方面，出于人道主义关怀，基于《行政处罚法》①的有关规定，环境行政处罚中存在环境行政主管部门基于被处罚人的实际情况，同意被处罚人的申请实行分期（延期）缴纳罚款；另一方面，为平衡环境保护与经济发展的关系、缓和环境行政法律关系双方对立，基于《行政处罚法》②和《优化营商环境条例》③等相关法规的规定，部分地区逐渐出台"轻微生态环境违法行为免罚清单"，明确列举可以不予处罚的轻微违法行为类型及适用条件，以探索轻微违法行为的"容错和纠错机制"实现执法方式变革④。这一制度已被《行政处罚法》（2021年）收录，⑤成为"柔性执法"的典型制度⑥。这些制度的创新和变革在一定程度上使环境行政违法责任呈现了相对灵活的外观。

除发展趋势上的区别外，虽同属于环境行政法律责任的下位概念，环境行政职权责任和环境行政违法责任秉持不同的制度逻辑，两者以环境行政执法行为相连接具有发生学的先后顺序及倒序因果关系，即因环境违法行为导致环境行政违法责任，在认定和执行环境行政违法责任过程中若环境行政主管机关未履行或未正确履行职权引发环境行政职权责任。在一定程度上，环境行政职权责任的存在主要是为了落实环境行政违法责任，最

---

① 《行政处罚法》（2021年修订）第66条第2款规定："当事人确有经济困难，需要延期或者分期缴纳罚款的，经当事人申请和行政机关批准，可以暂缓或者分期缴纳。"
② 《行政处罚法》（2021年修订）第32条规定："当事人有下列情形之一，应当从轻或者减轻行政处罚：（一）主动消除或者减轻违法行为危害后果的；（二）受他人胁迫或者诱骗实施违法行为的；（三）主动供述行政机关尚未掌握的违法行为的；（四）配合行政机关查处违法行为有立功表现的；（五）法律、法规、规章规定其他应当从轻或者减轻行政处罚的。"
③ 《优化营商环境条例》第59条第1款规定："行政执法中应当推广运用说服教育、劝导示范、行政指导等非强制性手段，依法慎重实施行政强制。采用非强制性手段能够达到行政管理目的的，不得实施行政强制；违法行为情节轻微或者社会危害较小的，可以不实施行政强制；确需实施行政强制的，应当尽可能减少对市场主体正常生产经营活动的影响。"
④ 参见靳昊、颜维琦：《免罚清单，一场有温度的执法变革》，载《光明日报》2020年9月5日，第07版。
⑤ 《行政处罚法》（2021年修订）第33条第1款规定："违法行为轻微并及时改正，没有造成危害后果的，不予行政处罚。初次违法且危害后果轻微并及时改正的，可以不予行政处罚。"
⑥ 参见王炜：《重磅解读|新行政处罚法将对生态环境监管执法产生哪些重大影响？》，载中国环境网，https://res.cenews.com.cn/h5/news.html?id=149474，最后访问日期：2023年10月19日。

终实现保护环境利益的目标。

综上所述，即便两种法律责任具有"殊途同归"的效果，在研究环境行政法律责任时亦不应在笼统意义上对两种责任进行整合研究，故而本书未选用广义上的环境行政法律责任作为讨论对象，而是将讨论的范围限定在狭义的环境行政违法责任。由于环境行政违法责任和环境行政职权责任的称谓只是为了辨析两种责任的区别，环境行政违法责任并非一个通用概念，并且已有环境法学者在界定环境行政法律责任时使用内涵与环境行政违法责任相同的狭义概念，因此结合《行政处罚法》（2021年）对于行政处罚的定义[1]，将本书的讨论对象界定为：环境行政法律责任，又可称为环境行政违法责任，是指因环境行政相对人违反环境行政管理规范，依法应当承担的法律责任。

环境行政法律责任在法律文本中以法律条款的形式出现。法律条款与法律规范之间具有不严格的对应关系，即一个法律规范需要借助多个法律条款予以表达。就本书的研究目的而言，并非着眼于对单个的环境行政法律责任条款进行研究，而是将环境行政法律责任规范为研究对象，以寻求其背后理论和外在表达形式的完善。因此，"责任规范"而不是"责任条款"成为本书研究的载体。结合前述定义，本书研究的环境行政法律责任规范是指以环境行政相对人违反环境行政管理规范，以其应当承担的法律责任为内容的一类规范。

二、环境行政法律责任规范体系化的内涵

（一）体系与体系化

从汉语语意的角度，体系是指"若干有关事务或某些意识互相联系而构成的一个整体"[2]。就法律体系而言，"体系"有不同的使用语境：第一，

---

[1] 《行政处罚法》（2021年修订）第2条规定："行政处罚是指行政机关依法对违反行政管理秩序的公民、法人或者其他组织，以减损权益或者增加义务的方式予以惩戒的行为。"
[2] 中国社会科学院语言研究所词典编辑室编：《现代汉语词典》（第6版），商务印书馆2012年版，第1281页。

指法系意义上的法律体系。第二，从公法与私法划分的语境下理解法律体系。第三，从法律部门的角度理解法律体系，并将其定义为"由一个国家的全部现行法律规范分类组合为不同的法律部门而形成的有机联系的统一整体"①，如王利明教授将体系化定义为通过系统化和逻辑化的方式对部门法法律规范进行的结构化安排②；公丕祥教授认为"法律体系是由一个国家全部现行法律规范，按照不同的法律部门分类组合而形成的内在一致的统一体"③。这两位学者在界定法律体系的概念时站在同一角度，区别在于概念中涵括的法律规范范围是全部法律规范还是部门法律规范。第四，以体系内容针对实体规范还是程序规范，可以分为实体规范体系和程序规范体系。第五，以体系指向内容是形式规范还是内在秩序，从内在体系与外在体系的意义上理解法律体系④。其中，内在体系是指"实质性的序位秩序、价值体系"⑤，外在体系是体现内在秩序的形式理性表达方式。⑥本书以第五种语境为立足点进行讨论⑦。

进行体系化研究需要对其指向的内容及其之间的关系有清楚的认识。法

---

① 中国大百科全书出版社编辑室编：《中国大百科全书·法学》，中国大百科全书出版社1984年版，第84页。
② 参见王利明：《民法典体系研究》（第二版），中国人民大学出版社2012年，第18页。
③ 公丕祥主编：《法理学》，复旦大学出版社2008年版，第255页。
④ 就法学研究中，有"法律体系""法的体系"和"法学体系"三个概念涉及法和体系两个词语。就本书对体系化的定义而言，主要是在法律体系意义上进行讨论的。
⑤ [德]魏德士：《法理学》，吴越、丁晓春译，法律出版社2005年版，第321页。
⑥ 帕夫洛夫斯基在讨论"外部秩序"与"内部秩序"时，采用了与主流观点不同的概念。参见[德]卡尔·拉伦茨：《法学方法论》，陈爱娥译，商务印书馆2003年版，第47—48页。本书中采用主流观点对外在体系和内在体系的界定。也有学者以研究对象是某一部门法的内部内容还是某一部门法与其他相关法律的关系为标准将研究对象称为内部体系和外部体系，参见房绍坤：《论我国民法典物权编立法中的外部体系协调》，载《政治与法律》2018年第10期。
⑦ 有学者从更加细致的方面讲此语境中的体系成为作为内部体系的价值体系、作为外部体系的概念体系和规范体系。参见陈金钊、吴冬兴：《〈民法典〉阐释的"体系"依据及其限度》，载《上海师范大学学报（哲学社会科学版）》2021年第2期。因为概念和规范作为外在体系的内容具有一定程度上的协同性，故在第三章均作为外在体系的内容进行讨论。

律体系研究是一个法理学的议题,应当从最高的统领性角度进行探讨,但由于对法律体系的研究最初在个别部门法中"发迹",所以此处借用对法律体系化研究较为深入的民法相关研究内容来阐述内在体系和外在体系的内涵及其相互关系。

内在体系是"一般法律原则的价值论或目的论秩序"①;外在体系是依形式逻辑规则建构的抽象概念体系②。虽然得以确定内在体系的因素包括法的价值、理念和目的,但由于内在体系的外显形式是基本原则③,内在体系与外在体系的关系可以依据基尔学派原则理论所衍生出的规则——原则的双重构造模式进行具象化,即"法律体系由规则的外部体系与原则的内部体系两部分构成,其中法律规则之间根据效力关系形成了特定的阶层构造,属于法律体系的刚性部分;而法律原则之间根据内容关系形成了相互贯通的价值秩序的统一体,属于法律体系的柔性部分。这两部分之间既有静态的联系,更有动态的双向流动,呈现出开放性。"④法律原则是法律价值的具化,"诸多规范之间各种价值决定得借此法律思想得以正当化、一体化,并因此避免其彼此间的矛盾。其有助于解释,对法律内的及超越法律的法的续造,助益更宏"⑤。

就内在体系与外在体系的关系而言,"内在体系是价值取向导引外在体系,外在体系……构成内在体系的载体。"⑥内在体系在二者关系中的基础地位是由其内容的抽象性赋予的,正是这种抽象的特质使其在功能上对内维持了法律体系的统一,对外则使法律体系具有开放性,同时这两者之间又互为因果。首先,内在体系维护了法律体系统一性。这一点可以依据"法

---

① 雷磊:《法教义学与法治:法教义学的治理意义》,载《法学研究》2018年第5期。
② 参见[德]卡尔·拉伦茨:《法学方法论》,陈爱娥译,商务印书馆2003年版,第318、355页。
③ 参见方新军:《内在体系外显与民法典体系融贯性的实现 对〈民法总则〉基本原则规定的评论》,载《中外法学》2017年第3期。
④ 雷磊:《法律体系、法律方法与法治》,中国政法大学出版社2016年版,第75页。
⑤ [德]卡尔·拉伦茨:《法学方法论》,陈爱娥译,商务印书馆2003年版,第316页。
⑥ 朱岩:《社会基础变迁与民法双重体系建构》,载《中国社会科学》2010年第6期。

律"范围的大小再次作出不同的划定:就部门法的内部结构而言,内在体系保证了部门法内部法律理念、价值与基本原则的高度统一,这些内容确保了内在体系指导建立起的部门法规范不矛盾;就整个法律系统而言,内在体系确保了部门法的基本原则对宪法理念的转介[①]、落实了宪法作为部门法"法源内涵"的职能[②]、在法律秩序层级内实现整个法律系统的"价值体系"[③]。在统一的内在体系"精神"指引下,法律体系的外在体系内容才能保持逻辑一致。其次,内在体系保证了法律体系的生命力。内在体系内容具有抽象性,这种抽象性带来的巨大价值使内在体系本身富有解释空间,以确保在坚持核心含义的基础上可以结合政策或者社会发展需要进行内容拓展。这种特质结合外在体系的适用,在一定程度上保证了法律体系的生命力。

即便内在体系和外在体系之间存在紧密的关系,但是在历史发展过程中,内在体系并非像外在体系一样一直被重视。经过概念法学派、利益法学派和价值评价法学派的发展,内在体系的作用经历了一个被遮蔽、逐渐外显及受到重视的过程,其在解释论和立法论上的巨大意义也逐渐被挖掘。利益法学的代表人物黑克认为"内在体系是决定法律规范内容的基础价值、法律理念和法律原则"[④]。价值评价法学的卡纳里斯主张"民法的体系不可能是一个基于公理演绎的封闭体系,它只能是一个开放的体系,而开放体系是由法律原则构成的内在体系,因此内在体系不仅在解释论上有意义,而且在立法论上也有意义"[⑤]。外在体系在法律体系中的重要作用主要体现在其规范意义,因此在历史发展过程中内在体系有被遮蔽的时期,但是外在体系一直被重视。外在体系彰显的是法治的形式理性要求。富勒和菲尼斯在

[①] 参见方新军:《融贯民法典外在体系和内在体系的编纂技术》,载《法制与社会发展》2019年第2期。
[②] 参见张翔:《宪法与部门法的三重关系》,载《中国法律评论》2019年第1期。
[③] 参见[德]魏德士:《法理学》,吴越、丁晓春译,法律出版社2005年版,第322页。
[④] 谢鸿飞:《民法典的外部体系效益及其扩张》,载《环球法律评论》2018年第2期。
[⑤] 方新军:《内在体系外显与民法典体系融贯性的实现——对〈民法总则〉基本原则规定的评论》,载《中外法学》2017年第3期。

阐述形式法治时均提到了法律规则的不互相矛盾，行动与规则一致。①这两个要求强调了规范的体系统一性和依法实施规范的重要性。规范的体系统一性可以从内在体系的融贯方面进行统一把握，是一个较容易实现的技术问题。内在体系确保了法律体系的价值融贯，外在体系保障了法律体系的逻辑一致。因此，虽然在学理研究过程中依据内容和作用区分了内在体系与外在体系，但是就其紧密关系而言，内在体系和外在体系是法律体系的一体两面，应当协同考量。

当内在体系被引入法学领域时，目的不是为了体系建构，而是为了解决疑难案件的裁判证立问题，即主要是为了解决法律规范的适用问题。以黑克为代表的利益法学派虽然认识了内在体系对于法律体系的重要性，但是这种重要性认识还停留在理论层面，并未重视内在体系在立法上的重要性。价值评价法学认为内在体系不仅在解释论上有意义，而且在立法论上也有意义，并明确了内在体系建构的基石。综合来看，这在一定程度上可以论证内在体系在逐渐被受到重视过程中就其适用范围而言的拓展，即从法律适用到立法层面。②因此，作为本书研究采用的基本概念，内在体系和外在体系的概念既可以适用于立法层面建构的讨论，也可用于法律适用层面的讨论。

在"体系化"一词中，"化"具有使动性，整个词语具有使动意义，是指让相关事物或思想意识构成一个整体。就法学领域而言，体系化具有方法论意义。黄茂荣教授认为体系化是取向于目的、设定所期望功能，将知

---

① 富勒认为的法律卓越品质包括：一般性、公开性、不溯及既往、明晰性、不互相矛盾、可行性、稳定性和连续性、官方行动与公布规则之间的一致性。参见［美］富勒：《法律的道德性》，郑戈译，商务印书馆2005年版，第49—107页。菲尼斯认为的法律规则的要求：非溯及既往、可行、公开、明确、协调、稳定、适用于特定情形的法令和命令的制定受已公布的、清晰的、稳定的和较为一般性的规则的指导；以官方身份指定、实施和适用规则的人必须遵守规则并以前后一致和符合法律精神的方式执行法律。
② 方新军：《内在体系外显与民法典体系融贯性的实现——对〈民法总则〉基本原则规定的评论》，载《中外法学》2017年第3期。

识或事物根据其存在上之关系、作用组织起来的方法①；张文显教授定义的体系化是指"某一领域分散的各种具体方法组织起来并给予理论上说明"②。"体系化"的内涵既应当包含方法论上的指导，也应当在内容上对研究对象作出更合理的安排，因此，体系化是指通过一定方式使特定研究对象在目的、功能、作用上实现内容系统化和逻辑化的活动。

如前所述，法律体系应当是价值与逻辑的双重统一体，是内在体系和外在体系的结合；而体系化就是追求内在价值一致性和外在形式逻辑性的方法和结果。③换言之，法律体系化的过程就是确定内在体系和外在体系内容，并适用特定的立法技术使内在体系和外在体系融贯的过程④。

综上所述，依据内容和作用可以将法律体系分为内在体系和外在体系。内在体系的要素包括法的理念、价值和目的，其在法律规范中表现为法的基本原则。外在体系即法律规范体系。两者的关系可以简化成为规则—原则的双重构造模式。体系化是一个过程，是指通过一定方式使特定研究对象系统化和逻辑化的活动。

（二）法律责任规范体系化

法律责任是保障法律实施的机制，其一般以施加不利影响为威慑督促行为主体守法，或者通过不利后果对违法主体进行制裁的方式发挥作用。法律责任在作用上确保了法的落实；从其与法律整体的关系来看，法律责任规范是法律的重要组成部分。法律本身具有体系性，就法律责任规范而言，其也应具有体系性。对法律责任规范的体系化研究需要从法律责任的目的

---

① 参见黄茂荣：《法学方法与现代民法》，法律出版社2007年版，第572—573页。
② 张文显主编：《法理学》，法律出版社1997年版，第15页。
③ 参见雷磊：《法教义学与法治：法教义学的治理意义》，载《法学研究》2018年第5期；梁迎修：《方法论视野中的法律体系与体系思维》，载《政法论坛》2008年第1期；许德风：《论法教义学与价值判断——以民法方法为重点》，载《中外法学》2008年第2期。
④ 参见方新军：《融贯民法典外在体系和内在体系的编纂技术》，载《法制与社会发展》2019年第2期。

入手。

依据法律责任定义中的不同重点，学者将法律责任的性质分为"责任论""后果论""义务论""新义务论"（或称"第二性义务论"）[①]"处罚论"等不同学说。无论采用哪种学说，法律责任主要是表达国家对某种侵害利益行为的否定性评价，所以惩罚看似是法律责任的唯一目的。但是从法律责任的目的分析，可以得出不同的结论。

法律责任包括法律责任关系和法律责任形式，其中"在责任关系方面存在功利性与道义性两种法律义务关系。功利性关系基于客观利益和效用而存在，能否满足当事人利益是衡量法律上的是与非的标准；道义性关系是基于主体对客观利益的能动认识而产生的，它不仅考察客观利益与效用，还考察并且着重考虑行为动机的善与恶，相对而言更注重人的社会性以及公众评价"[②]。与之相对，责任形式方面包括补偿与惩罚两类。前者针对受害人、后者针对责任者；前者以客观损害后果为基础、后者更关注行为人的主观过错；前者以行为造成的客观损害事实为依据、后者则更看重道德评价。[③] "责任形式以惩罚为核心目的。用现代经济观和法律观来分析，功利目的难以通过惩罚来达到，道义目的也难以通过补偿来实现"[④]，这就形成了法律责任关系、目的与形式的二元论。

同样对法律责任目的持二元论观点的张文显教授从适用法律责任产生的效果出发，也认为法律责任的目的应融合报复和功利两种观点，前者注重对违法者的制裁；后者则强调制裁产生的积极社会意义。制裁的直接效果是惩罚违法行为造成的直接损害后果，往往不能兼顾恢复受到影响的社

[①] 法律责任定义为"由于侵犯法定权力或违反法定义务而引起的、由专门国家机关认定并归结于法律关系的有责主体的、带有直接强制性的义务，亦即由于违反第一性法定义务而导致的第二性法定义务。"张文显：《法学基本范畴研究》，中国政法大学出版社1993年版，第185—186页。

[②] 孙笑侠：《公、私法责任分析——论功利性补偿与道义性惩罚》，载《法学研究》1994年第6期。

[③] 参见孙笑侠：《公、私法责任分析——论功利性补偿与道义性惩罚》，载《法学研究》1994年第6期。

[④] 孙笑侠：《公、私法责任分析——论功利性补偿与道义性惩罚》，载《法学研究》1994年第6期。

会秩序，所以仅坚持报复论观点不利于纠正违法行为①。一种理想的法律责任承担方式，"一方面要吸收报复论'向后看'的合理因素，以已经发生的违法行为作为归责和制裁的基础和依据；另一方面要吸收功利论'向前看'的合理因素，在归责和制裁时……要充分考虑到各种社会效益和影响"②。这种观点在一定程度上也延长了法律责任产生作用的时间维度。

如前所述，内在体系在内容上包括法的理念、价值、目的等内容，就法律责任的目的而言，其二元性构成了法律责任内在体系的一个方面。此外，法律责任内在体系的内容还可以从法的价值方面入手分析。"任何法律规范都包含了立法者的'利益评价'，也就是'价值判断'。所以法律适用就意味着在具体的案件中实现法定的价值判断。"③ "法律适用中的价值判断是指法律适用者针对某个法律问题或者针对某项法律适用主张而作出的一种导向于法律原则或法律价值的判断或评价。"④ 追究法律责任是法律适用的主要表现，追究法律责任过程中的价值判断功能应当通过运用内在体系来实现。如前所述，内在体系不仅具有在抽象意义上统领外在体系并指导外在体系适用的功能，还具有维持法律体系开放性和与其他部门法尤其是上位法融贯性的功能。因此，除落实立法过程中确立的价值外，内在体系的两项功能对法律责任的适用进行了价值拓展：第一，法律责任可以通过内在体系在一定程度上与政策保持一定的互动而呈现开放性。法律原则的抽象性，给予其依据特定时期相关政策目标进行弹性调整的可能性。以《刑法》为例，1979年刑法确立了刑法的基本原则，但是随后又根据当时的社会经济状况，通过对刑事政策调整的方式调整了刑法适用的松紧度。⑤ 第二，法

---

① 参见张淑芳：《行政处罚实施中违法行为的纠正途径》，载《法学》2013年第6期。
② 张文显：《法律责任论纲》，载《吉林大学社会科学学报》1991年第1期。
③ ［德］魏德士：《法理学》，吴越、丁晓春译，法律出版社2005年版，第61页。
④ 曹炜：《论环境法典化的方法论自觉》，载《中国人民大学学报》2019年第2期。
⑤ 参见高铭暄、郭玮：《论我国环境犯罪刑事政策》，载《中国地质大学学报（社会科学版）》2019年第5期。

律责任应当通过内在体系与上位法的价值保持一致。惩罚不是法律的目的，而是以惩罚为威慑手段要求法律关系主体遵守法律规定。以《刑法》为例，其也强调刑罚目的的综合考量，以此影响刑事法制模式的选择既实现正义价值，也要兼顾犯罪人的改过自新。[①]虽然部门法有自身调整的利益关系，但是从法律系统内部来看，部门法应当以实现宪法确定的价值为最终目标，落脚到环境法和环境行政法律责任中是为了实现生态文明、建设美丽中国。这一点论证了惩罚并非处于法律责任目的的"金字塔顶端"，以及法律责任目的的二元性。

法律责任的外在体系在形式上主要表现为法律责任规范，即包含"要件+后果"的法律责任条款。除此之外，构成要件、责任减免条款等都属于外在规范性内容。如前所述，内在体系和外在体系的融贯需要特定的立法技术实现，因此法律责任规范的体系化是指通过特定的方式使法律责任规范的内在体系与外在体系形成一个逻辑整体的方法。

法律责任规范的体系化不同于法律责任体系的规范化。就责任体系的理解而言，可以从两个角度进行，一个是民事责任、刑事责任和行政责任的责任类型体系化，如前述环境法律责任研究中对于环境民事责任、环境行政责任和环境刑事责任的衔接就是这个层面的研究；另一个是对责任种类的规范化和衔接的问题。比如，环境行政法律责任中的罚款、拘留等不同种类的责任类型如何选择和适用的问题。而法律责任规范的体系化主要是从前述的内在体系和外在体系的动静结合角度对责任规范进行剖析且将要素进行体系化研究的工作。

（三）环境行政法律责任规范的体系化

如前所述，内在体系有诸多要素，价值、理念、目的等，但是在法律

[①] 参见时延安：《惩罚目的的选择对刑事法制模式的影响》，载《检察日报》2021年4月22日，第03版。

体系中其基本以基本原则的形式在法律规范中呈现。因此，内在体系和外在体系在法律中都有具体的表现形式，即法律规范。环境法具有运用法律体系理论进行研究的必要性和可能性。①环境行政法律责任规范属于环境法律规范的一部分，其在结构上也包括内在体系和外在体系；在内容上也可分为法律责任原则的规范和具体规定法律责任内容的规范。理论上，内在体系具有价值导向作用，以指导作为规范统一体的外在体系的产生与适用；外在体系的适用受到内在体系的指引，以贯彻落实内在体系确立的价值、理念、目的等内容。但由于内在体系更为抽象，较容易被忽视，在适用过程中往往被简化为个别法律原则，且在法律条款中一般也不对法律原则的排序和位阶作明确规定，这可能导致在适用过程中无法全面彰显法律的内在体系。这种情况在环境行政法律责任中也较为常见。法律责任规范本身是一个体系，其基本原则条款与具体责任规范之间存在内在体系和外在体系的联结关系。内在体系指导外在体系适用，其在保持法律体系开放性与法律系统融贯性方面的价值应当被重视。

从词义的角度理解，环境行政法律责任规范是静态的，表现为法律文本中的规范条款；体系化是一种方法，是追求价值一致性和规范逻辑性的活动，是动态的。环境行政法律责任规范的体系化研究具有"动静结合"的特点，其既要求对环境行政法律责任规范的相关内容进行识别，也要求通过内容互动以实现其体系化。因此，在研究中对环境行政法律责任规范内容的静态分析及动态体系化的实现是贯穿本书研究的两个方面。

基于前述对法律责任规范体系化和责任体系规范化的区分，环境行政法律责任规范的体系化研究并不着眼于对目前行政处罚规范和环境行政法律责任条款中具体规定的责任类型的具象化分析和选择排序问题的研究，而是从体系的角度出发，对环境行政法律责任规范的外在表达和内在秩序进行剖析，并研究二者融贯以实现价值一致和逻辑连贯目的的活动。

---

① 参见徐以祥：《论我国环境法律的体系化》，载《现代法学》2019年第3期。

综上所述，环境行政法律责任规范是法律责任在环境保护法律规范中的体现。环境行政法律责任规范可以从内在体系和外在体系两个方面进行研究。环境行政法律责任规范的体系化是指通过引用体系化方法研究环境行政法律责任规范，以使其内容系统化、逻辑化的活动。对于环境行政法律责任规范的体系化而言，在准确识别环境行政法律责任规范的内在体系与外在体系的内容，并分别进行建构或完善的基础上，通过特定立法技术实现环境行政法律责任规范的体系化。因此，这个活动应当分为两步：第一步是准确识别环境行政法律责任规范的内在体系与外在体系的内容，并分别进行建构或完善；第二步是确定环境行政法律责任规范体系化的方法。

第二节 ｜ 环境行政法律责任规范的问题

环境行政法律责任规范的问题可以分为立法不足和实践困境。其中环境行政法律责任规范的立法不足是指目前无法通过法律解释的方法进行填补的立法漏洞，具体表现为目前的环境行政法律责任规范的类型不完整。环境行政法律责任规范的实践困境是指因立法供给不足而在实践中遇到的问题。随着研究的不断深入，对环境责任目的的全面认识和对缓和环境行政法律责任关系双方理论的发展，这种理论发展推动实践新情况的出现与立法供给不足之间产生了巨大张力。而这种脱节无法通过现有的框架或者理论解决。

一、环境行政法律责任规范的立法不足

环境行政法律责任规范的立法不足是指目前环境行政法律责任规范存在的立法漏洞，且无法通过法律解释的方式予以解决的一类问题。就环境行政法律责任规范的立法不足问题而言主要体现为责任规范类型的不均衡。整体而言，环境行政法律责任规范经历了从"严格型"责任规范到以"严格型"责任规范为主"柔性"责任规范为辅的发展阶段。

基于特定的历史背景，在很长一段时间内，"严格型"责任规范是环境行政法律责任规范的唯一类型。"严格型"责任规范是直接规定违法行为与处罚结果的条款。依据对以污染防治为主要内容的环境保护类法律的法律责任类条款进行文本分析，其中环境行政法律责任条款全部为"严格型"责

任规范。（详见表1）

表1　污染防治类法律的责任条款类型分析

法律名称	总条款数	法律责任条款数	广义环境行政法律责任条款数	狭义环境行政法律责任条款数	严格型责任条款数
《环境保护法》（2014）①	70	11	7	5	5
《海洋环境保护法》（2023）②	124	27	25	24	24
《固体废物污染环境防治法》（2020）	126	23	11	10	10
《噪声污染防治法》（2021）③	90	17	5	4	4
《大气污染防治法》（2018）	129	30	12	11	11
《土壤污染防治法》（2018）	99	14	9	8	8
《水污染防治法》（2017）	103	22	9	8	8
《放射性污染防治法》（2003）④	63	12	10	9	9

以《环境保护法》为例，其对法律责任的规定主要体现在第六章，共十一条，除三条规定了民事责任⑤，两条规定了环境行政监管主体的责任⑥，一条规定了环境刑事责任⑦外，共五个条款属于此处所讨论的环境行政法律责任规范。这几个条款中的内容基本上都是以规定违法行为及处罚结果为基本构造的固定要件条款格式，具有较强适用性。在此"基调"的影响下，除了以部门规章为代表的配套的"严格型"责任规范，如按日连续处罚、

---

① 虽然在学理上《环境保护法》被认为是综合性环境基本法，但是就目前法律文本的内容而言，其在内容上主要针对污染防治，故此处进行统计。
② 《海洋环境保护法》（2023）第119条是环境刑事责任和环境行政法律责任的合并条款。
③ 《噪声污染防治法》（2021）第87条是规定了环境刑事责任和环境职权责任的合并条款。
④ 《放射性污染防治法》（2003）第48条是规定了环境刑事责任和环境职权责任的合并条款。
⑤ 这三条分别是：第64条规定了转致适用《侵权责任法》（现为《民法典》侵权责任编）的规定、第65条规定了环评机关等的连带责任、第66条规定了环境损害赔偿的民事诉讼时效。
⑥ 这两条分别是：第67条规定了上级对下级的监督条款，第68条规定了行政机关内部相关人员责任。
⑦ 第69条规定了转致适用《刑法》的规定。

限产停产等，其他的环境保护或污染防治单行法也有相似的规范结构。根据依法律行政的原理，以行为模式和处罚后果为内容的严格型责任规范在适用中以"全有或全无"的模式发挥作用，其蕴含的法理既包括"法无明文规定不处罚"，还包括法律规定的法律责任应处罚到位。①这既解决了基层环保执法能力不足的问题，提供了可以直接适用的责任规范，又为基层环保执法提出了要求，即应当严格执行责任规范。

随着对环境行政执法实践需求的回应和政策需要，基于地方的生态环境执法实践，生态环境部于2019年颁布了《关于进一步规范适用环境行政处罚自由裁量权的指导意见》（环执法〔2019〕42号），规定了三项可以免予处罚的环境违法行为类型②，随后山东省、上海市、安徽省、江西省等先后颁布了类似的意见明确规定免予处罚的情形。《行政处罚法》（2021年修订）吸收了这个规定。相较于严格追究责任，这类规范在一定程度上缓和了环境行政法律责任的严厉程度。这种通过规定环境行政执法裁量权的方式认可的"柔性"环境行政法律责任规范打破了"严格型"环境行政法律责任规范的模式。

从裁量规范到法律中的行政裁量条款，环境行政法律责任"柔性"规范在适用过程中需要依据实际情况明确"初次违法""危害后果轻微并及时改正"的认定标准等③弹性内容。这类"柔性"规范在适用时要先进性要件

---

① 在立法构筑的"专责机关—管制规范和标准—监督检查—违法矫正"为主线的环境行政规制体系中，就职权法定原则，专责机关不仅不能超越法律使职权，同时也不能限缩法定职权，否则将可能构成不履行或者不正确履行法定职权，成为行政（公益）诉讼的被告。张宝：《我国环境公益保护机制的分化与整合》，载《湖南师范大学社会科学学报》2021年第2期。

② 有下列情形之一的，可以免予处罚：（1）违法行为（如"未批先建"）未造成环境污染后果，且企业自行实施关停或者实施停止建设、停止生产等措施的；（2）违法行为持续时间短、污染小（如"超标排放水污染物不超过2小时，且超标倍数小于0.1倍、日污水排放量小于0.1吨"的；又如，"不规范贮存危险废物时间不超过24小时、数量小于0.01吨，且未污染外环境的"）且当日完成整改的；（3）其他违法行为轻微并及时纠正，没有造成危害后果的。

③ 参见王炜：《重磅解读|新行政处罚法将对生态环境监管执法产生哪些重大影响？》，载中国环境网，https://res.cenews.com.cn/h5/news.html?id=149474，最后访问日期：2023年10月19日。

裁量，在确定满足条件的情况下进行效果裁量。"柔性"规范对于基层执法人员而言不如"严格型"责任规范一样有明确的适用指引，因而在适用上被评价为具有不严格执法的风险。同时由于，严格是责任的普遍属性，因此"柔性"环境行政法律责任规范也只能处于"严格型"责任规范的辅助地位。

二、环境行政法律责任规范的实践困境

环境行政法律责任规范的实践困境是指因为环境行政法律责任规范的立法不足而导致的该类规范在实践中存在的不理想情况。实践中，由于前述"严格型"责任规范在环境行政法律责任规范中占据主导地位，导致环境行政执法机关在落实环境行政法律责任过程中可发挥作用的空间极小。为了实现宪法确立的实现生态文明建设的目标，环境司法中在司法制度和法律责任方面进行了一定的建构和创新。

司法机关以制度建构的方式在救济生态（环境）损害方面有所作为，既包括以环境公益诉讼为典型代表的诉讼类型创新，以环境行政公益诉讼为例，2018年1—11月全国检察机关通过环境行政公益诉讼补救被毁损的耕地、林地、湿地、草原200余万亩，督促关停违法企业8900余家[1]；也包括以技术改造等为代表的责任承担方式的创新。在责任类型方面，生态（环境）利益损害救济主要通过环境民事公益诉讼、环境刑事附带民事公益诉讼、生态损害赔偿诉讼等实现。虽然在诉讼类型上进行了精细化的分类，但总体上这些制度主要依靠环境民事责任实现对受损害生态（环境）的恢复与救济。在此基础上，学者探索丰富民事责任类型或者民事责任方式的形式实现对受损害生态环境的救济，或依托环境侵权责任的类型，吸收生态修

---

[1] 参见陈媛媛：《最高检通报2018年检察公益诉讼工作情况 环境公益诉讼办案量大幅提升》，载《中国环境报》2018年第12月26日，第01版。

复等公共利益救济理念，重构以修复为主要救济方式的"生态恢复论"下的环境侵权救济体系①，将修复生态环境作为民事责任的承担方式②；或利用基本恢复、补偿性恢复甚至或补充性恢复等工程措施实现生态环境损害的等值填补③；或基于生态环境损害填补与救济利益的公共性，突破责任性质，在民事责任中适用惩罚性赔偿。就惩罚性赔偿本身而言，其具有惩罚性力量，因此具有较浓的公法性质，如果被私人提及并广泛使用，将存在较大风险。④ 从法律责任的阶段来看，环境刑事责任与环境民事责任中的创新主要集中在责任承担阶段，表现为对责任承担方式的创造性运用，如环境刑事司法审判中适用补种复绿、增殖放流、土地复垦等"非刑罚处罚方法中的民事性制裁措施"⑤，以实现对责任减免等⑥。这种责任减免具有相对减轻责任人压力的客观效果，因而，相较于严格的环境行政法律责任而言，具有缓和法律关系双方主体紧张关系的作用，降低了法律实施的成本。

相较于司法机关在能动创新方面存在更多空间，受限于依法律行政原则的限制，环境行政机关的"作为"空间相对较小。除了在司法过程中基于其专业性参与特定的环节，如参与对违法企业改造污染设备，进行技术

---

① 参见吕忠梅、窦海阳：《以"生态恢复论"重构环境侵权救济体系》，载《中国社会科学》2020年第2期。
② 参见吕忠梅、窦海阳：《修复生态环境责任的实证解析》，载《法学研究》2017年第3期。
③ 参见王小钢：《生态环境修复和替代性修复的概念辨证——基于生态环境恢复的目标》，载《南京工业大学学报（社会科学版）》2019年第1期。
④ 参见江帆、朱战威：《惩罚性赔偿：规范演进、社会机理与未来趋势》，载《学术论坛》2019年第3期。王利明教授也主张相同的观点，认为由国家规定的机关或者法律规定的组织取得惩罚性赔偿金缺乏正当性，因此《民法典》第1232条关于惩罚性的规定原则上不适用于公益诉讼。参见王利明：《〈民法典〉中环境污染和生态破坏责任的亮点》，载《广东社会科学》2021年第1期。
⑤ 蒋香兰：《生态修复的刑事判决样态研究》，载《政治与法律》2018年第5期。
⑥ 就司法案例的情况来看，目前这些措施的适用结果较为混乱，有些作为减免责任的条件，有些作为应当履行的责任。但是依据相关地方出台的司法文件，较为倾向的观点是将其作为量刑依据，参见《江苏省高级人民法院关于环境污染刑事案件的审理指南（一）》。

升级的验收工作①；或者在环境行政公益诉讼中，由检察机关在诉前程序督促相关环保行政机关针对一类违法行为进行集中整治②。

就外观来看，环境司法创新既能发挥能动性通过更大程度实现生态（环境）效益而推动生态文明建设目标的实现，又能改善环境法律责任的双方关系、降低法律实施的成本、实现环境法实施的社会效益。但是司法救济的弊端也较为明显：第一，诉讼中存在原、被告双方的激烈对抗，有些案件甚至上诉到最高人民法院。第二，诉讼案件审理时间长。据统计，2015年的环境公益诉讼案件审理周期在165—315天；2016年的环境公益诉讼案件审理周期为17—91天。③虽然2016年的案件审理时间较2015年缩短，但是整体来看，诉讼案件审理时间依旧较长，加剧了生态（环境）损害救济的滞后性。第三，诉讼费用成本高昂。诉讼中的案件受理费、鉴定费、律师费等诉讼支出均需要由双方当事人中的一方或者双方最终承担。这些费用的数额往往巨大，加大了原、被告双方的诉讼成本。例如，某案一审判决中法院判决由原告承担案件受理费1,891,800元④；某环境民事公益诉讼案的鉴定费高达16.3万元⑤；某环境污染公益诉讼案中被告分别支付原告律师费19.8万元和8万元⑥。从"对社会和经济'最适管理'"⑦的角度和对生态环

---

① 参见（2018）冀民终758号。
② 参见《"守护海洋"检察公益诉讼专项监督活动典型案例》（2020年4月29日最高人民检察院发布），海南省海口市秀英区定置网破坏渔业资源行政公益诉讼案，载最高人民检察院网，https://www.spp.gov.cn/xwfbh/wsfbt/202004/t20200429_460199.shtml#1，最后访问日期：2023年10月19日。该案中为了解决定置网在严格执法与百姓民生之间的矛盾，检察院推动农业农村局联合行管科研机构进行定置网激素改造，在村落实验后向全市推广。
③ 吕忠梅等：《中国环境司法发展报告（2015-2017）（简本）》，人民法院出版社2017年版，第105页。
④ 参见（2017）苏民终232号。
⑤ 参见（2016）渝02民终772号。
⑥ 参见（2017）渝01民初773号。
⑦ 张红：《让行政的归行政，司法的归司法——行政处罚与刑罚处罚的立法衔接》，载《华东政法大学学报》2020年第4期。

境损害救济紧迫性需求满足的角度,环境行政应当具有优先性。

倚重环境司法主要源于生态(环境)损害救济实践中机构职能的混淆。从国家机关的功能来看,司法机关不是实现生态(环境)损害救济的最佳主体。司法的主要功能在于裁决争议,维护公共利益是行政机关的主要任务①。若过分依赖环境公益诉讼制度救济生态(环境)损害可能会引起司法权过度介入行政权的现象发生。"行政机关在能动性、灵活性、效率性以及专业知识上具有司法机关不可比拟的优势。"②在司法过程中,一些责任环节中需要环境行政机关予以配合,这些都是行政机关专业性和职能的体现。因此,从这个角度出发,应当"通过加强行政执法以及行政法上的制度创新"③来探索行政机关在落实环境行政法律责任过程中救济生态(环境)损害的可能性。

就环境民事责任和环境刑事责任的创新而言,不论是在民事责任中引入惩罚性赔偿,还是在刑事责任中适用民事性制裁措施,都属于通过私法手段救济公共利益,从这个角度看,在环境法律责任方面,私法方式多方位渗入公法。④"法律适用总是一种价值实现的行为"⑤,环境行政机关也是法律适用的重要机关;作为实现公共利益的主要手段,环境行政应当更多地发挥作用。

从理论发展的角度看,环境行政法律责任发挥更多作用具有可能性。首先,对于环境行政法律责任目的的全面认识。我国2014年《环境保护法》

---

① 行政以公共利益的实现为任务。参见[日]南博方:《行政法》(第六版),杨建顺译,中国人民大学出版社2009年版,第5页。
② 谭冰霖:《环境行政处罚规制功能之补强》,载《法学研究》2018年第4期。
③ 王明远:《论我国环境公益诉讼的发展方向:基于行政权与司法权关系理论的分析》,载《中国法学》2016年第1期。
④ 参见张淑芳:《私法渗入公法的必然与边界》,载《中国法学》2019年第4期。"私法渗入公法是指私法的精神、原则以及规则等被公法所吸收进而成为公法相关内容的状态。例如,私法价值、私法概念和私法调控方式的渗入。"
⑤ [德]魏德士:《法理学》,吴越、丁晓春译,法律出版社2005年版,第322页。

修改承载了解决违法成本低而无法对违法行为产生有效威慑问题的期望，因此加重对环境违法行为的处罚成为此次修改的一个亮点。选定这个立法基调之后，"严格"就成为环境法律责任的标签，并且在一定情境下成为唯一标签。但与立法确立的"严格基调"有所区别的是，环境行政法律责任规范适用在实践中出现了一些相对"灵活"的情况。这种情况出现的原因主要在于对法律责任目的的认识逐渐全面和对环境行政法律责任作用的深层剖析。

一般意义上惩罚具有法律责任"首要目的"的外观。从效果来讲，惩罚指向违法行为人个体，以通过施加不利影响的形式对违法行为人起到处罚和特殊预防目的，并对其他社会主体起到一般预防[①]目的的手段。这主要体现的是法律责任的报复论目的。除去前述对法律责任目的的二元性分析外，环境法特性也为法律责任目的的拓展提供了正当性基础。环境利益的社会公共性要求环境行政法律责任的目的进行拓展，具体表现是救济指向对象范围的突破和作用时间的延展，其中前者表现为环境行政法律责任的救济对象范围扩展至社会；后者体现追究环境行政法律责任不仅应关注对违法行为的处罚，还应当考虑确定或者落实法律责任之后产生的后续影响。

就救济指向对象范围拓展而言，相较于针对特定对象受损权益的救济，环境违法行为侵害的利益是社会公共利益，指向的主体是不特定的多数人。对违法行为进行处罚最直接的效果是对违法行为人本人的处罚，通过处罚的方式或没收违法所得以使其违法行为获益被收缴，或实行资格罚以禁止该主体在特定时间内实施某种行为而剥夺其行为自由，或进行人身自由禁止等。不论责任的类型是什么、针对的是行为人的哪类权益，就其根本而言主要还是指向违法行为人自身。以对违法行为人自身的处罚在客观上实现

---

① 一般预防和特殊预防主要是刑法目的理论中用以区分刑罚作用主体的一对概念，此处用来说明法律责任对不同主体的作用。

对受损主体利益损害的填补作用。在环境法中，基于环境的公益属性，环境行政法律责任产生的效果对社会上其他不特定主体利益的填补作用被扩大，并且这种利益填补作用区别于环境民事法律责任对社会公共利益救济的"顺带"效果，也区别于环境刑事法律责任对社会管理秩序救济的作用。正是因为这种公益属性的要求，环境行政法律责任规范的适用不应当将惩罚作为主要目的。因此，在环境行政法律责任中仅注重对行为人的惩罚并不能当然实现对受损害社会公共利益的补偿，环境行政法律责任救济指向对象范围的拓展表明了惩罚作为其目的的局限性，即救济指向对象范围拓展要求环境行政法律责任的目的进行拓展。

就对环境行政法律责任作用的深层剖析主要体现在对其背后价值的认识。环境行政法律责任蕴含的更深层次的价值判断是实现环境行政秩序，不仅要求应及时处罚违法行为，同时要求作出的环境行政处罚呈现出积极的执法形态[1]、对违法行为的制裁亦具有持续性的效果。[2]这与"及时执法"的效果相比，在一定程度上延长了环境行政法律责任的时间维度。例如，充分考虑关停企业对社会产生的负面影响，发挥能动性协助企业升级生产线。[3]这种类型的执法方式要求行政机关在执法活动中应当能动，在一定程度上超出了法定的环境行政法律责任的要求和范围，但是在客观上杜绝了违法行为产生的可能性，预防违法行为产生、保护生态（环境），并且，考虑到企业生产状况，在更高的价值层面实现了环境行政价值。虽然这种做法的规范性有待商榷，但却是实现环境行政秩序的有益尝试。

---

[1] 依据执法结果对社会造成的影响，可以将执法分为消极执法和积极执法。"积极执法是指行政主体的职权或公务行为给相应社会事务产生了良性影响，是指运转达到了较以往更加积极的状态或趋势，如使社会经济、文化协调发展，提高了整个国家和民族的文明程度，确保良好稳定的社会生活秩序，满足人民群众日益提高的经济文化生活需要等。消极执法是指行政主体的执法行为不仅没有使社会事务朝良性化方向发展，反而因这种行为导致社会事务良好状态的破坏。"关保英：《行政法学》（下册），法律出版社2013年版，第659页。

[2] 参见关保英：《行政处罚中行政相对人违法行为制止研究》，载《现代法学》2016年第6期。

[3] 参见张健：《以先进理念引领污染防治》，载《群众》2017年第9期。

基于这些考量，谭冰霖编审主张应当增加环境行政规制的公共性，在行政处罚中加入生态恢复功能，丰富环境行政法律责任的责任形式。① 刘长兴教授主张对行政罚款的功能进行补足，重视其惩罚和补偿性双重功能，以实现其在环境保护领域维护社会公共利益的作用。② 同时，刘长兴教授反思了环境法律责任重罚倾向的弊端，提出在环境法律责任层面实现惩罚、补偿和预防功能的整合。③ 这些观点中不论是增加生态恢复功能、补偿性功能抑或法律责任的功能整合都是区别于惩罚功能一元观点的新学说。

就缓和环境法律责任双方关系而言，环境行政法的行政监管理论已经发展出的"回应性"理论，以及在此基础上发展出的政府治理和法学新理论为在环境行政法律责任中解决此问题提供了可能性。

"回应性"（Responsiveness）理论是在西方国家社会性监督日益增多的基础上，基于对过度监管的反思而产生的一种理论。④ 这种监管模式在西方政治经济学、法和社会学的研究中具有较大影响力，前者"试图解决政府监管的原因、目的和价值，并探求符合经济效益最大化原则的监管手段"⑤，后者"注重法在现实社会中的运用，强调监管政策制定和执行中组织、社会规范、文化、价值和社会系统的影响"⑥。这个理论在国外引导了学科研究范式的转变，我国学者也立足国内情况，以比较研究的方式在政府治理范式和法学研究范式两个方面进行探讨。

政府治理范式经历了从政府管理到互动式治理的转变。政府管理模式选择"政府—相对人"的二元主体结构，呈现出单向、封闭、强制的公权

---

① 参见谭冰霖：《环境行政处罚规制功能之补强》，载《法学研究》2018年第4期。
② 参见刘长兴：《论行政罚款的补偿性——基于环境违法事件的视角》，载《行政法学研究》2020年第2期。
③ 参见刘长兴：《超越惩罚：环境法律责任的体系重整》，载《现代法学》2021年第1期。
④ 参见杨炳霖：《监管治理体系建设理论范式与实施路径研究——回应性监管理论的启示》，载《中国行政管理》2014年第6期。
⑤ 刘鹏、王力：《回应性监管理论及其本土适用性分析》，载《中国人民大学学报》2016年第1期。
⑥ 刘鹏、王力：《回应性监管理论及其本土适用性分析》，载《中国人民大学学报》2016年第1期。

力行使特征。①在这一模式下,被管理主体作为被支配的客体存在政府管理的模式下,没有主体性和主动性。这种治理范式发端于对抗型监管模式,揭示了代表公共利益的国家与代表个人利益的个人之间"制度设计的紧张对峙与内在不对称性"②。互动式治理是国家在新时期探索的一种新型治理范式,其融合政治经济和法律、民主理论,提倡以更多参与和协作的模式取代等级和控制,这种治理范式下的政策目标实现责任由政府、行业和社会共担。③在互动式治理模式下,政府的单边主义管理模式被治理者与被治理者之间的平等互动取代,其核心原则为回应性④,并强调政府治理的情景化和回应的有效性⑤,以回应性来实现公共行政领域实质正义与形式正义的统一⑥,最终实现善治⑦。

政府治理范式的转型在一定程度上影响了法学研究范式的变化。回应性在转变法学研究范式中体现为回应型法与反身法理论。法学领域"回应性"理论的核心观点是强调法律的实用性、开放性和灵活性,要求法律运行能够有效回应社会变革。诺内特和塞尔兹尼克指出回应型法的"回应性"要求法律以目的和效果为导向,突破形式主义的拘泥,通过理论和实践相结合进一步探究法律、政策中所蕴含的社会公认准则。⑧这种法律类型在

---

① 参见石佑启、杨治坤:《中国政府治理的法治路径》,载《中国社会科学》2018年第1期。
② 包万超:《行政法平衡理论比较研究》,载《中国法学》1999年第2期。
③ 参见[美]奥利·洛贝尔:《新新政:当代法律思想中的管制的衰落与治理的兴起》,载罗豪才、毕洪海编:《行政法的新视野》,商务印书馆2011年版,第107—284页。
④ 参见顾昕:《走向互动式治理:国家治理体系创新中"国家—市场—社会关系"的变革》,载《学术月刊》2019年第1期。
⑤ 参见江国华:《行政转型与行政法学的回应型变迁》,载《中国社会科学》2016年第11期;石佑启、杨治坤:《中国政府治理的法治路径》,载《中国社会科学》2018年第1期。
⑥ 参见黄小勇:《行政的正义——兼对"回应性"概念的阐释》,载《中国行政管理》2000年第12期。
⑦ 参见高卫星:《公共行政的范式转换与价值嬗变》,载《郑州大学学报(哲学社会科学版)》2006年第3期。
⑧ [美]P.诺内特、P.塞尔兹尼克:《转变中的法律与社会》,张志铭译,中国政法大学出版社1994年版,第3页。

认识到法治形式主义危机的基础上，积极寻求实质意义上的法治与正义，实现了规范主义与功能主义的融合。卢曼在其"法律自创生系统"（Legal Autopoietic System）理论中也提出，法律的功能与社会系统相联系，法律设计通过专门法律规范的分立和最终通过一个特殊的法律系统的分立要解决社会系统中的特定问题，法律就是一种为社会适应其环境服务的调节机制。①在回应型法和卢曼"自创生"理论的基础上，托依布纳提出了反身法理论，主张"法律要想实现对社会的有效调节，就必须建立与其他社会系统的结构耦合（Structural Coupling）"②，以实现法律在整个社会系统中的作用。回应型法强调法对于社会需求的及时"反应"，反身法强调法在整个社会系统中的作用，二者在本质相同，即与传统法学理论中强调法的规范性不同，二者强调法的功能主义特性。

伴随政府治理模式的变化、回应型法和反身法理论的发展，行政法也经历了管制思想的衰落和治理思想的兴起，③直接表现为公共治理的互动主义模式方法论在行政法上推动公法关系"从对抗与控制朝着互动与合作转换"④，促成了行政法平衡论思想的萌发与其在行政法领域的贯彻与发展。平衡论是不同于管理论和控权论的第三种行政法律关系模式。它与另两种模式片面强调或者夸大法律关系中一方作用不同的是，平衡论主张平等强调行政权力与公民权利，承认行政相对人在行政法律关系中的主体地位⑤，"将以行政行为为圆心的正圆拓展为以行政主体和公民为双焦的椭圆，从单核行政法转向双核行政法……通过交涉建立共识性行政

---

① ［德］尼克拉斯·卢曼：《社会的法律》，郑伊倩译，人民出版社2009年版，第90页。
② 杨炳霖：《对抗型与协同型监管模式之比较》，载《中国行政管理》2015年第7期。
③ 参见［美］奥利·洛贝尔：《新新政：当代法律思想中的管制的衰落与治理的兴起》，载罗豪才、毕洪海编：《行政法的新视野》，商务印书馆2011年版，第107—284页。
④ 罗豪才、宋功德：《公域之治的转型——对公共治理与公法互动关系的一种透视》，载《中国法学》2005年第5期。
⑤ 参见宋功德：《行政法哲学》，法律出版社2000年版，第75页。

法关系"①。除对行政法律关系模式的变革外,平衡论思想还相应推动了行政管理方法的变化。基于对行政法价值理性的思考,平衡论下的行政过程模式为"沟通—合作—服务",提倡行政管理方法的多样性并减少单向度的强制行政指令。②除产生平衡论模式外,行政法引入回应性理论还表现在强调行政监管模式的回应性,如催生了回应性监管(Responsive Regulation)③、灵活监管(Flexible Regulation)④、智慧监管(Smart Regulation)⑤、风险基准监管(Risk-based Regulation)⑥等多种新的监管理论。这些监管模式的共同点在于强调治理手段的灵活性,而这与传统治理手段严格规范化要求不同。

综上所述,目前的环境行政法律责任规范呈现出了以明确规定违法行为和法律后果为内容的"严格型"规范为主,以"轻微环境违法行为不处罚"为代表的行政裁量规范型"柔性"规范为辅的规范结构类型。为了救济生态(环境)环境损害,环境司法在制度和法律责任方面进行了创新。这些创新对于推动生态文明建设、实现环境效益、缓和法律关系双方的紧张关系都有助益。但是从机构职能分工角度看,环境行政机关推动环境公益实现更具有合理性;环境行政法律责任也较环境民事责任和环境刑事责任更合理。同时,随着对环境行政法律责任目的的深入了解、对环境行政法律责任作用的深层剖析,以及行政法上对行政法律责任关系的理论发展,

---

① 罗豪才、宋功德:《行政法的治理逻辑》,载《中国法学》2011年第2期。
② 参见湛中乐:《现代行政过程论》,载《行政法论丛》2004年第1期。
③ See Ian Ayres & John Braithwaite, *Responsive Regulation: Transcending the Deregulation Debate*, Oxford University Press,1992,p.115.
④ See Loris S. Bennear & Cary Coglianese, *Flexible Environmental Regulation*, Sheldon Kamieniecki and Michael E. Kraft, eds., Oxford Handbook of U.S. Environmental Policy, Oxford University Press, 2012,p.49.
⑤ See Neil Gunningham & Peter Grabosky, *Smart Regulation: Designing Environmental Policy*, Clarendon Press·Oxford,1998,p.57.
⑥ See Julia Black & Robert Baldwin, *Really Responsive Risk-based Regulation,2010,32* Law and Policy.

使得环境行政法律责任在实现公益、降低成本、激发相对人主动性方面的可能性。总体而言,在形式上环境行政法律责任规范呈现出了规范类型不均衡;在深层次上环境行政法律责任规范应当吸收责任目的、作用等新研究成果,这两部分的内容可以从体系化的角度获得统一。

第三节 ┃ 环境行政法律责任规范体系化的理念

环境行政法律责任规范的体系化过程中需要遵循相关理念。这些理念引入环境行政法律责任规范的体系化研究以解决上一节所述的立法不足和实践困境为目的。

一、适度功能主义理念

作为法律规范，环境行政法律责任规范的研究首先还是应当以规范化为主要理念。但是结合前述理论问题，不论是正确责任目的还是吸收的理论研究成果，以及思考司法创新的责任承担方式在环境行政法律责任规范中体现的可能性，都需要抛弃严格的规范主义理念，引入功能主义理念。

规范主义理念"关注法律的规则取向和概念化属性"[①]，目的是实现控权。在规范主义理念中，法律规范依照一定逻辑形成一套以文本体现的规则，由立法机关确定的规则在行政活动中严格遵守，行政机关应当在活动中遵守规范并维护规范的完整性与逻辑性；与此同时，只要规范被严格遵守和执行，就会实现立法时所希望的社会秩序。规范主义在极大程度上维护了法的安定性，也正是这种安定性导致了法律规范对社会回应性不足的短板。在我国的传统环境行政模式中，环境行政机关适用环境行政法律责

---

① ［英］马丁·洛克林：《公法与政治理论》，郑戈译，商务印书馆2013年版，第85页。

任规范的过程主要采用规范主义理念。环境行政机关的主要作用是执行立法机关制定的环境行政规范，即"传送带"。在执法过程中为了限制环境行政机关的权力滥用及履行环境行政机关作为执行主体的职能，对环境行政机关的要求为依法律行政。即便是针对行政过程中不可避免的行政裁量权也设置了规范自由裁量权行使的规则。以环境行政处罚为例，为了规范环境行政处罚裁量权的行使，中央和地方层面均颁布了指导环境行政机关行使自由裁量权的规范性文件[①]。这类规定统一了处罚裁量权的行使标准，但是从另一个角度表明了对执法机关行使权力的规范主义要求。这从规范主义的角度意味着没有严格依据法律规定行使行政权就是广义上的行政违法行为，更别说从更好实现法律效果的角度进行灵活性执法。

为了弱化规范主义理念的短板，实现法律效果，功能主义理念应运而生。功能主义理念的产生与"能动型国家目标紧密相关"，在该理念中政府被定性为"促进进步的进化式变迁机构"[②]，而不再单单是执行法规范的机构。功能主义的法律理念主张依据具体的情景和语境有针对性地选择法律适用方案，避免单向度地预设或推定法律适用情景。[③] 功能主义"充分体现在社会实证主义、进化论社会理论和实用主义学说"[④]中，故在功能主义理念指导下，法律政策、社会需求等内容都应当被引入法律规范适用的具体场景中，更加注重法律规范的好用与实用。例如，在功能主义刑法理论中，考虑刑法在社会系统中承担的功能，引入社会理论的外部视角进行刑法体系反思性重构，是其基本立场。[⑤] 但是，过于倾向功能主义会导致"放弃法

---

① 例如，2009年，原环境保护部印发了《规范环境行政处罚自由裁量权若干意见》（环发〔2009〕24号）、《关于印发有关规范行使环境行政处罚自由裁量权文件的通知》（环办〔2009〕107号）；2019年，生态环境部印发了《关于进一步规范适用环境行政处罚自由裁量权的指导意见》等。
② [英]马丁·洛克林：《公法与政治理论》，郑戈译，商务印书馆2013年版，第188页。
③ 参见熊丙万：《法律的形式与功能——以"知假买假"案为分析范例》，载《中外法学》2017年第2期。
④ [英]马丁·洛克林：《公法与政治理论》，郑戈译，商务印书馆2013年版，第146页。
⑤ 参见劳东燕：《刑事政策与功能主义的刑法体系》，载《中国法学》2020年第1期。

律准则而选择其他的社会标准或行为准则"①的情况发生。因此，为保障法律的规范性，功能主体理念的运用应保持适度原则。

无论是坚守规范主义理念以实现社会秩序的"形式—功能"进路，还是坚持功能主义导向以实现规制目的为出发点最终选定治理方式的"功能—形式"主义进路，②在环境行政法律责任规范的体系化过程中单纯地选择其中一种模式都会在实践中产生相应的问题：过于偏向前者会导致环境行政法律责任规范体系过于僵化、回应性不足，而无法体现其内在价值；过于偏向后者则会引起环境行政法律责任规范体系的规范性不足问题，削弱法律规范之所以作为法律而应当具有的规范性。

法律是一种社会规制工具，本身不仅具有规范性的要求，还应当具有实现更高社会目标的功能。因此，研究环境行政法律责任规范最理想的理念之一应当是在目前规范主义理念作主导的情境中适度引入功能主义理念。

二、责任过程理念

如前所述，适度功能理念是研究环境行政法律责任规范体系化应当坚持的理念之一。在坚持规范主义理念为主导的前提下，适度功能主义理念的"适度"应当如何把握？结合前述环境行政法律责任规范理论问题的第三个方面，从环境司法中对于法律责任承担方式创新的经验来看，可以在环境行政法律责任中引入责任过程理念，为适度功能主义理念的运用提供可能性。

法律责任是立法确定的对责任人的不利影响，这种不利影响涉及人身、财产等。出于对保障人权的考虑，法律责任的设定应严格依据立法确定的程序；对法律责任的适用亦应严格依照立法确定的规范。此处的规范虽然在内容上部分表现为部门法与法律责任规范相关的基本原则，但是从适用

---

① 关保英：《论行政执法中法治思维的运用》，载《社会科学战线》2014年第10期。
② 参见曹炜：《环境监管中的"规范执行偏离效应"研究》，载《中国法学》2018年第6期。

性角度考虑，其主要指具体法律规范中体现或者明确规定的责任构成要件、责任形式、责任减免条款，以及以具体行为和违法后果内容的、直接适用的法律责任条款等内容。

其中，责任构成要件建构了法律责任的"入口"；责任形式是立法机关依据违法行为的严重程度确定的相应类型行为应当受到的处罚类型，在具体的部门法中表现为人身罚、财产法、资格罚等。具体而言，如依据《行政处罚法》（2021年修订）的规定，处罚类型包括：警告、通报批评；罚款、没收违法所得、没收非法财物；暂扣许可证件、降低资质等级、吊销许可证件；暂扣许可证件、降低资质等级、吊销许可证件；限制开展生产经营活动、责令停产停业、责令关闭、限制从业；行政拘留；法律、行政法规规定的其他行政处罚。《环境保护法》及其他相关的法律规范中针对环境违法行为的行政法律责任类型有：罚款；按日连续处罚；停业、关闭；限制生产、停产整治；恢复原状；行政拘留。责任减免条款主要是对责任大小进行折抵或者免除的条件。

立法阶段有权机关依据特定的程序设定前述法律责任规范是追究环境行政法律责任的前提，没有被纳入环境行政法律责任规范中的行为不会导致环境行政法律责任产生，即"法无明文规定不处罚"。在环境保护行政机关运用法律规范追究相关行为人的环境行政法律责任的过程中，依据该活动的内容可以将其划分为责任认定和责任承担两个阶段。具体而言，责任构成要件、责任形式的选择、责任减免应当是责任认定阶段的内容，这些对责任人的责任具有实质影响，涉及基本的价值判断，因此从机构职能划分上，应当由立法机关确定。根据依法律行政的基本要求，以及出于对预防行政机关滥用权力的基本立足点的考虑，这是必须坚守的法治底线。伴随着社会发展，可能出现的违法行为类型会越来越多，作为价值客观化表现的归责原则也可能会出于新的价值考量而出现新的模式[①]，但在对行政相

---

① 参见古力、余军：《行政法律责任的规范分析——兼论行政法学研究方法》，载《中国法学》2004年第5期。

对人权利保护和行政机关权力限制的基本价值判断面前，保护行政相对人的权益不受不可预测的侵害显然是更高的价值追求。这是必须坚持的法律形式理性要求。因此，这一阶段应当坚持规范主义理念。就前述环境行政执法过程中适用"轻微生态环境违法行为不处罚"清单，也是在法律中明文规定的"口袋"规定基础上结合实际需求规定的，实质上并未超出这一基本理念。2021年《行政处罚法》已经将其收录作为一项专门规定[①]，明确赋予其规范性。

责任承担又可称为责任落实，主要是指有权机关确定违法行为人责任之后，责任的具体实现阶段。其与"责任执行"的关系：责任承担是从责任人的角度出发；责任执行是从行政机关的角度出发。责任执行的目的是督促落实责任承担，责任承担关系到法律规范是否能够实际落实，是产生法律效果的阶段。因此，基于法律责任多元目的论的考虑，法律责任承担亦具有除惩罚外的其他职能。尤其是在责任的落实阶段，需要考虑责任承担对行为人的影响，如《刑法》中的社区矫正就考虑到了"责任后"、责任人的社区融入问题。具体到环境行政法律责任中，需要考虑的就是责任承担对于企业后续发展的影响，具体包括企业履行赔偿责任对资金链的影响等或责任承担对于行为人生存能力的影响，如应当赔偿的金钱数额对行为人造成巨大负担，通过其他方式替代责任履行。多样化和灵活性的责任承担方式在一定程度上满足了法律责任多元目的论。因此，基于这些考虑，环境行政法律责任规范的内容应当更加多元化。

从立法和环境行政的实际情况看，环境行政法律责任认定和责任承担阶段的要求并非呈现无差别的一致性逻辑。责任认定阶段和责任承担阶段的创新在环境行政法律责任中均有体现。前者属于立法论的内容，目前已经由立法程序被赋予合法性；后者属于环境行政机关在环境行政管理活动中的创新，虽有合理性但合法性不足。因此，秉持责任过程理念，在责任

---

① 《行政处罚法》（2021年修订）第33条第1款。

承担阶段采用适度功能主义理念，在环境行政法律责任规范中增加灵活性或者"柔性"的责任承担方式，更有助于环境行政法律责任规范的内在体系和外在体系的统一。

第四节 ┃ 环境行政法律责任规范体系化的意义

我国没有专门的环境行政法律责任法，环境行政法律责任规范的内容在形式上呈现为《环境保护法》及各个单行的环境保护类法律、行政法规等文本中的法律责任条款。以《环境保护法》为例，"法律责任"部分的条款内容主要是对该部法律前部分具有实际规范意义的条款所作的配套否定性评价及不利后果。从形式上看，环境行政违法责任条款都具有独立性；除总则部分"损害担责"原则①外，并无其他的纲领性内容作为引导。但是法学作为一个成熟的学科，其具有内在的运作逻辑，在形式上表现为一种独特的体系。作为环境法内容的一部分，环境行政法律责任规范也应当具有体系性。②

环境行政违法责任规范在较大程度上是通过环境行政处罚予以适用。环境行政处罚中所遵循的行政处罚程序已经实现了程序意义上的体系化，"从体系上看，程序性规范在《行政处罚法》中已经完成了体系性布置，其符合行政处罚行为的形成过程，从程序层面搭建了一个囊括事前、事中、事后三个阶段的立体型权力控制格局"③。但是如前所述，本书选取的法律体系的讨论角度并非立足于实体规范和程序规范的区别，更是从内在体系和外在体系的角度讨论实体规范的体系化。结合本章第二节的现存问题与体系

---

① 对于"损害担责"原则条款是否属于环境行政法律责任规范的内容，将在第二章进行具体分析。
② 参见李亮：《法律责任条款规范化设置研究》，中国社会科学出版社2016年版，第12页。
③ 熊樟林：《论〈行政处罚法〉修改的基本立场》，载《当代法学》2019年第1期。

化的研究方法，环境行政法律责任规范体系化的研究更具有实践意义和学理意义。

一、环境行政法律责任规范体系化的实践意义

以前述环境行政法律责任规范存在的实践困境为参照，通过吸纳相关理论研究成果并将其在法律责任规范中予以体现，环境行政法律责任规范的体系化研究将产生具体实践意义。

（一）缓解执法矛盾，优化执法效果

缓解执法矛盾的效果主要从环境行政法律关系模式改变的角度进行论证。如前所述，"回应性"理论研究促使政府治理范式中互动式治理理念的形成与发展。通过对治理中各主体之间关系类型的新阐述，互动式治理理念完全契合"善治"理念下对于治理模式的要求。"国家治理体系和治理能力是国家制度和国家制度执行能力的重要体现。"① 以回应性为核心的互动式治理范式将缓和对抗关系作为出发点，通过兼顾公共利益与个人利益来实现社会利益的最大化，增强行政权的合法性基础②，对提升国家的治理能力有重要作用。政府治理模式变化带动了行政法研究的发展，行政法律关系模式发展出平衡论观点，在平衡论视角下的行政法律关系主体的双方"既对立又合作，通过互动的参与机制形成和谐、合作的行政关系格局"③。在平衡论构建的平等开放场域内，行政主体可以合理配置行政资源，在"最优

---

① 卓泽渊：《推进国家治理体系和治理能力现代化》，载人民网，http://theory.people.com.cn/n1/2018/1221/c40531-30480059.html，最后访问日期：2023年10月19日。
② 参见［美］文森特·奥斯特罗姆：《美国公共行政的思想危机》，毛寿龙译，上海三联书店1999年版，第116页。
③ 罗豪才：《行政法的核心与理论模式》，载《法学》2002年第8期。

的资源配置格局中实现最佳的行政效益"①，实现国家利益、公共利益和行政相对人个人利益的统一②。

除影响法律关系模式外，平衡论还倡导行政管理方法的多样性和灵活性。灵活的环境行政管理方式在法律责任方面的典型体现为"轻微环境违法行为不处罚"，这在一定程度上可以缓解前述因"严格"执法行为而导致的负外部性效果。除此之外，是否还能有其他类型的灵活性方式创新有待讨论。比较法上存在相似背景的对环境行政监管模式探索经验或许可以提供一些思路。美国的环境法学者基于行政监管模式的创新对环境法监管模式进行了制度性反思，寻求通过制度建设加强环境执法效果的路径③。例如，丹尼尔·A.法伯指出，环境行政机关在实际执行法律过程中经常偏离立法目和具体条文，这是行政机关对于监管活动的适应性调整，这种突破严格"传送带"模式的监管方式具有合理性。④理查德·斯图尔特撰文，对美国当时的环境监管体系进行了批判，并提出要发展新一代的具有回应性的环境监管体系。⑤这些环境法规制理论的研究在环境法治实践中也有所体现，如美国EPA创设了补充性环境项目政策（Supplemental Environmental Projects Policy, SEPs），突破传统"命令—控制"型环境监管模式的局限性，以违法者接受超过法律要求的环境有益执行项目为代价替代部分环境行政罚款，最终促成监管者与被监管者之间的合作关系。这表明在回应性需求

---

① 罗豪才、宋功德：《现代行政法学与制约、激励机制》，载《中国法学》2000年第3期。
② 参见罗豪才、袁曙宏、李文栋：《现代行政法的理论基础——论行政机关与相对一方的权利义务平衡》，载《中国法学》1993年第1期。
③ 参见蔡守秋：《国外加强环境法实施与执法能力建设的努力》，载社科网，https://www.sinoss.net/uploadfile/2010/1130/812.pdf，最后访问日期：2023年10月19日。
④ See Daniel A. Farber, *Taking Slippage Seriously: Noncompliance and Creative Compliance in Environmental Law*,1999,23 Harvard Environmental Law Review.
⑤ See Richard Stewart, *A New Generation of Environmental Regulation?*, 2001,29 Capital University Law Review.

的驱动下，环境行政手段可以是多元化的①。

因此，吸收回应性理论研究成果，实现环境行政法律关系理论的更新，对于改善环境行政法律关系双方主体的紧张关系，化解环境行政执法的负外部性具有重要意义。在比较法经验的基础上，可以讨论我国建立相似的灵活性制度以落实环境行政法律责任的可能性。

（二）准确把握机构职能、正确选择法律责任类型

维护环境行政秩序是立法赋予环境行政机关的一项职能，从机关的能动性、专业性、效率性上看，环境行政机关具有司法机关无法比拟的职能优势。目前立法和司法实践中创设了一些救济生态（环境）损害的制度，有些案件中出现要求法院对执法效果进行认定和验收的"职能创新"，是突破司法机关审判职能的尝试；有学者提出在法律责任履行验收活动中发挥行政机关的辅助作用，在一定程度上建立行政机关与司法机关的联动。一方面这种创新使司法机关在生态（环境）损害救济的活动中角色过于"能动"，另一方面使司法机关脱离争议纠纷解决的"主轨道"。就正确发挥机关职能角度而言，环境行政机关适用环境行政法律责任规范以实现环境行政秩序，是维护生态（环境）利益的主要手段。

就目前各类环境责任进行创新的阶段看，环境民事责任和环境刑事责任中对生态（环境）利益的救济主要体现在责任的履行阶段，方式以民事措施为主；环境行政责任方面主要表现在责任认定阶段，而且以收缩"构罚"要件为主。生态（环境）利益的救济更大程度上是为了实现对公共利益损害的救济，且环境行政执法活动较诉讼案件的比例更高，因此环境行政法律责任规范的适用范围更广、可能性更高，可以尝试在环境行政法律责任的履行阶段通过增设法律规范的形式创新责任承担方式，这既能解决私法手段救济公共利益而可能产生的责任形式混淆问题，也能促使以最有

---

① 参见章剑生：《现代行政法基本理论》（第二版）（上卷），法律出版社2014年版，第16页。

效的方式获得环境行政执法的最大效益。

二、环境行政法律责任规范体系化的学理意义

除了实践意义以外,环境行政法律责任规范体系化对于促进环境法领域尤其是法律责任规范的学理研究也有意义,具体包括在实现环境立法价值、推动环境法教义学的发展以及对于环境法法典化的推动三个方面。

(一)树立环境行政法律责任二元目的论,实现环境立法价值

结合环境法的特点,环境行政法律责任规范体系化可以实现对惩罚一元目的论的拓展。通过确立二元目的论不仅拓展了救济指向对象的范围,保护了不特定多数人的利益,而且延长了法律责任的作用时间,即追究环境行政法律责任不仅应关注对违法行为的处罚,还应当考虑确定或者落实法律责任之后产生的后续影响。延长法律责任作用时间的效果在客观意义上能实现积极的社会意义。

强调环境行政法律责任对社会的积极意义,跳出了环境法本身,在更大的系统范围内考虑环境法与宪法的价值协调,以及环境法在社会系统中的价值彰显作用。《环境保护法》中涉及环境保护与其他方面关系的条款中蕴含了立法者在环境法立法中作出的价值判断——"促进经济社会可持续发展""使经济社会发展与环境保护相协调"。这个价值判断在法律适用过程中的体现即为,在法律适用过程中也要处理好经济社会发展与环境保护的关系:既不能为了经济社会发展牺牲环境保护;也不能为了环境保护而放弃经济社会的可持续发展。生态文明入宪体现了环境法价值诉求在《宪法》中的体现与回应。[①]生态文明与物质文明的建设应当同步进行。这种协调和均衡的关系在传统法律责任强化的背景下并未得到较好地贯彻。严格环境

---

① 参见张翔:《环境宪法的新发展及其规范阐释》,载《法学家》2018年第3期。

执法仅将行为重点放在"严"而未考虑到无差别的严格执法对经济社会产生的重大影响。此外，从系统论的角度看，环境行政法律责任的实现对于社会整体的影响也应协同考虑：环境直接规制政策执行和执法不足，不仅影响环境直接规制本身的效果，而且影响着其他环境政策（经济政策和社会政策）的实施。① 作为社会子系统的一部分，环境规制政策的执行对社会和经济政策的影响较大，在实施环境规制政策时应在更为广阔的场域内考虑其影响。因此，可以从这个角度上考虑环境行政法律责任规范的体系化对社会和经济产生的影响。

（二）促进环境法教义学发展

法教义学是法学独有的研究方法，其以法律规范为研究对象，致力于实现法律的"形式规整"和"实质规整"，即法内和法外的双重无矛盾性。② 法教义学通过体系的方式影响立法，由于强调逻辑且尊重体系，③ 在一定程度上教义学体系就是"体系化"本身。

就"形式规整"而言，通过环境行政法律责任规范的体系化，解决环境行政法律责任规范类型的立法缺失问题，实现环境行政法律责任规范外在规范内容的逻辑一致性。

环境行政法律责任规范的"实质规整"，主要是通过法律适用阶段的价值判断实现的。立法确立价值共识，通过法教义学的作用，这种价值共识在法律的适用阶段发挥作用。环境行政法律责任规范的体系化促成环境行政"立法—执法—司法"完整逻辑链条里的价值判断。理想状态下的法律体系化应体现在法律立法、执法和司法的各个环节。立法阶段的法律体系化主要体现在法律位阶规则和备案制度，以保证部门法与宪法、下位法与

---

① 参见祁毓：《环境规制与执法效应研究新进展与展望》，载《国外社会科学》2016年第3期。
② 参见雷磊：《法教义学能为立法贡献什么？》，载《现代法学》2018年第2期。
③ 参见许德风：《法教义学的应用》，载《中外法学》2013年第5期。

上位法在价值判断和规范内容上保持一致；司法阶段的法律体系化表现在法官适用法律解决疑难案件时通过各种法律解释方法，在保证体系完整的前提下作出合理的判决。相较而言，虽然执法的体系化却较少被谈及，但它却是整个链条里最为重要的一个环节。执法是法律适用的主要环节。法律适用对法律秩序中包含的"实质的、内部的'价值评价系统'的揭示越多，就越接近立法目的"①。法律适用中的价值判断在作用上并不逊于立法上的价值判断，其连接立法考量与社会实践需求，在立法不能反映社会需求时可以通过法律适用主体的适当能动性缩短立法与社会现实之间的距离。

"环境法规制目的不仅要确保受规制者（包括规制主体）行为合法，还要确保合乎公共政策治理的有关问题导向、主动回应、灵活高效、合乎善治等新兴环境规制目标"②，因此环境行政法律责任规范的体系化研究对于环境法教义学发展有重要意义。

（三）推动环境法体系化（法典化）

如前所述，体系化是一种研究方法。这种研究方法通过划分研究对象，以内在体系和外在体系的方式对法律进行细化研究。在研究范围上既包含了隐含的价值、理念、目的等内容，也包含了显性的规范本身。这种"由内到外""由表及里"的细致研究能够确保对法律研究的完整性，价值的一致性和逻辑的无矛盾性。

这些特性也正是一部制定良好的法律或者法典应当具备的品质。因此在历史上，体系化的研究成果以法典的形式固定，而法典编纂的经验又在一定程度上推动了体系化的研究，二者紧密相关又相互促进。

将体系化的研究方法引入环境法中行政法律责任的研究对于环境立法

---

① ［德］魏德士：《法理学》，吴越、丁晓春译，法律出版社2005年版，第65—66页。
② 陈冬：《环境法学方法论——游走于规范法学与社科法学之间》，载《郑州大学学报（哲学社会科学版）》2016年第4期。

有重要意义。从前述我国的环境立法的发展阶段介绍可知，我国已经度过了亟须环境立法的时期，环境法领域的立法已经较为完备。如何"更好"地立法是目前这个阶段环境法需要解决的问题，其中一个评价指标就是立法技术。通过研究立法技术，实现法律规范之间的体系化，对于优化单行法，甚至推动环境法法典化工作都具有巨大的实践意义。

环境行政法律责任规范是环境法的重要组成部分，相较而言，环境民事法律责任规范、环境刑事法律责任规范的体系性都更完备。环境法在治理手段上更倚重行政手段，因此环境行政法律责任规范对于环境法的重要性不言而喻。因此，应当更加注意到环境行政法律责任规范的体系化对于推动环境法体系化（法典化）的技术意义。

第一章 环境行政法律责任规范体系化的概述

本 章 小 节

环境行政法律责任，又可称为环境行政违法责任，是指因环境行政相对人违反环境行政管理规范，依法应当承担的行政违法责任。这是狭义上的环境行政法律责任概念。广义上的环境行政法律责任还包括环境行政职权责任。狭义的环境行政法律责任与广义的环境行政职权责任秉持不同的制度逻辑。本书仅选取狭义的环境行政法律责任作为讨论对象。

环境行政法律责任在法律中一般以法律规范的形式予以呈现，因此法律规范既是环境行政法律责任的载体，也是研究环境行政法律责任的对象。本书研究的环境行政法律责任规范是指以环境行政相对人违反环境行政管理规范，应当承担的行政违法责任为内容的一类规范。

体系化是指通过一定方式使特定研究对象系统化和逻辑化的活动。环境行政法律责任规范可以从内在体系和外在体系两个方面进行研究。环境行政法律责任规范的体系化是指通过使用体系化方法论研究环境行政法律责任规范，以使其内容系统化、逻辑化的活动。对于环境行政法律责任规范的体系化而言，应当分为两步：第一步是准确识别环境行政法律责任规范的内在体系与外在体系的内容，并分别进行建构或完善；第二步是确定环境行政法律责任规范体系化的方法。

环境行政法律责任规范包括环境行政法律责任基本原则规范和环境行政法律责任具体规范。前者是环境行政法律责任内在体系的外显形式，后者是环境行政法律责任外在体系的载体。

环境行政法律责任规范存在立法不足和实践困境。环境行政法律责任规范的立法不足是指目前环境行政法律责任规范存在的立法漏洞，且无法通过法律解释的方式予以解决的一类问题。目前的环境行政法律责任规范呈现出了以"轻微环境违法行为不处罚"为代表的行政裁量规范型为代表的"柔性"规范为辅，以明确规定违法行为和法律后果为内容的"严格型"规范为主的规范结构类型。这导致了在适用中环境行政机关没有选择空间而引发了实践困境。

环境行政法律责任规范的实践困境是指因为环境行政法律责任规范的立法不足而导致的该类规范在实践中存在的不理想情况。由于环境行政受到依法律行政原则的限制，为了救济生态（环境）环境损害，环境司法在制度和法律责任方面进行了创新。这些创新对于推动生态文明建设、实现环境效益、缓和法律关系双方的紧张关系都有助益。但是从机构职能分工角度看，环境行政机关推动环境公益实现更具有合理性；环境行政法律责任也较环境民事责任和环境刑事责任更合理。同时随着对环境行政法律责任目的的深入了解、对环境行政法律责任作用的深层剖析，以及行政法上对行政法律责任关系的理论发展，使得环境行政法律责任在实现公益、降低成本、激发相对人主动性方面出现了更多可能性。总体而言，在形式上环境行政法律责任规范呈现出了规范类型不均衡；在深层次上环境行政法律责任规范应当吸收责任目的、作用等新研究成果，使这两部分的内容可以从体系化的角度获得统一。

可以通过引入新理念的方式解决前述两类问题。作为法律规范，环境行政法律责任规范的研究首先还是应当以规范化为主要理念。但是结合前述理论问题，不论是正确认识责任目的，还是吸收新的理论研究成果，以及思考司法创新的责任承担方式在环境行政法律责任规范中的体现的可能性，其都需要抛弃严格的规范主义立场，引入功能主义理念。在坚持规范主义理念为主导的前提下，适度功能主义理念的"适度"应当如何把握？结合前述环境行政法律责任规范理论问题的第三个方面，从环境司法中对于法律责任承担方式创新的经验看，可以在环境行政法律责任中引入责任过程理念，为适度功能主义理念的运用提供可能性。

　　环境行政法律责任规范体系化的意义体现在实践和学理两个方面。实践意义包括缓解执法矛盾，优化执法效果，以及准确把握机构职能，选择正确法律责任类型。学理层面的意义体现在实现环境立法价值、促进环境法律责任规范的教义学发展以及为环境法体系化（法典化）作出的贡献。

第二章

环境行政法律责任规范的内在体系建构

内在体系是法律原则的价值论或目的论秩序,其在法律文本中以基本原则条款的形式呈现。内在体系以基本原则规范为外显形式,内在体系的建构应以基本原则规范为依托。由于目前我国尚未形成环境行政法律责任规范的内在体系,因此本章以"建构"为目标进行相关内容讨论。

内在体系受到法的理念、价值和目的等因素的影响;法的基本原则是在受到法的理念、价值和目的等因素的指引下形成的,并以法律规范的形式呈现。内在体系与法律基本原则规范存在隐性与显性的关系,在内容上存在抽象与具体的差别。《环境保护法》(2014年修订)在立法层面上确立了几项基本原则,其中,损害担责原则是与环境法律责任有直接关联的基本原则。"损害担责"的词义理解中强调损害与担责之间的因果关系,即有损害应当承担责任。但是环境行政法律责任是一种行为责任,要求行为人针对其违反环境行政管理规范的行为承担相应的行为后果,同时也要求环保行政机关针对违反环境行政管理规范的行为依法追究环境行政责任。本章将通过历史分析法,以探究"损害担责"原则产生、发展的情况来对其作出评价。

内在体系受多项因素影响产生并确定,法律原则虽有一定的抽象性,但是一项原则无法构成体系。就法律规范的内容看,目前的环境行政法律责任规范尚未确立内在体系。体系中应当有核心,在此基础上开展体系建构工作。基于此,本章内容呈现如下逻辑结构:第一节,明确内在体系的影响因素,以确定环境行政法律责任规范的内在体系建构基础;第二节,基于第一节的论述,结合环境法的相关特色确定环境行政法律责任规范的内在体系建构要求;第三节,在前两节的基础上讨论,对损害担责原则进行评价,并确定环境行政法律责任规范的内在体系核心;第四节,讨论建立以环境责任原则为核心的内在体系结构。本章内容形成"双层结构":其中第一节和第二节属于理论阐述部分,确立环境行政法律责任规范的内在体系建构理论基础;由于法律原则是内在体系外显的载体,因此,第三节和第四节属于基于法律原则建构环境行政法律责任规范内在体系的分析与建议部分。对环境行政法律责任规范的内在体系而言,不能丢掉其"责任"的本性,因此本书提出以环境责任原则为核心的内在体系模式。基于理论要求和立法供给,通过功能主义理念和责任过程理念的指导来建构环境行政法律责任规范的内在体系。

第一节 ▎环境行政法律责任规范的内在体系建构基础

环境行政法律责任规范的内在体系建构基础是理论基础的内容之一，其在功能上主要解决的是确定影响内在体系形成的因素。内在体系以法律原则条款的形式在法律文本中呈现。立法确立的法律原则条款凝结了更为抽象的上层理念、价值和立法目的等法内因素，这使得法律原则本身的内容具有一定"容量"。与此同时，在确定和适用法律原则条款时还需要与实际需求相连，在适当时候接受法外因素影响进行"扩容"，以确保法律的时代性、开放性等要求。法律原则条款自身的"容量"与同时存在的"扩容"空间共同构成了其稳定的基础和发展的可能性，也实现了内在体系的统一性与开放性。这些法内因素和法外因素共同构成了内在体系的建构基础。

一、内在体系的法内影响因素

内在体系以法律原则条款的形式"外化"于法律规范本书中。法律原则条款在确定和适用过程中受到法律理念、法律价值和法律目的的影响。法律理念、法律价值、法律目的和法律原则在法律规范中逐渐具象化，前三者在深层次上影响着法律原则条款的确立及适用，因而构成内在体系的法内影响因素。

（一）法律理念

理念即"理论，观念，通常是指思想。有时亦指表象或客观事物在人脑里留下的概括的形象"①。从概念看理念是理性认识的集大成表现，具有反映事物本质或共性的能力。②就法律而言，理念的适用语境有立法理念和法律理念两种。对立法理念的理解可以分为两类：第一类指向立法追求的目标，属于立法的实体内容，如人权保障、科学立法等；③第二类指向立法活动的形式，属于立法的程序内容，如程序立法、立法透明等④。其中前者寻求法的价值，后者明晰立法活动的制度约束。⑤而法律理念是指"法律制定及其运用之最高原理"。在学术讨论中这两个概念经常被混用，较常见的情况就是将立法理念的作用范围拓展到执法、司法和守法的各个环节⑥。就法律适用过程中解释方法的选择而言，在适用历史解释的场景下，立法理念可能对法律适用起到一定的指导作用，但单就内涵来看，立法理念就适用范围来讲更对准立法程序。法律理念的范围更大，包括立法活动中应当遵循的内容，并在此基础上，将法律理念的作用阶段扩展到法律运用的过程。本书讨论的内在体系主要是指实质意义上的内容，立法理念在讨论维度选择上选取以实体内容为核心的立法理念概念，同时，由于法律理念概念中包含的作用范围更广，此处讨论的法律理念是指在法律制定及运用过程中所应当考量的法律"最高理想"。

作为法律制定和适用的最高原理，法律理念是指导性观念，控制和影响法律原则、规则以及整个法律系统运作的状态与功能。法律理念是对法律本质、原则以及运行的理性认识，以实现法治为最终目的。在此意义上，法律理念对于建立整个法律体系有不可或缺的作用。整个法律体系的法律

---

① 《辞海》，上海辞书出版社1989年版，第1367页。
② 参见高其才：《现代立法理念论》，载《南京社会科学》2006年第1期。
③ 参见高其才：《现代立法理念论》，载《南京社会科学》2006年第1期；刘武俊：《中国立法主流观念检讨》，载《学术界》2001年第2期。
④ 参见刘军平：《中国法治进程中的立法理念刍论》，载《政法论丛》2005年第3期。
⑤ 参见黄文艺：《谦抑、民主、责任与法治——对中国立法理念的重思》，载《政法论丛》2012年第2期。
⑥ 参见李蕊誉：《生态优先理念下的环境法治体系完善》，载《中州学刊》2017年第4期。

理念以实现法治为目标，部门法的法律理念又具有独特性，成为其区别于其他部门法的标志，甚至在一定程度上是该法是否可以成为独立部门法的判断标准。在部门法具体法律理念的统率下，部门法通过法律价值、目的、原则、制度及具体规范来逐步落实其在整个法律体系中的职能，并细化与实现该法在整个法律体系中的作用。

法律理念具有重要的作用，但就其概念看，法律理念不仅包括立法时追求的目标，还在法律适用过程中发挥作用。但相比于法律原则、法律规则作为"显性"规范规定在法律文本中，法律理念"隐藏"于法律文本背后；相较于法律形式的稳定性要求，在一定程度上法律理念需要及时回应政策与社会需求而具有开放性。法律理念具有"隐性"和"开放性"双重特质，相较于法律规则的直接适用，其在法律适用过程中发挥作用需要通过解释的方式使这双重特质共同发挥作用："开放性"需求通过法律理念的"隐性"特质，以解释的方式融入法律原则，并在法律规则和制度的适用中发挥作用。但是这两种特质也并非能在法律适用中恰如其分地予以展现。因此可能出现以下两种情况：第一种情况为法律理念与部门法的相关规范完全脱节。其主要表现为法律理念被要求"回应"新的需求，而这种被注入法律理念中的新内容与旧法规范无法兼容或者无法通过解释的方法在旧法规范中获得正当性的情形。一般在这种情况下会导致相关法律被修改或者进行新立法。第二种情况为部门法规范未完全与法律理念保持一致。典型表现为被注入新内容的法律理念指导法律进行了部分条款的修订，但是这种修订并未全面覆盖整部法律，导致了法律理念在特定法律中不完全适用的情况。法律规范内容与法律理念的脱节或者不一致，在宏观上会破坏法体系的统一性；在微观上会损害部门法秩序，造成法律适用中的混乱，损害法的有效性与权威性。

法律体系的价值一以贯之是内在体系的要求，而一以贯之的理念正是法律理念对整个法律体系的贡献和作用。因此，法律理念是影响内在体系的首要法内因素。

（二）法律价值

法律价值较法律目的和原则具有较高的抽象性，因此在一些学者研究中也经常使用"法律价值理念"[①]来指代在深层次决定法律目的、影响法律原则解释和确定法律规范内容中的指导思想。如前所述，法律理念是"最高原理"，因此在抽象性上较法律价值更甚。由于有些法律价值会在法律规范文本中有所体现，以表明立法者对相关问题作出的价值判断或者确定的明确目标，在这个意义上，法律价值的抽象性仅次于法律理念，故此处将法律价值作为单独一部分进行讨论。

法律价值，又称为法的价值，其涵义有三个维度："目的价值""形式价值"和"评价标准"。[②]其中，目的价值是指法律在整个社会系统中发挥作用所要实现的目的，形式价值是指法律自身所应当具有的品质。法律价值三个维度的内容构成法律的价值体系。但从内在体系角度分析的法律价值主要是在"目的价值"维度上进行讨论，故此部分讨论的法律价值是狭义上的，仅指法的目的价值。

法的目的价值反映了法制定与实施的宗旨，是法所要促进或者实现目的的集中反映。法律在一定程度上是立法者为实现相关目的而作出的政治决断的实体化，这种政治决断在法律上表现为实现特定目标而作出的价值判断。在这个价值判断过程中需要处理的价值并不单一，因此价值的选择与多重价值的排序成为立法乃至整个法律适用过程的任务。在这个过程中，以某一法律为坐标原点，可以生成从横向层面和纵向层面两个方面建构的价值谱系。其中横向层面的价值谱系是指该法在其内部确立的价值判断与选择标准，为

[①] 使用这个概念的文献可参见：李涛：《改革开放以来我国法律制定的价值理念嬗变与时代面向》，载《甘肃社会科学》2020年第4期；潘丽萍：《"法的价值理念"的主体间性向度——法律信仰何以可能》，载《东南学术》2015年第2期；郭锋：《中国民法典的价值理念及其规范表达》，载《法律适用》2020年第13期。

[②] 参见张文显主编：《法理学》（第五版），高等教育出版社2018年版，第311—312页。

该法在适用过程中确立价值选择基准。以《宪法》为例，"推动物质文明、政治文明、精神文明、社会文明、生态文明协调发展"就是其确立的几个领域中不同价值的价值追求①，这些内容构成了《宪法》的横向层面价值谱系。

纵向层面的价值谱系是指该法在整个法律体系中与宪法、上位法及其他部门法价值的关系。如前所述，法律价值并非一元，多元价值的选择与协调不仅出现在法律内部，而且某一部法律整体价值与其他部门法价值的融合与相互作用也是价值选择的重要内容。以民法为例，在纵向价值谱系上需要处理其与宪法的价值关系。这种价值的顺承性主要表现在民法对宪法相关价值的具体化，即在"立宪"确定的关系架构中，通过民事关系主体的行为实现结构，以落实宪法选择的价值。这一方面通过履行宪法的职能，使民法在整个法体系中获得了正当性；另一方面也使宪法的价值在部门法中获得具体的引证，建构了宪法价值的民法实现路径。②与此同时，民法也通过价值的选取与其他部门法实现"互动"与自身的更新。2015年《关于加快推进生态文明建设的意见》提出"必须弘扬生态文明主流价值观，把生态文明纳入社会主义核心价值体系"，2020年《民法典》第1条规定应当"弘扬社会主义核心价值观"。这两点内容体现了统一在社会主义核心价值观下的生态文明价值对民法价值的渗透，使民法价值增添了新的内容。纵向层面的价值谱系可以实现整个法体系的价值整合，对于维护法律的安定性、统一性继而实现融贯性具有重要作用。

具有一定显性特征的法律价值在结构上呈现横向和纵向两个维度的价值谱系，其在横向维度上细化法律理念、指导法律原则③，保证部门法的内在体系融贯；在纵向维度上秉持其与宪法为核心，与其他部门法相互联动

---

① 参见秦小建：《价值困境、核心价值与宪法价值共识——宪法回应价值困境的一个视角》，载《法律科学》2014年第5期。
② 参见张力：《民法典"现实宪法"功能的丧失与宪法实施法功能的展开》，载《法制与社会发展》2019年第1期。
③ 参见黄健武：《法律的价值目标与法律体系的构建》，载《法治社会》2016年第2期。

的整个法律体系的理念相融贯。法律价值的谱系从横向和纵向两个方面保障了法的内在体系的融贯，因而也是内在体系重要的法内影响因素。

（三）法律目的

法律目的是在特定法律理念指导下，依据特定法律规范的功能而确立的，[1]反映立法者"对一定社会关系实行法律调整的思想动机和意图出发点"[2]。法律目的在内容上包括工具价值意义上的法律目的和伦理价值意义上的法律目的两种。[3]其中，伦理价值意义上的法律目的主要是指以追求正义、法治等价值为表现的法律的一般价值追求目标。在此处的讨论语境中，法律目的是指工具价值意义上的，其在内容上指向特定目的的实现或特定职能的落实。工具价值意义上的法律目的一般与立法目的通用，常在某一部法律的第一条以立法目的的形式呈现，具有决定整部法律定位、原则并指导实施的作用。虽然也具有一定显性，但是一般不将其作为内在体系的外显形式，主要是由于法律目的的条款内容过于抽象而不具有适用性，相较而言，法律原则条款在特定情况下可以直接适用。

就语意而言，目的属于主观意识的范畴，是主体在特定活动中所欲实现的目标或结果，具有强烈的主观性特征。[4]立法目的集中表现了立法者有目的地进行改造活动的意志，而且这种意志不仅仅在立法阶段发挥作用。立法目的是否科学决定了该部法律基本原则如何解释适用、法律制度如何设计协调，以及释法、执法和司法等相关法律适用活动。[5]除外在的在法律创制和适用过程中持续性发挥作用外，立法目的的内在隐含作用也不容忽视：

---

[1] 参见竺效：《论经济法之法律目的》，载《西南政法大学学报》2002年第3期。
[2] 汪劲：《环境法律的理念与价值追求》，法律出版社2000年版，第11页。
[3] 参见郭忠：《法律规范特征的两面性——从法律目的实现的角度分析》，载《浙江社会科学》2012年第6期。
[4] 参见张学永：《法律经济学视野下的刑罚目的与刑罚配置原则》，载《理论月刊》2017年第11期。
[5] 参见竺效：《论生态文明建设与〈环境保护法〉之立法目的完善》，载《法学论坛》2013年第2期。

其一，为立法目的对政治价值、理念或政策导向的立法宣示。这是指立法目的是相关者政策或者政治价值、理念进入法律，转化为法律表达的途径，也是法律阶级性与法律学科特性的综合表现。立法为统治阶级服务，但同时由于法律本身的规范性要求，需要政策进入到法律系统时应当进行相应转化，以确保法律体系完整的同时完成法的政治使命。其二，立法目的标识了对一部法律独特存在意义的宣示。例如，《环境保护税法》在立法目的上首先凸显其对环境保护的独特意义，其次是其对财政的意义。[①] 其首要立法目的彰显了制定该法在整个法律体系中的独特价值。其三，则体现在立法目的表现出的规范性意义，即对法体系融贯性的维护。这是立法目的作为法律价值与法律理念显性表现的应有作用，是法律隐性内核的规范表达，也是隐性内核与制度规范的转化中介[②]。一般意义上，立法目的在彰显法律的独特性和规范性意义上的作用是融合在一起的。

综上所述，作为法律本书中对内在精神与核心最直接的表达，法律原则受到法律理念、法律价值和法律目的的直接影响。这三个影响因素以其在法律文本中的显性程度不同可以划分为最抽象、抽象和显性三个等级。这三个内容在不同层面上对于法律原则内容的确定和适用有直接影响，属于内在体系的法内影响因素。

二、内在体系的法外影响因素

除前述三种对内在体系产生及适用产生影响的法内因素外，内在体系也受到法外因素的影响，以实现内在体系自身的开放性。就影响内在体系的法外因素而言，最主要的就是政策。汉语意义上的政策是指"国家或政党为了实

---

① 参见叶金育、褚睿刚：《环境税立法目的：从形式诉求到实质要义》，载《法律科学（西北政法大学学报）》2017年第1期。
② 参见刘风景：《立法目的条款之法理基础及表述技术》，载《法商研究》2013年第3期。

现某一历史时期的路线和任务而执行的行动标准和准则"①。学理意义上，一般认为，政策是为了实现特定目标而规定的、调整各种关系的路线、方针、规范和措施的统称②。依据不同的划分标准，可以将政策划分为不同的种类，但是在学术讨论中常用到的类型为政党政策、公共政策、法律政策。在"发挥政策和法律的各自优势，促进党的政策和国家法律互联互动"③的语境中，政策一词特指政党政策。而公共政策是"对一个社会进行的权威性价值分配"④，泛指一切政府对社会事务进行的价值安排。公共政策在内容上涵盖了社会生活的方方面面，这些内容可以通过相关渠道渗透进法律中，如公共政策中的经济政策和社会政策是经济立法的前提⑤。而法律政策是指导立法、司法和行政等整个法律创制和适用活动的方针，较为典型的如宽严相济刑事政策。

不论是政党政策、公共政策还是法律政策等，当讨论其与法律的关系时本质上都是讨论法律作为一个规范性体系如何与称为"政策"的外在内容进行互动，既保持法律一定的独立性，同时又能使法律作为整个社会系统的子系统与其他子系统协调服务于社会发展。在将"政策"及其相关内容引入法律中以影响其运作时，必须通过可以转化为法律语言的特定途径，或是以影响法律理念或者法律价值的方式，如生态文明建设理念为我国生态文明法治建设提供理论指导就是政党政策在环境法理念中予以体现的典型代表；或者是以转化为法律目的或法律原则的方式，如在特定历史时期法律文本中出现的政策性原则⑥；抑或是政党政策或公共政策转化为法律政

---

① 《当代汉语词典》，中华书局2009年版，第1850页。
② 参见沈宗灵主编：《法理学》（第三版），北京大学出版社2009年版，第270页。
③ 《中共中央关于全面推进依法治国若干重大问题的决定》。
④ ［美］戴维·伊斯顿：《政治体系——政治学状况研究》，马清槐译，商务印书馆1993年，第122页。
⑤ 参见张守文：《经济法的政策分析初探》，载《法商研究》2003年第5期。
⑥ 在特定的历史时期，国家可能为了实现"社会的经济、政治、文化、国防的发展目标、战略措施或社会动员等问题"在法律中确立政策性原则。参见张文显主编：《法理学》（第五版），高等教育出版社2018年版，第122页。

策而进入法律体系，如社会发展引起的公共政策变化带动了法学思想与法律政策变化而实现了对近代民法损害赔偿范围短板的纠正，催生现代民法上关于损害赔偿范围的确定原则及规则①。

就发挥作用而言，政策、法律理念、法律价值和法律目的对法律原则产生的影响不能截然分开或者区分清楚。因为，如前所述，法作为社会子系统，为保证其独立性有特定的运行规则和基于此形成的学科壁垒，法律理念、法律价值和法律目的就具有明显的子系统属性。但是为了与其他子系统进行互动，以服务于社会发展，而不得不保持一定的开放性，政策的渗透即为典型表现。这些因素的自我发展与互动影响分别构成了法律"稳定"与"开放"的特性，"开放"向"稳定"的转换即政策转化为法律理念、法律价值和法律目的的过程；"稳定"对"开放"的吸收则通过法律原则及时吸收政策内容，通过规则落实使政策浸入法律适用的过程。

综上所述，内在体系在形式上表现为法律原则规范，但是却受到法律理念、法律价值和法律目的等法内因素的影响，以及政策这项法外因素的影响。这些因素作为"养分"给予法律原则以持久生命力，形成了一个以法律原则规范为中介的内容输出载体。法律理念、法律价值、法律目的和政策共同构成了影响法律原则规范确立及适用的关键因素，因此内在体系稳定性与开放性的协调应当充分考量这些因素，而影响内在体系建构的法内因素和法外因素组成建构环境行政法律责任规范的内在体系建构基础。

---

① 参见姜战军：《损害赔偿范围确定中的法律政策》，载《法学研究》2009年第6期。

第二节 ┃ 环境行政法律责任规范的内在体系建构要求

如前所述，法律理念、法律价值、法律目的以及政策都是影响内在体系的因素。上文为讨论方便将这些因素分为法内影响因素和法外影响因素两类，在实际的运行中，这些因素的作用经历了从法外到法内，逐步产生了影响内在体系或者塑造内在体系的结果。这种现象是法律产生或变化的必然路径，在宪法及各个部门法中都存在，环境法也不例外。而环境行政法律责任规范作为环境法的一个重要组成部分，这些影响环境法的内在体系要素当然成为环境行政法律责任规范的内在体系建构要素。环境法有其独特性，因此作为环境行政法律责任规范内在体系建构有其独特的要求。

一、环境理念、价值等对环境法的影响

在历史上，生态环境保护作为社会发展战略、可持续发展战略、可持续发展观的一部分，或者作为和谐社会、小康社会、资源节约型、环境友好型社会的组成部分提出。党的十八大明确提出的"树立尊重自然、顺应自然、保护自然的生态文明理念"和"十三五"规划中提到的"绿色发展"理念是与生态环境保护直接相关的理念，这些理念出现在政策文件中，成为开展生态环境保护工作的指导理念。其中，绿色发展理念在宏观上调整了经济发展与环境保护的关系，不仅明确了环境法与其他部门法的关系，而且从理念的高度调整了环境法的立法目的。[①]绿色发展理念的引入，使《环

---

① 参见刘卫先:《绿色发展理念的环境法意蕴》，载《法学论坛》2018年第6期。

境保护法》在立法内容和立法技术上均有创新，为综合性环境保护基本法注入新的内容和思想。①除宏观上产生的变化外，绿色发展理念在微观上影响了具体领域的相关制度，如自然资源用途管制制度架构②、推动和完善生活垃圾分类等也因绿色发展理念的引入而产生相应制度调整。

环境理念、价值等的更新不仅在横向层面上实现了环境保护法律规范宏观上的理念更新和微观上的制度发展，还推动了纵向层面的法律价值丰富，即绿色发展理念进入《宪法》，丰富了宪法的价值体系，使围绕生态文明建设的目标拥有了更为统一的目标导向，同时亦丰富了其他部门法的价值选择。绿色发展理念进入《宪法》中，与协调发展理念、生态文明理念一起实现了环境法价值体系的更新。③如前文所述，《宪法》序言及其他文本中规定的生态文明相关内容确定了环境保护领域的价值追求。这个价值判断形成了以《环境保护法》为核心的环境保护类法律规范纵向价值谱系中的上层价值，为整个价值体系的核心确定了基调。而原《民法总则》及其他章节中对"绿色原则"的确认和规范化吸收则使环境保护纵向价值谱系得以延伸。

因此，在分析环境行政法律责任规范的目的时应当充分理解环境理念、价值等内在因素，明确环境行政法律责任规范与环境理念、价值等目标的"手段"与"目的"关系。环境行政法律责任规范的适用应当以落实环境理念和价值为目的，即使将惩罚作为法律责任的首要目的，但作为环境法的组成部分，其应当将落实《宪法》确立的价值判断作为目标。以惩罚为目的的环境行政法律责任规范并不能实现完整的环境保护类法律规范确立的

---

① 参见竺效、丁霖：《绿色发展理念与环境立法创新》，载《法制与社会发展》2016年第2期。
② 参见施志源：《绿色发展理念指引下的自然资源用途管制制度建设》，载《中国软科学》2020年第3期。
③ 《宪法》（2018年修正）在序言中将"推动物质文明、政治文明和精神文明协调发展，把我国建设成为富强、民主、文明的社会主义国家"修改为"推动物质文明、政治文明、精神文明、社会文明、生态文明协调发展，把我国建设成为富强民主文明和谐美丽的社会主义现代化强国，实现中华民族伟大复兴"；在"国务院的职权"中增加"生态文明建设"。

价值体系。因此，通过深层次的研究，基于环境理念、价值等方面的需求对环境行政法律责任规范的内在内容进行完善也与第一章论述的环境法中对于环境责任目的和责任作用的新认识实现一致。

二、政策对环境法的塑造

政策与环境法的发展关系紧密，因此政策当然构成环境法内在体系的重要组成部分。在我国，政党政策、国家政策等形成的文件对推动生态环境保护工作的开展、塑造生态环境保护法律体系起到重要作用，因此，政策以及落实政策的相关文件成为环境法内在体系的重要组成部分，并呈现出以下两个显著特征：

第一，以党的生态环境政策为核心的，国家（中央）及部委生态环境政策与相关文件形成的政策与规范体系成为指导我国生态环境法治建设的主导内容。2010年，中国共产党第十七届中央委员会第五次全体会议上审议通过了《中共中央关于制定国民经济和社会发展第十二个五年规划的建议》（以下简称"十二五"规划）提出，加快建设资源节约型、环境友好型社会，提高生态文明水平。2011年，国务院发布《关于加强环境保护重点工作的意见》（国发〔2011〕35号）和《关于印发国家环境保护"十二五"规划的通知》（国发〔2011〕42号），将"十二五"规划中有关环境保护的内容予以细化，使其更具有操作性。在此三个文件的基础上，2013年，原环境保护部发布《关于印发〈全国生态保护"十二五"规划〉的通知》（环发〔2013〕13号）。通过这种形式，生态环境政策逐渐从党的政策细化为具有规范性效力的部委规章，并且从原则性、目标性的政策变为具有可执行性的规范。为完成政策目标，并为相关的制度措施提供法律依据，在2015年《十二届全国人大常委会立法规划》中，将修改《环境保护法》等一系列环境保护相关的法律列入立法规划，在立法层面推动了环境保护法律规范体系的完善。

第二，党的生态环境政策及其目标成为环境保护立法的目的，实现政策向法的转化。例如，党的十五大报告强调"我国是人口众多、资源相对不足的国家，在现代化建设中必须实施可持续发展战略"①，在此理念指导下修改的《海洋环境保护法》完善了立法目的。较1982年《海洋环境保护法》而言，1999年《海洋环境保护法》（修订）将"促进经济和社会的可持续发展"明确写入立法目的②；在党的十八大中明确提出"大力推进生态文明建设"之后，《环境保护法》（2014年修订）将"推进生态文明建设"纳入立法目的③。党的十九大报告中提出"加快生态文明体制改革，建设美丽中国"，随后多部环境保护单行立法在修改中均贯彻生态文明体制改革的思想。站在新的历史起点上，党的二十大提出"推动绿色发展，促进人与自然和谐共生"，《长江保护法》《黄河保护法》《湿地保护法》等均将"实现人与自然和谐共生"作为立法目的。

不论是政策的逐级下沉推进环境法律体系形成，还是政策直接进入立法目的实现对单行法的统领，这些都产生了政策对环境法的塑造作用。而塑造环境法的政策当然地应当在环境行政法律责任规范的内在体系建构过程中发挥作用。

就政策对环境行政法律责任规范的影响而言，较为典型的代表是，为了优化营商环境，缓和经济发展与环境保护之间的张力，先试行并逐步纳入《行政处罚法》中的"轻微违法行为不处罚"，这一规定在很大程度上缓解了特定类型主体因承担环境行政法律责任而对生产经营造成的压力。此外，也应当意识到环境行政法律责任规范在落实政策文件方面的重要作用。

---

① 中共中央文献研究室：《十五大以来重要文献选编（上）》，人民出版社2000年版，第28页。
② 1982年《海洋环境保护法》第1条规定："为了保护海洋环境及资源，防止污染损害，保护生态平衡，保障人体健康，促进海洋事业的发展，特制定本法。"《海洋环境保护法》（1999年修订）第1条规定："为了保护和改善海洋环境，保护海洋资源，防治污染损害，维护生态平衡，保障人体健康，促进经济和社会的可持续发展，制定本法。"
③ 《环境保护法》（2014年修订）第1条规定："为保护和改善环境，防治污染和其他公害，保障公众健康，推进生态文明建设，促进经济社会可持续发展，制定本法。"

环境行政法律责任规范中纳入"轻微环境行政违法行为不处罚"内容是对政策回应的体现，这是基于法理在一定程度上侧重功能主义的创新，这种适度功能主义的理念是否还能在环境行政法律责任规范中有其他体现。

综上所述，环境行政法律责任规范的内在体系建构应当在建构基础上充分考虑环境法的特性，明确环境行政法律责任规范的内在体系建构要求。环境理念、价值等的更新与发展推动了环境法横向和纵向价值谱系的更新与融贯；正视政策对环境法的塑造作用是环境法保持与时俱进生命力的关键。结合环境法的特性，这些法内和法外因素对于环境行政法律责任规范内在体系的影响至关重要，共同形成了环境行政法律责任规范内在体系建构的理论基础。综合这些因素建构的内在体系才能形成一个既稳定又相对开放的架构。

第三节 | 环境行政法律责任规范的内在体系核心

损害担责原则是《环境保护法》（2014年修订）明确规定的环境法的基本原则。因为内容中包含"担责"，其具有与法律责任直接相关的"外观"，成为与环境法律责任有直接关联的环境法基本原则。但是"损害"作为一个民法理论中的关键概念，被引入环境法中被用于指导环境行政法律责任规范的建构是否合理？环境行政法律责任规范适用的目的是维护环境行政管理秩序，因此这类法律责任是行为责任。本节将通过对"损害担责"原则的历史分析，讨论这项原则表述的合理修改。

法律责任的目的具有二元性，单独惩罚违法行为无法实现对环境行政秩序价值的追求。影响内在体系形成的因素有多个，单个法律原则不是内在体系的完整体现，应当充分考量其他要素进入环境行政法律责任规范内在体系的可能性与路径。与此同时，还应当坚持环境行政法律责任作为"责任"的核心属性。对于环境行政法律责任规范内在体系的价值、目的和功能应当基于第一章存在的问题和内在体系建构的基础和要求进行界定和阐释。

一、环境责任原则的表达修正

损害担责原则是《环境保护法》（2014年修订）正式确立的一项与环境责任相关的基本原则。但是这一原则是否可以直接作为指导环境行政法律责任规范制定的基本原则，并不具有天然的合理性，主要是因为"损害"是民法概念，在损害担责原则的表述中"损害"与"担责"之间具有一定的因果关系，那么只违反环境行政管理规范而尚未造成实际损害的行为是否应当负环境行政法律责任？因此，作为环境行政法律责任规范内在体系外显形式的法律原则应当进行立法修正。但是本着尊重立法的原则，应当先对损害担责原则的范围、内涵进行研究，以明确立法修正的基础。

学者对于损害担责原则的范围一直未达成共识，从定义的大小可以进行分类。1979年《环境保护法（试行）》未直接以基本原则的形式确定环境责任原则，但是依据第6条第2款的条文含义，学者提炼了"谁污染谁治理"作为环境责任原则的立法体现。在2014年《环境保护法》修订之前，依据学者对环境责任原则内涵范围的大小可以分为微观、中观和宏观三种类型。微观意义上的损害担责原则内涵为"谁污染谁治理"；[①]持中观观点和宏观观点的学者都在概念的范围上扩大了担责的主体范围，前者认为应在区分行为结果的基础上，将责任主体扩大至既包括环境污染主体又包括生态破坏主体[②]，抑或区分行为性质，污染行为主体和获益行为主体的责任均应受该原则调整[③]；而后者则涵盖了所有与环境相关的行为主体，因为范围最广，因此该原则也被称为"环境责任原则"[④]。在2014年《环境保护法》修订之后，学者的代表性观点主要分为两种，第一种是突破污染者的概念，从行为或者环节入手，认为涉及的相关主体均应当负担相应责任[⑤]；第二种观点

[①] 陈泉生：《环境法原理》，法律出版社1997年版，第76页。

[②] "污染环境、破坏生态造成环境损害者应当为其造成的环境损害依法承担责任"，并认为该原则涵盖环境污染和生态破坏。主体包括环境污染和修复生态破坏者和人民政府。参见韩德培主编：《环境保护法教程》，法律出版社2015年版，第74—75页。

[③] 曹明德教授认为，实施污染行为和具体获益的两类主体均受该原则调整。参见曹明德：《对修改我国环境保护法的再思考》，载《政法论坛》2012年第6期。

[④] 该原则在内容上涵盖"污染者付费、利用者补偿、开发者保护、破坏者恢复"。参见周珂：《生态环境法论》，法律出版社2001年版，第67页。

[⑤] 环境保护覆盖污染防治到自然资源物质消耗的全过程，支付费用的主体不限于生产者，实际上从生产前到消费的各个环节主体都分担了相关费用。因此，用原因者负担原则代替污染者负担原则更为合理。参见汪劲：《环境法学》（第三版），北京大学出版社2014年版，第113页。"受益者负担原则"，凡从环境或资源的开发、利用过程中获得实际利益者（不局限于开发者和污染者），都应当付出应有的补偿费用。参见王社坤编著：《环境法学》，北京大学出版社2015年版，第74页。

以吕忠梅教授为代表，通过立法规定对该原则进行命名①。从学理定义的情况看，"损害担责"的内涵已经远远超过了"损害"的语义范围。

对于损害担责原则的内涵解读应当从其产生和发展的历史中去寻求解释，以求对该原则作出最贴合其本意的理解。损害担责原则脱胎于污染者负担原则。污染者负担原则是经济合作和发展组织（OECD，以下简称经合组织）为了缓解因公共财政治理环境污染而产生的巨大成本负担，以及个别成员国财政贴补环境治理费用引起产品价格不公继而导致的国际贸易扭曲，以维持环境的可接受状态（Acceptable State）为目的提出的国际贸易政策建议②。因贸易需求而产生的背景决定了污染者负担原则在产生之初并未涵盖污染治理费用③。为了维护国际贸易公平，该原则的相关试行规范确立了严格的条件，但是这种"严格"以维护贸易公平为目的，因此之后也为促进贸易发展的需求而有所缓和。1974年，经合组织《关于执行污染者付费原则的建议》（The Implementation of the Polluter-Pays Principle）在实施方面作出了相对灵活性的规定，如在不影响贸易公平的前提下，允许政府为刺激新的环境污染控制技术试验和开发新的减污设备提供资助或为实现一个国家特定社会经济目标采取的相关措施提供附带的资金支持④。这种灵活

---

① "损害担责"原则指在生产和其他活动中造成环境污染和破坏、损害他人权益或公共利益的主体，应承担赔偿损害、治理污染、恢复生态的责任，环境污染和生态破坏所产生的法律责任在国家、企业和个人之间进行公平的分配。参见吕忠梅主编：《环境法学概要》，法律出版社2016年版，第92页。

② See OECD:The Implementation of the Polluter-Pays Principle. C(73)1(Final).

③ See OECD:Recommendation On Environment And Economics Guiding Principles Concerning International Economic Aspects Of Environmental Policies C(72)128.

④ II. NOTES that:3. Aid given for the purpose of stimulating experimentation with new pollution-control technologies and development of new pollution-abatement equipment is not necessarily incompatible with the Polluter-Pays Principle; 4. Where measures taken to promote a country's specific socio-economic objectives, such as the reduction of serious inter-regional imbalances, would have the incidental effect of constituting aid for pollution control purposes, the granting of such aid would not be inconsistent with the Polluter-Pays Principle. OECD:The Implementation of the Polluter-Pays Principle. C(73)1(Final).

性的适用需求与污染者负担原则产生之初规定的"严格"看似相悖。

作为在历史时期处理经济与环境关系的原则,"损害担责"原则[①]并非完全要求"严格"执行相关内容,其为灵活执行而预留空间的做法,在该原则引入国内之后在环境政策与环境法原则交替适用的阶段也有体现。

第一个阶段为立法确立"谁污染谁治理"原则。我国从1972年参加第一次人类环境会议到1979年《环境保护法(试行)》第6条第2款规定"谁污染,谁治理"。这一阶段以该原则的"严格"适用为特征。

第二个阶段为"谁污染,谁治理"原则的政策化、内涵扩大及灵活性凸显。国务院通过一系列规范性文件强调污染主体的环境治理义务。比如,1981年《国务院关于在国民经济调整时期加强环境保护工作的决定》(国发〔1981〕27号)提出了工厂企业及其主管部门,必须按照"谁污染,谁治理"的原则,切实负担起治理污染的责任;1983年第二次全国环境保护会议将"谁污染,谁治理"作为环境保护的三大基本政策之一[②]。随后,该原则的内涵逐渐扩大,将污染行为和开发行为均作为调整对象,除污染者外,责任主体亦包含开发者、利用者。[③] 即便该原则的内涵扩大,但是为了落实此原则,配套的灵活性措施也逐渐凸显:强调利用经济杠杆,以税费减免的方式鼓励企业进行污染治理[④];老企业污染治理的技术改造资金由政府安排解

[①] 损害担责原则的表述在我国产生较晚,但是为避免不停变换概念导致阅读不畅,除对特定历史时期的特定称谓进行分析外,此部分统一用"损害担责"原则泛代指讨论对象。

[②] 参见叶汝求:《改革开放30年环保事业发展历程——解读历次国务院关于环境保护工作的决定》,载《环境保护》2008年第21期。

[③] 1990年《国务院关于进一步加强环境保护工作的决定》将"谁污染谁治理"进一步明确为"谁开发谁保护,谁破坏谁恢复、谁利用谁补偿"和"开发利用与保护增殖并重"。1996年国务院《关于环境保护若干问题的决定》明确"污染者付费、利用者补偿、开发者保护、破坏者恢复"的原则。叶汝求:《改革开放30年环保事业发展历程——解读历次国务院关于环境保护工作的决定》,载《环境保护》2008年第21期。

[④] 1981年《国务院关于在国民经济调整时期加强环境保护工作的决定》提出,对"三废"综合利用的产品,要采取奖励的政策,按照有关规定,实行减、免税和留用利润。对进行"以税代利、独立核算、自负盈亏"试点的企业的环境保护设施,要给予减、免固定资产占用费的照顾。

决、采取治理污染措施的企业可以申请补助资金[①]；相关部门保证企业治理污染的资金[②]；实行环境经济补偿机制促进生态环境恢复[③]。

第三个阶段，立法选择"损害担责"作为该原则的法律表达及灵活性的"内向化"趋势。2014年《环境保护法》修订时在二审稿之后增加了基本原则条款。二审稿中采用了"污染者担责"原则的表述，在二审稿公开征求意见的反馈中，有人建议"将'污染者担责'修改为'污染者付费''污染者负担''环境影响主体担责'或者'污染环境或破坏生态者担责'"[④]。但四审稿和修订通过稿里采用了"损害担责"原则的表述。这一改变主要是由于"污染者负担"原则的表述无法涵盖生态破坏者的责任[⑤]，有意通过立法方式将该原则适用的行为扩展至污染环境和破坏生态两种行为。落实该原则的灵活性措施除《环境保护法》（2014年修订）第22条[⑥]规定为减少排污的企业提供财政、税收等政策支持外，为实现理想的环境治理效果，法律适用中司法和行政部门也以灵活的方式为之助力。这一阶段损害担责原则的灵活性要素突破了原来由政府提供经济杠杆的优惠和资助，产生了"内向化"的趋势，即由政府提供经济杠杆以鼓励行为人的外部刺激，向在环境法律责任落实过程中通过减轻"担责"等柔软灵活的方式以激发违法行为人自身行为的方式转变。

纵观此项原则在国际上的产生发展到我国国内法的落实和适用，并不

---

① 参见1984年《国务院关于环境保护工作的决定》。
② 参见1990年《国务院关于进一步加强环境保护工作的决定》。
③ 参见1996年《国务院关于环境保护若干问题的决定》。
④ 《环境保护法修正草案第二次审议稿向社会公众征求意见的情况》，载全国人大常委会办公厅秘书局编排：《第十二届全国人大常委会第五次会议参阅资料（二）》，转引自竺效：《论中国环境法基本原则的立法发展与再发展》，载《华东政法大学学报》2014年第3期。
⑤ 参见信春鹰主编：《〈中华人民共和国环境保护法〉学习读本》，中国民主法制出版社2014年版，第68页。
⑥ 《环境保护法》（2014年修订）第22条规定："企业事业单位和其他生产经营者，在污染物排放符合法定要求的基础上，进一步减少污染物排放的，人民政府应当依法采取财政、税收、价格、政府采购等方面的政策和措施予以鼓励和支持。"

以"严格"适用为唯一要素，相反，为了促进或落实该原则的适用，允许或者提倡政府或相关部门通过经济杠杆为企业提供一定协助。从我国的法律适用情况来看，除经济杠杆方面的支持外，为实现理想的环境治理效果，损害担责原则在环境司法和环境行政中的柔软灵活趋势逐渐"内向化"。

因此，通过对立法上"损害担责"原则的范围和内涵的分析可知，在发展过程中，该原则的内涵被"扩展"，即"损害"的含义已经突破了民法意义上的损害，将所有违反环境法的行为都纳入其中。基于此，徐以祥教授认为损害担责是环境责任原则的一种替代性表述。即便如此，他主张认为这项基本原则仅涉及了法律原则的分配问题，而未涉及环境利益分配，建议修正为环境公平或环境正义原则。①但是本书持不同意见。首先，环境责任原则作为环境法律责任的基本原则应当在一定程度上具有直接适用的可能性，而环境公平或正义更多是宣扬一种价值理念，同时，公平与正义本身也是法的基本价值，可以通过解释的方式适用于环境法及法律责任中；其次，经过前述分析，"担责"的必然性逐渐被柔化，是为了在环境行政法律责任中融入除惩罚外的其他价值，可以通过解释的方式，或者内在体系建构的方式赋予相关原则更为丰富的内容。因此，没有必要作出全新的规定。

由于损害担责原则中"损害"概念的特定性，以及其所包含的"损害"与"担责"之间的必然因果关系已经被弱化，本书建议以"环境责任原则"作为其环境行政法律责任规范内在体系核心的修正表达。这主要是基于以下几点考虑：第一，已经有学者持这种观点，可以以最小的修正成本最大限度地避免争议与误解；第二，环境责任原则可以涵盖民事、行政、刑事三种责任，作为环境法的法律责任基本原则其涵盖范围足够广；第三，给特定种类法律责任在发展中可能产生的变化留足空间。经过修正后，环境法的法律责任从"损害"与"担责"变为"违法"与"担责"的关系。

---

① 参见徐以祥：《论我国环境法律的体系化》，载《现代法学》2019年第3期。

基于前述分析,"严格"和"柔软"是环境责任原则内涵的两个方面。在环境行政法律责任规范适用中"坚守"严格的面向,并非正确适用环境责任原则的表现,应当正视其逐渐凸显的"柔软化"面向。

二、环境责任原则的价值明晰

法律责任是以施加不利影响为威慑督促行为主体守法,或者通过不利后果对违法主体进行惩罚以达到救济、预防和教育目的的一种手段。由于一般意义上法律责任主要表达国家对某种侵害利益行为的否定性评价,所以惩罚功能在法律责任的功能体系中被置于主导地位。作为以责任追究为目的的法律原则,环境责任原则①继承了这种价值,以《环境保护法》为代表的环境保护类法律法规均体现了重惩罚的价值导向。以此为导向的环境行政法律责任以"违法必究"为准则,并坚持"激励的悖论",以单侧加重处罚力度的方式寻求环境治理方案的有效运行。②但是结果往往不理想,因为这种以惩罚为功能导向的模式忽视了环境法律责任本身的价值取向,映射到环境行政法律责任规范的内在体系上就表现为单一惩罚目的的环境责任原则适用未在理解与适用中吸纳法内与法外因素的影响,明晰其价值。

就与政策和环境法理念的关系而言,环境责任原则是落实政策与理念的"手段",这在十八届四中全会以来党中央国务院出台的一系列文件均有表现。《中共中央、国务院关于加快推进生态文明建设的意见》《生态文明体制改革总体方案》,以及"十三五"规划均提出要通过完善责任追究制度实现生态文明的治理效果。应当结合其他因素对法律原则的影响和法律原

---

① 基于上一节的分析,下文在进行论述时涉及《环境保护法》中的法律基本原则也均用环境法律责任替代损害担责原则,以避免叙述混乱。
② "激励的悖论"是博弈学家泽尔腾最早提出,揭示了加大对执法者的惩罚力度更有助于减少违法事件的发生。参见孟庆瑜、马雁:《环境行政执法中的博弈决策分析——基于执法效能的视角》,载《湖北大学学报(哲学社会科学版)》2017年第5期。

则在内在体系中的作用对环境责任原则在环境行政法律责任规范中的地位进行综合分析。生态文明建设与美丽中国建设的政策目标，通过绿色发展理念进入法体系，如前所述，对环境法的价值和目的产生直接影响。环境法律责任原则的主要作用是保障损害生态（环境）的行为被追究责任，以确保生态文明建设目标的实现。即便以基本原则的形式出现，也应当明确其对于环境法理念、价值和目的实现而言所具有的手段属性。准确把握环境责任原则之于环境行政法律责任规范内在体系的作用，就能正确理解严格追究法律责任的目的与实践中以创新的手段与方式的辩证关系。

如前所述，环境法律价值有横向层面的价值谱系和纵向层面的价值谱系。对环境责任原则价值的探究需要深入分析环境法律纵向层面的价值谱系。环境行政法律责任规范是环境法的一部分，其价值取向源于宪法，并通过作为领域法学的环境法规范体系发挥作用。"基本法作为最高位阶的国内法，其适用方式是特殊的，这是因为宪法定义并确定着整个法律秩序的'基本价值'。同样也规定了基本价值对一切法律秩序领域的效力和作用强度。其他的法律与具体规范也都包含了法律确定的价值标准，这些价值标准根据法律秩序的层级结构在总体上形成了'价值体系'"。[①]《宪法》确定的生态文明建设目标是环境法律适用的最高价值标准。《宪法》确定的生态文明建设价值在环境法中展开表现为以《环境保护法》第1条[②]为内容的法律规范。该价值取向不仅指引环境法立法阶段的价值导向与上位法保持一致，以及确保整个法体系的价值融贯；而且决定了在法律适用场域中应以落实此法定价值为目的。

法律适用是探究和实现立法者价值判断的过程[③]，法律适用并不机械地运用法律规范，而是通过一定的解释推理过程实现法律价值。法律适用对

[①] ［德］魏德士：《法理学》，吴越、丁晓春译，法律出版社2005年版，第322页。
[②] 《环境保护法》（2014年修订）第1条规定："为保护和改善环境，防治污染和其他公害，保障公众健康，推进生态文明建设，促进经济社会可持续发展，制定本法。"
[③] 参见［德］魏德士：《法理学》，吴越、丁晓春译，法律出版社2005年版，第61页。

法律秩序中包含的"实质的、内部的'价值评价系统'的揭示越多,就越接近立法目的"①。法律价值实现的过程是通过体系化的法律适用实现的。环境法适用过程涉及以宪法为主导确立的体系价值的实现。惩罚并不是生态文明建设的最终目标,而是实现的手段;惩罚不是环境法的唯一价值,也不是环境行政法律责任规范的决定性价值判断因素。适用环境责任原则不仅是为了处罚违法行为,蕴含的更深层次的价值判断是建设生态文明、恢复环境秩序。因此,仅停留在惩罚层面的环境责任原则不能完整揭示该原则的价值实质,需要针对其职能对环境责任原则的价值进行明晰。

三、环境责任原则的功能拓展

在明确环境责任原则的价值后,该原则的功能也应进行相应拓展。一方面要考虑环境法特性对于环境法律责任的要求,另一方面还要考虑法律关系理论的新发展。环境责任原则的功能也因吸纳这两方面内容而得以拓展。

作为领域法,环境法所追求的环境秩序或者说追究环境法律责任所要实现的法律效果是什么?传统法律责任的主要目的是填补受到损害的法益,只要受到侵害的法益得到救济和填补就实现了法律责任的任务。但是由于环境法上的法益受到侵害需要经过"环境"这一媒介,因此,在一个违法行为中仅通过处罚的方式救济受到损害的法益并未完成整个救济程序,还需要对受到损害的"环境"媒介本身进行恢复和填补。同时,由于违法行为导致的环境损害的潜伏性、损害后果产生的滞后性、因果关系复杂性等特征,预防环境损害产生或对具有产生环境风险的行为进行提前规制更具有现实意义。这些环境特性要求环境法律责任不能仅局限于惩罚功能,而应当关注对受到损害生态(环境)的保护、恢复和补偿等功能。

在环境法律责任中,惩罚和填补是其目的的两个方面。落实环境行政

---

① [德]魏德士:《法理学》,吴越、丁晓春译,法律出版社2005年版,第65—66页。

法律责任规范需要完成的两项任务——处罚违法行为、救济生态（环境）秩序利益和进行生态（环境）损害恢复和填补救济。环境公共利益是一个利益整体，仅完成其中一项不能实现环境法律责任的价值。受到侵害的环境利益仅受到法益填补而其本身状态未被恢复的话，并不能看作是受到损害的环境公共利益得到救济，只有两者同时满足才能实现恢复受到侵害的环境秩序的目的。由于目前的环境法律责任，尤其是环境行政责任的价值取向以惩罚为主，为了填补价值缺失，学者或通过建议增加行政罚款的补偿功能来实现环境行政法律责任的惩罚和填补功能[①]；或建议以生态恢复填补环境行政处罚的规制功能维度[②]；或提出环境法律责任中实现对惩罚、补偿和预防的功能整合[③]；或从更高的层面上以补充行政处罚功能体系的方式实现行政处罚在环境法律责任中的适应性[④]。

惩罚环境违法行为是通过落实法律规范进行严格追责实现的；对受损环境进行填补和恢复则是需要灵活实施法律规范来达成。这种灵活落实法律责任以对受损生态（环境）进行填补和恢复的行为在一定程度上可以吸收回应性理论的研究成果，缓和紧张的环境行政法律责任双方关系。因此，对于第一章所归纳的环境行政法律责任规范存在的问题，可以通过对环境责任原则的功能拓展予以解决。

环境责任原则的适用是贯彻落实价值体系的过程，因此在适用过程中并不能机械地适用，而需要进行价值判断。该原则适用过程中的价值判断既应当以落实政策和环境法律理念为目标，也应当围绕宪法确定的国家环境目标展开，以环境法律价值的纵向谱系为指引。为实现环境责任原则的

---

① 参见刘长兴：《论行政罚款的补偿性——基于环境违法事件的视角》，载《行政法学研究》2020年第2期。
② 参见谭冰霖：《环境行政处罚规制功能之补强》，载《法学研究》2018年第4期。
③ 参见刘长兴：《超越惩罚：环境法律责任的体系重整》，载《现代法学》2021年第1期。
④ 参见熊樟林：《论〈行政处罚法〉修改的基本立场》，载《当代法学》2019年第1期；熊樟林：《行政处罚的种类多元化及其防控——兼论我国〈行政处罚法〉第8条的修改方案》，载《政治与法律》2020年第3期。

适用目的，恢复环境违法行为损害的环境秩序，需要从环境法自身的特性角度对环境责任原则进行功能性拓展。环境责任原则在功能上要求对违法行为进行威慑，同时要求对受损的环境进行恢复和填补。总体上讲，环境责任原则所要实现的目标有惩罚和恢复双重性；恢复价值从环境法特性等方面对环境责任原则的功能进行了拓展。

第四节 ┃ 环境行政法律责任规范的内在体系结构

环境责任原则强调"责任",具有确保环境行政法律责任规范基本属性的作用,追究"责任"依旧是核心属性,因此在建立环境行政法律责任的内在体系时,应当坚持以环境责任原则为核心进行内在体系建构。但是内在体系之所以被称为"体系"是因为其在构成上应当具有两个以上的组成部分。因此,首先,需要对构成环境行政法律责任规范的内在体系"组件"进行识别。如前所述,内在体系以基本原则的形式外显,在理想情况下,一部法律中列举的基本原则都是该法理念、价值、目的的体现。因此,可以基于此考虑以《环境保护法》为蓝本的其他基本原则作为环境行政法律责任规范的内在体系"组件"的可能性。其次,在识别环境行政法律责任规范的内在体系"组件"的基础上,分析这些"组件"如何在环境行政法律责任规范的内在体系中发挥作用,即环境行政法律责任规范的内在体系结构的编排问题。

这两步在本节中将结合责任过程理念和功能主义理念进行讨论。环境行政法律责任规范的内在体系结构既要坚持环境责任原则为核心,又要确立其与其他几项基本原则的"互动"机制,形成既遵守内在体系建构的理论要求,又尊重立法的原则供给;既尊重责任的本质属性,又体现灵活与开放的实际需求等多重目标。

一、责任过程理念下环境责任原则"二元"结构

法律原则是法律价值的显性表现，一部法律的基本原则对于整部法律至关重要，这种重要性不仅体现在法律原则对法律规则适用时的漏洞填补和规范发展作用，而且更重要的是其中高度概括的价值内核对于整部法律基调的把控。法律原则是立法价值判断的集中体现，其内容根植于法的理念、立法目的和价值，作为实在条款规定在法律中，起到统领和融贯法律规则的作用。部门法所确立的基本原则在对于法律规范适用、确立下位法的立法价值以及部门法体系的价值一致性有指引作用。环境法学科内在的"统一性、逻辑性和指导性"[1]是环境法基本原则研究和解释的目的，这与内在体系的研究目的相契合。因此，应当以基本原则为载体进行内在体系建构。

环境法中对于法律原则进行列举是环境法律价值外显的第一步，在适用过程中对法律原则的相互关系进行解释可以更好地服务于法律价值的实现。环境法基本原则体系在不同适用场域中侧重不同，在该领域内特定相关的基本原则发挥主要作用，其他基本原则发挥辅助作用，形成一个由中心向周围辐射弱化的内在体系适用模式。以公众参与原则为例，该原则适用的主要场域包括立法过程中征求公众意见、行政决策过程中的征求意见和听证，以及司法救济中的社会组织提起环境民事公益诉讼。该原则以保障公众对环境相关事务的程序性参与权利为目的，但是在相关程序中也注重通过协商、听证的方式落实保护优先、预防为主、综合治理原则所蕴含的环境法价值。在确定环境行政法律责任规范的内在体系时，环境责任原则的适用也是在这样一个模式中发挥作用的。

在环境行政法律责任规范的内在体系结构中，环境责任原则位于中心。在环境行政法律责任的语境中，环境责任原则的含义是指实施违反生态（环

---

[1] 柯坚：《环境法原则之思考——比较法视角下的共通性、差异性及其规范性建构》，载《中山大学学报（社会科学版）》2011年第3期。

境）管理规范的违法行为，应当承担相应责任以恢复被侵害环境秩序的。依据"原因—结果"的逻辑，"违法行为"是原因，"担责"是结果，因此，环境责任原则在环境行政法律责任中予以适用时应当引入责任过程理念，将环境行政法律责任分为认定"违法"和落实"担责"两步。

在"执法必严、违法必究"法治理念为指引的规范主义立场下，"违法"必"担责"是主流的环境行政法律责任模式，这也是2014年《环境保护法》所明确和强化的趋势。如前所述，虽然严格规范主义的方式在历史上对于解决严峻的环境问题发挥重要作用，但是随着追求更好环境理念的确立，"违法"不一定"担责"的"灵活"责任模式的环境法律责任在实践中崭露头角，即责任强度有所缓和，或责任类型可以"降低"，如没有支付能力的主体，通过公益劳动承担责任；生产设备升级的费用从依法确定的赔偿费用中扣除等；或在履行期限上进行灵活变通，如赔偿费用分期支付等。

由于目前暂没有法律规则规定这类"灵活"的责任承担方式，但是基于前述必要性和环境责任原则解释赋予的可能性，通过责任过程理念为这些新情况提供合理性解读。在责任过程理念指导下，"违法"的认定与传统模式中认定的方式一致，需要借助科学的、技术的手段，依据违法的实际情况予以确定；而"担责"与否的判断则需要结合其他原则进行价值判断以达到平衡。

在这个模式中，环境责任原则的适用形成了一个二元结构——"违法"和"担责"，这两个结构分别对应事实认定和价值判断。其中"违法"的认定属于事实确认，因为违法行为造成的后果是事实。对于"违法"的认定为环境责任原则的适用和价值判断确定了一个基线。在此基线的基础上考量"担责"的缓和问题。"担责"的柔软灵活是通过价值判断实现的。这种建立在环境责任原则二元结构基础上的"违法"与"担责"程度不严格对应的新模式为其他环境法基本原则渗透损害担责原则的适用过程提供了空间和入口，这也直接促成以环境责任原则为核心的内在体系模式的确立。

法的价值判断在立法中得以集中体现，但法律适用也是进行价值判断的重要场域。在适用过程中，多项基本原则的综合运用可以确保法律完整价值的实现。《环境保护法》确立的其他几项基本原则为"保护优先、预防为主、综合治理、公众参与"，环境责任原则的适用追求多元法律目的、价值的实现，但是在适用过程中若不考虑与其他基本原则协同发挥作用，就会出现难以通过适用环境责任原则以恢复环境秩序，进而陷入环境法律责任功能单一的困境。坚持以环境责任原则为核心建构内在体系，以此为基础确保环境行政法律责任规范的体系开放性和融贯性，这种使价值融贯且保证法体系开放的作用确保了法律原则在立法论和解释论上的适用空间。①

二、功能主义理念下其他基本原则的辅助作用

环境责任原则构成环境行政法律责任规范的内在体系核心。如前所述，内在体系的形成受到法内和法外因素的影响，内在体系直接表现为法的基本原则，因此理想状态下这些因素影响法的基本原则的确立和适用，而法的基本原则体现整个内在体系的精神内核。

通过对环境责任原则的解读，在形成和发展过程内涵里逐渐包含了"柔软"的基因，通过对其适用价值的识别、适用目的和功能的拓展性解读，环境责任原则的多重面向使其具有可以被其他原则辅助适用的可能性。同时，《环境保护法》确立的其他几项基本原则也是内在体系理念、价值、目的的体现，这些原则在对政策的落实上亦有不可取代的作用。因此，应当在确立以环境责任原则为核心的内在体系结构中，发挥其他基本原则的辅助作用，以形成完整的环境行政法律责任内在体系。

保护优先原则是《环境保护法》（2014年修订）确定的首项环境法基本

---

① 参见方新军：《内在体系外显与民法典体系融贯性的实现——对〈民法总则〉基本原则规定的评论》，载《中外法学》2017年第3期。

原则。对于该原则的定位，不论是认为其对协调发展原则的发展[①]，抑或其为实现协调发展立法目的的手段[②]，再或者从体系解释角度认为，该原则是风险防范原则的中国法表达[③]，学者的共识均为在利益冲突的情况下环境保护应当置于优先考虑的位置。保护优先原则中所蕴含的环境优先理念应在环境行政法律责任中有所体现。在环境责任原则适用中引入保护优先原则的相关要求不仅在个案中考量对违法行为的惩罚，而且应当从社会经济利益的角度考虑选择有利于环境保护的手段和策略。这丰富了个案中的价值判断考量因素，对于实现环境行政法律责任规范适用的恢复功能提供了可能。

预防为主原则是基于环境损害治理和恢复的巨大难度而提出的基本原则，其核心内容是通过采取措施或者采用更加友好的方式防止生态（环境）损害产生。该原则要求相关主体在进行环境行为时延长考虑的时间以预防尚未发生但有可能发生的生态（环境）损害。这种预防生态（环境）损害发生的思路在环境责任原则适用中应当纳入考虑范围。因为一种理想的法律责任承担方式，"一方面要吸收报复论'向后看'的合理因素……另一方面要吸收功利论'向前看'的合理因素，在归责和制裁时……要充分考虑到各种社会效益和影响"[④]。以往惩罚为主的法律责任方式仅"向后看"以完成为对违法行为的惩罚。若在环境行政法律责任的承担过程中以预防为主的原则，允许在违法主体采取措施改进相关设施设备以避免以后产生相似

[①] 此种观点认为保护优先原则的核心为明确了经济增长与环境保护之间产生冲突时利益协调的原则，较之前1989年《环境保护法》确立的协调发展原则而言具有实际意义。参见韦贵红、黄雅惠：《论环境保护优先原则》，载《清华法治论衡》2015年第1期；唐绍均、蒋云飞：《论基于利益分析的"环境优先"原则》，载《重庆大学学报（社会科学版）》2016年第5期；周卫：《论〈环境保护法〉修订案中的保护优先原则》，载《南京工业大学学报（社会科学版）》2014年第3期；王社坤、苗振华：《环境保护优先原则内涵探析》，载《中国矿业大学学报（社会科学版）》2018年第1期。

[②] 参见王伟：《保护优先原则：一个亟待厘清的概念》，载《法学杂志》2015年第12期。

[③] 参见竺效：《论中国环境法基本原则的立法发展与再发展》，载《华东政法大学学报》2014年第3期。

[④] 张文显：《法律责任论纲》，载《吉林大学社会科学学报》1991年第1期。

的环境损害，以此为条件在一定程度上减轻责任，虽然这种做法在外观上会相对缓和法律责任的强度，但是较单一的严格或者加重处罚而言，这种方式更平衡，具有恢复环境秩序的意义，而这也正是环境行政应当实现的目标。

对于综合治理原则而言，学者多认为其应与预防为主原则或与预防为主、防治结合合并为一项原则[①]。但无论如何处理，综合治理原则的内涵主要为要求依据生态（环境）损害的具体情况，统筹预防和治理，综合运用各种手段治理生态（环境）损害[②]。依据其内涵，环境行政法律责任应当是环境损害治理的一种手段，在责任规范适用过程中还应统筹预防和治理。这一要求直接突破了传统环境行政法律责任进行惩罚的单一目标，该原则要求吸纳环境法的生态理性要求，对受损的环境进行恢复与治理。通过融合综合治理的理念，实现"科学治理、协同治理、依法治理的智慧和举措……分类施策，精准治理，对症下药"[③]。

公众参与原则的意义在于协商和沟通，以"促成利益识别和衡平"[④]，其根植于环境利益的公共性。一般公众参与原则的适用更多的是为了保障程序权利的实现，在环境法律责任领域可以发挥更具实质性的作用。由于环境违法行为侵害法益的公共性，违法主体承担责任的效果影响到公共的环境利益，环境责任原则的适用确保"违法"应当"担责"，其他三项基本原则的适用确保价值判断之后衡量"担责"的强度。公众参与原则的适用空间是将价值判断之后的责任弱化控制在一定的范围内，保证价值判断不"偏航"抑或为价值判断划定底线，以维持环境责任原则内在体系适用的稳定

[①] 参见吕忠梅：《环境法》，法律出版社1997年版，第61页；蔡守秋主编：《环境资源法教程》，高等教育出版社2004年版，第113页；竺效：《论中国环境法基本原则的立法发展与再发展》，载《华东政法大学学报》2014年第3期。

[②] 参见陈泉生：《论环境法的基本原则》，载《中国法学》1998年第4期。

[③] 张志锋：《严防"一刀切"，严格"切一刀"》，载《人民日报》2018年9月21日，第13版。

[④] 李启家：《环境法领域利益冲突的识别与衡平》，载《法学评论》2015年第6期。

性，防止法律责任关系主体双方合谋导致责任逸脱。

综上所述，在责任过程理念视角下，环境责任原则的适用使环境行政法律责任呈现过程性特征。这个过程性体现为相互联动的两个方面：第一，适用环境责任原则确定环境行政法律责任是过程的一个方面，其分为"违法"认定和"担责"落实，即责任认定和责任承担两个阶段；第二，就"担责"落实（责任承担）阶段而言，并非环境责任原则单独发挥作用，环境法的其他基本原则或多或少地对环境责任原则进行补充，这形成了环境行政法律责任规范的内在体系适用模式。整体而言，这个适用结构呈现为以环境责任原则为核心，其他基本原则为辅助的"中心—辅助"结构。

环境责任原则的适用并不是被动地对违法行为进行确认和反应，它本身是一个价值处理的过程，需要在事实后果确认的基础上进行价值判断后予以确定。结合环境责任原则"违法"确定和"担责"缓和的二阶构造，其他几项环境法基本原则通过价值判断的方式实现渗透。在渗透过程中，其他几项基本原则处于辅助地位。环境责任原则本身在这个体系中处于体系的中心位置，其明确的基调，即"违法"应"担责"；但实际"担责"或者"担责"的强度是否严格依据规范要求，就需要秉持功能主义理念、通过价值判断的方式，将其他几项原则融入适用以调整"担责"的大小与方式，最终实现以环境责任原则为核心的内在体系在具体案件中适用的最优化。

需要注意的是，这里确定的环境行政法律责任规范的内在体系结构其实质是对表达环境法内在体系的几项基本原则作了一个学理上的结构架构。从部门法的立法技术上看，以"一般条款"+特定制度规范的形式表现，这一内容将在第四章进行详细阐述。

本 章 小 节

内在体系是法律原则的价值论或目的论秩序,其在法律文本中以基本原则条款的形式呈现。内在体系以基本原则规范为外显形式,内在体系的建构应以基本原则规范为依托。由于目前我国尚未形成环境行政法律责任规范的内在体系,因此本章以"建构"为目的进行相关内容讨论。

作为法律本书中对内在精神与核心最直接的表达,法律原则受到法律理念、法律价值和法律目的的直接影响。这三个影响因素以其在法律文本中的显性程度不同可以划分为最抽象、抽象和显性三个等级。这三个内容在不同层面上对于法律原则内容的确定和适用有直接影响,属于内在体系的法内影响因素。此外,内在体系也受到法外因素的影响,以实现内在体系自身的开放性。就影响内在体系的法外因素而言,最主要的就是政策。

就发挥作用而言,政策、法律理念、法律价值和法律目的对法律原则产生的影响不能截然分开或者区分清楚。因为法作为社会子系统,为保证其独立性有其特定的运行规则和基于此形成的学科壁垒,法律理念、法律价值和法律目的就具有明显的子系统属性。但是为了与其他子系统进行互动,以服务于社会发展,而不得不保持一定的开放性,政策的渗透即为典型表现。这些因素的自我发展与互动影响分别构成了法律"稳定"与"开放"特性,"开放"向"稳定"的转换即政策转化为法律理念、法律价值和法律目的的过程;"稳定"对"开放"的吸收则通过法律原则及时吸收政策内容,通过规则落实使政策浸入法律适用的过程。内在体系稳定性与开放性的协调应当充分考量这些因素,而影响内在体系建构的法内因素和法外因素组成建构环境行政法律责任规范的内在体系建构基础。

环境行政法律责任规范的内在体系建构应当在建构基础上充分考虑环境法的特性，明确环境行政法律责任规范的内在体系建构要求。环境理念、价值等的更新与发展推动了环境法横向和纵向价值谱系的更新与融贯；正视政策对环境法的塑造作用是环境法保持与时俱进生命力的关键。

损害担责原则是《环境保护法》（2014年修订）明确规定的环境法基本原则。因为内容中包含"担责"，其具有与法律责任直接相关的"外观"，成为与环境法律责任有直接关联的环境法基本原则。但是"损害"作为一个民法理论中的关键概念，被引入环境法中被用于指导环境行政法律责任规范的建构并不合理。环境行政法律责任规范适用的目的是维护环境行政管理秩序，因此这类法律责任是行为责任。本书建议以"环境责任原则"作为其环境行政法律责任规范内在体系核心的立法修正建议。"严格"和"柔软"是环境责任原则内涵的两个方面。在环境行政法律责任规范适用中"坚守"严格的面向，并非正确适用环境责任原则的表现，应当正视其"柔软化"面向。

适用环境责任原则不仅是为了处罚违法行为，而且蕴含的更深层次的价值判断是建设生态文明、恢复环境秩序。因此，仅停留在惩罚层面的环境责任原则不能完整揭示该原则的价值实质，还需要针对其职能对环境责任原则的价值进行明晰。为实现环境责任原则的适用目的，恢复环境违法行为损害的环境秩序，需要从环境法自身的特性角度对环境责任原则进行功能性拓展。环境责任原则在功能上要求对违法行为进行威慑，同时要求对受损的环境进行恢复和填补。从总体上讲，环境责任原则所要实现的目标具有惩罚和恢复双重性，恢复价值从环境法特性等方面对环境责任原则的功能进行拓展。

环境行政法律责任规范的内在体系结构是以环境责任原则为核心、其他环境法基本原则为辅助的"中心—辅助"结构。这个结构的建立需要借助责任过程理念以确立环境责任原则的"二元"结构、借助功能主义理念确定其他基本原则的辅助作用。在责任过程理念的视角下，环境责任原则的适用使环境行政法律责任的落实呈现过程性特征。这个过程性体现为相互联动的两个方面：第一，适用环境责任原则确定环境行政法律责任，其分为"违法"认定和"担责"落实，即责任认定和责任承担两个阶段；第二，就"担责"落实（责任承担）阶段而言，并非环境责任原则单独发挥作用，环境法的其他基本原则或多或少地对环境责任原则进行补充，这形成了环境行政法律责任规范的内在体系适用模式。整体而言，这个适用模式呈现为以环境责任原则为核心，其他基本原则进行辅助的"中心—辅助"结构。

环境责任原则的适用并不是被动地对违法行为进行确认和反应，它本身是一个价值处理的过程，需要在事实后果确认的基础上进行价值判断后予以确定。结合环境责任原则"违法"确定和"担责"缓和的二阶构造，其他几项环境法基本原则通过价值判断的方式实现渗透。在渗透过程中，其他几项基本原则处于辅助地位。环境责任原则本身在这个体系中处于体系的中心位置，其明确的基调，即"违法"应"担责"；但实际"担责"或者"担责"的强度是否严格依据规范要求，需要秉持功能主义理念、通过价值判断的方式，将其他几项原则融入适用以调整"担责"的大小与方式，最终实现以环境责任原则为核心的内在体系在具体案件中适用的最优化。

第三章

环境行政法律责任规范的外在体系完善

外在体系是依据形式逻辑规则建构的概念体系，依据"规则—原则"的双重构造模式，外在体系在形式上表现为法律规则。就性质而言，以特定内容为载体的法律规则具有规范上的强制力，因此外在体系构成了法律体系中的刚性部分；同时，由于法律规则的形式理性要求，外在体系是法律体系的静态组成部分。基于外在体系的特征，环境行政法律责任规范已经存在外在体系；但是结合理论研究与实践情况，环境行政法律责任规范的外在体系存在不足，因此本章以"完善"为目的讨论相关内容。

本章的内容分为以下几节讨论：环境行政法律责任规范的外在体系完善首先应当明确外在体系的要素及其作用，即外在体系建构所要追求的体系效益，这些内容是环境行政法律责任规范外在体系完善的前提。环境行政法律责任规范的外在体系完善应当以解决第一章提炼、论述的环境行政法律责任规范存在的问题为目的。但同时，由于环境行政法律责任规范的完善还应当满足理论和学科要求以及反映政策需求等，这些内容构成环境行政法律责任规范外在体系的完善要求。对于环境行政法律责任规范外在体系结构的选择，首先应当对我国目前的环境行政法律责任规范的实然结构有明确认识，因此最后一节先描述实然结构，再提出环境行政法律责任规范的外在体系应然结构。

第一节 ▎环境行政法律责任规范的外在体系要素与效益

一、外在体系的要素

法的外在体系以法律规范为表现形式。在一定意义上，外在体系的要素与法的要素有一定重合。虽然法的要素模式有不同的学说，但就通说而言，法的要素包括法律概念、法律规则和法律原则。① "法律原则在作为法律体系化的载体时，是兼具内在性与外在性的特质的。"② 据此，法律原则不仅是内在体系的集中体现，而且作为内在体系的外显形式，其同时也兼具外在体系的特征。就法的要素的等级而言，法律原则是较高等级的要素。法的组成要素之间的关系可以简化为：法律原则指导法律规则的制定与适用，法律规则的最小组成单位是法律概念。

（一）法律概念

外在体系是由抽象概念或经类型化整合的规范而形成的法的外部架构，其最基本的构成要素是法律概念。法律概念是作为法律体系结构组成部分的外在体系的基石，因此法律概念是各个部门法理论的建构基础③，构成了部门法的"细胞"，如民法中的"法律行为"、行政法中的"法律关系"等。

---

① 参见张文显主编：《法理学》（第五版），高等教育出版社2018年版，第112—113页。
② 黄茂荣：《法学方法与现代民法》，中国政法大学出版社2001年版，第83页。
③ 参见雷磊：《法律概念是重要的吗》，载《法学研究》2017年第4期。

之所以作为部门法的建构基础，是因为法律概念在形成过程中摒弃了不重要的特征，仅保留其最核心的涵义，而导致其在一定程度上具有抽象性。这个提炼的过程产生了法律概念的规范属性。①"外部体系强调概念的逻辑构造，概念的形成受到价值的强烈影响。"②这种规范性意味着法律概念本身是立法者的价值选择。这种价值选择不仅体现在立法阶段，而且在适用法律概念时对其进行解释也需要结合客观情况来考虑概念的价值负荷。③法律概念的含义及范围的选择决定了其所承载的内在体系价值的"含量"，④这就奠定了其作为外在体系基石的地位。

法律概念进行价值宣示通过概念的抽象性实现。同时由于法律概念抽象的程度决定了其负荷价值的根本性存在差异，即负荷的价值越根本，则法律概念的抽象性越高，这在第一层面上实现了法律概念的分层。除此以外，法律概念第二层面的分层体现在其内涵的多寡方面。法律概念的内涵越少，则其抽象性越高，而具有较高位阶。⑤这些不同层级的法律概念形成了外在体系本身的逻辑体系。例如，《民法典》物权编的外在体系就是通过法律概念之间的涵摄范围不同而建立起来的"金字塔式逻辑体系：物权—所有权—用益物权—担保物权"。⑥这种依据涵摄范围不同而确立的概念逻辑金字塔与法律概念本身的一致性与协调性之间互相成就，使得外在体系在形式上构成"一个协调的、按抽象程度逐级划分的概念系统"⑦。

---

① 概念有描述性概念和规范性概念之分，法律概念是规范性概念。参见吴丙新：《法律概念的生成》，载《河南省政法管理干部学院学报》2006年第1期。
② 黄茂荣：《法学方法与现代民法》，法律出版社2007年版，第618页。
③ 参见陈金钊：《论法律概念》，载《学习与探索》1995年第4期。
④ 参见方新军：《融贯民法典外在体系和内在体系的编纂技术》，载《法制与社会发展》2019年第2期。
⑤ 参见黄茂荣：《法学方法与现代民法》，法律出版社2007年版，第125、511页。
⑥ 李永军：《民法典物权编的外在体系评析——论物权编外在体系的自治性》，载《比较法研究》2020年第4期。
⑦ ［德］迪特尔·施瓦布：《民法导论》，郑冲译，法律出版社2006年版，第19页。

因此，作为外在体系的要素，法律概念的职能体现为以其抽象性实现价值负荷和体系内协调一致。从这两个维度来建构涵摄范围不同的概念金字塔，以控制和保障法律概念适用时解释的任意性，[①]维护成文法的稳定。

（二）法律规则

除法律概念外，法律规则也是外在体系的组成部分。法律规则，又被称为法律规范，其在内容上表现为具有适用性的强制力[②]规定。依据制定理念的不同，法律规则也有不同种类。

依据民法典的编纂经验，比较法上民法典外在体系的不同特征反映了民法典编纂的不同理念，在不同理念指导下法律规则类型也有区别。依据理念类型的不同，由不同类型法律规则组成的民法典可以分为以下三种类型：决疑法、原则法和抽象法，分别对应了不同时期为解决不同实践需求而产生的外在体系构建理念。第一类为决疑法，是指应用于"具体情境（个案情况）"，属于为具体个案解决提供框架的理念下制定的法。[③]在法学方法论中，决疑法往往等同于个案导向（对应于原则—规则导向）的类推思维，[④]"对具体社会事实不作任何抽象，就事论事提供解决方案的法律规则"[⑤]是决疑法的显著特征。第二类为原则法，其是指以内在体系内容，即立法理念、目的、原则等为规范内容的法。[⑥]原则法一般是对内在体系的相关内容进行外在化的宣示，并无决疑法理念下解决具体问题的规则。正是基于此，原则法能成为三类中能最大范围涵括社会生活事实的法律类型，在此理念指导下制定的法律规范弹性最大。第三类为抽象法，是最接近目前多

---

① 参见陈金钊：《论法律概念》，载《学习与探索》1995年第4期。
② 这里的强制力是指法律规范的效力，而并非从强制性规范、自愿性规范等强制力大小意义上进行划分的强制力含义。
③ 参见舒国滢：《决疑术：方法、渊源与盛衰》，载《中国政法大学学报》2012年第2期。
④ 参见［德］卡尔·拉伦茨：《法学方法论》，陈爱娥译，商务印书馆2003年版，第286页。
⑤ 谢鸿飞：《民法典的外部体系效益及其扩张》，载《环球法律评论》2018年第2期。
⑥ 参见谢鸿飞：《民法典的外部体系效益及其扩张》，载《环球法律评论》2018年第2期。

数法律制定理念的一种，是指建立在对社会事实进行提炼和贯通延伸基础上，表现为概念金字塔的法律类型。[①]因其依据抽象性不同对概念进行处理并形成金字塔，所以相较于其他两类法律理念指导下制定的规范而言，规范之间的逻辑性较强。

不同的法典编纂理念指导下制定的三种法律，产生了三种与之对应的法律规范（条款）类型。由于决疑法主要是为了对具体个案提供解决框架，因此在这种法律中，"固定要件条款"是法典中的主要规范类型。立法者采用这种条款类型的目的是给具体问题的解决提供特定、明确的解决框架。由于决疑法理念的法律规范不具有抽象性和灵活性，固定要件条款的适用性整体不高，其只能针对立法所确定的行为模式进行适用。在规范确定之后到下一次修改之间可能会出现对产生的新问题无法进行规制的"真空期"。而原则法理念下条款的内容则相当宽泛，以宣示内在体系的内容为其要点，该类条款中并无解决具体问题的规范内容，因而在适用时或需具体规则予以辅助或需适用者进行解释，否则条款的适用性很弱。在学理上一般将这类条款称为"一般条款"。而抽象法对应的条款类型是较为常见的"列举+兜底式的弹性条款"，这类条款既能确保条款内容相对具体而具有适用性，又能以兜底的形式标识条款的抽象内容。[②]因此，其在形式和作用上融合了"固定要件条款"和"一般条款"的特征，适用性较强，也是目前法律条款设置的主流方式。

总体而言，三种法律类型和三种规范类型各有其优缺点：决疑法和固定要件条款以立法的方式明确对社会事实的调整类型及倾向，最大限度地保障了法的安定性。但同时由于规范过于明确，无法应对新的社会问题而需要不断地更新或补充法律规范的内容，又在一定程度上消解法的安定性。在这种法律和规范类型中追求确定性和适用性是一对主要矛盾。原则法和一般条款则以其巨大的适用性而具有突出特点，但是过于关注对抽象理念、

---

① 参见谢鸿飞：《民法典的外部体系效益及其扩张》，载《环球法律评论》2018年第2期。
② 参见谢鸿飞：《民法典的外部体系效益及其扩张》，载《环球法律评论》2018年第2期。

价值和目的的表达，牺牲了法律规则的适用性。在这种法律和条款模式下产生的不可调和的矛盾是"条款弹性"与"条款适用性"之间的矛盾。抽象法与弹性条款融合前述两种法律类型和条款模式的优点，既避免规范内容的宽泛不实用又解决了条款过于具体的情况。就调和"弹性"与"适用性"之间的矛盾而言，这类规范是最合适的选择。

综上所述，外在体系的要素包括法律概念和法律规则。其中法律概念作为最小单位的"细胞"，其在作用上起到了价值宣示的作用，而这个作用要求法律概念可以依据抽象性的不同确立概念层次而形成"概念金字塔"。对法律规则而言，这三类法律及相应的三种规则类型，或过于具体，或过于抽象，或中和了前两者的特征。在外在体系建构过程中具体选择哪一类法律规则不是一概而论，而是需要依据具体的情况进行适当的选择。

二、外在体系的效益

如第一章所述，从历史的角度，内在体系的作用在一段时间内被遮蔽，但是外在体系一直被重视，这与外在体系所能产生的效益有巨大关联。体系效益是指通过建构体系所能获得的效果和利益。就建构外在体系的效益而言，也可以从形式效益和深层效益两个方面进行分类。

外在体系形式方面的效益是指外在体系在形式方面所具有的效益。除确保形式理性外，较显著的就是因规范内容被确定而实现的法律稳定性[①]、因规范内容集中于文本中而降低立法成本和找法成本、因规范层次明确而便于确定规则适用次序[②]等。

---

① 参见李永军：《论民法典形式意义与实质意义上的担保物权——形式与实质担保物权冲击下的物权法体系》，载《西北师大学报（社会科学版）》2020年第6期。

② 如前所述，法律概念具有层次性，层次越高抽象性越强，但是在法律适用时，则先适用具体概念，具有相反顺序，以实现拘束的目的。参见黄茂荣：《法学方法与现代民法》，法律出版社2007年版，第511页。

除形式效益外，建构外在体系也存在巨大的深层效益。不同于形式效益，深层效益是指建构的规范体系在较深层次上所能产生的效益。首先，外在体系的建构可以消除矛盾，既包括在立法阶段检验和内化规则之间的矛盾，也涵盖在法律适用阶段避免适用过程中的不一致①。例如，汇编的规范文本因没有实质上的内容编排而无内在逻辑要求，不能完全实现规则矛盾的内化②。同时，避免适用阶段的不统一可以看作是法律稳定性的延伸效益，因为"同案同判"与"类案类判"对于维护法的安定性具有重要意义。其次，外在体系建构可以最大限度地激发法律规范的"生命"。这表现在两个方面：激发法律体系的繁殖力和规范适用性。在遇到新情况或者规范漏洞时，可以通过规范的层次性或通过对不同抽象度的规范进行解释等方法对现有的法律规范进行"规范繁殖"，产生新的规范，从而"拉长知识或规则的链条"③。同时，在法律规范适用时，建立在体系基础上的解释可以避免产生多种解释结论，这使得一条法律规范在整个规范体系中既保持了独立性又对整个规范体系产生依附性，从而形成的体系像一个关系紧密的"网"服务于整个社会生活。最后，外在体系的建构保证了规范的"纯净性"。体系的意义是逻辑关联，因此，在内在体系的指引下，外在体系建构可以最大限度地保障规范之间的相互联系，而排除关联性弱或者看似关联性强的规范，使外在体系在内容上具有内容的"凝聚性"。在这一理念下，若有关主体主张存疑规范应当进入外在体系的建构范畴，且以何种形式进入等相关问题，其应当承担论证义务，如在民法典编纂过程中对于人格权编是否独立成编的辩论中，赞成方要对独立成编的可能性和可行性进行体系性论证。

---

① 参见李永军：《民法典物权编的外在体系评析——论物权编外在体系的自治性》，载《比较法研究》2020年第4期。
② 参见［德］卡尔·拉伦茨：《法学方法论》，陈爱娥译，商务印书馆2003年版，第207页。
③ 谢鸿飞：《民法典的外部体系效益及其扩张》，载《环球法律评论》2018年第2期。

除此之外，苏永钦教授还认为体系的效益还体现在专业教育方面[①]。相较于培训法条适用"机器"而言，成功的法学教育应以培养学生体系化思维为目标。对外在体系的理解与适用需要法律本身外在体系的建构为前提。因此，体系化越高越能在最大限度上推动法学专业教育的发展。

综上所述，进行环境行政法律责任规范的外在体系建构首先要明确外在体系的相关内容，包括外在体系要素和外在体系效益。外在体系的要素可以依据其内容大小划分为法律概念和法律规范，其中法律概念进行价值判断的任务，要求法律概念本身形成不同层次的体系。这种概念体系体现在法律规则中就表现为规范体系。法律规则在不同的理念指导下有不同的类型。在确定法律规则的类型时需要考量指导相应规则确定的理念，依据理念来选择合适的规则类型。外在体系效益既是进行外在体系建构（完善）的出发点，也是目的。

---

① 苏永钦：《现代民法典的体系定位与建构规则——为中国大陆的民法典工程进一言》，载《交大法学》2010年第1期。

第二节 ▎环境行政法律责任规范的外在体系完善要求

环境行政法律责任规范的外在体系完善应当以解决第一章提炼、论述的环境行政法律责任规范存在的问题为目的。但同时，由于环境行政法律责任规范的完善还应当满足理论和学科要求以及反映政策需求等。

一、融合行政法律责任理论和环境法要求

在法律责任谱系中，环境行政法律责任是行政法律责任的下位概念；在部门法划分上，环境行政法律责任又是环境法的一部分，因此在规范建构上，环境行政法律责任要处理好其与行政法律责任和环境法的关系。行政处罚是确定及追究行政法律责任的依据。因此，处理环境行政法律责任与行政法律责任的关系可以从行政处罚的相关内容着手。行政处罚的相关内容对环境行政法律责任的适用有一定的制约和指导作用。同时，环境行政处罚是环境法中很重要的一部分内容，关乎环境法的实施效果。行政处罚在目的、要件、原则与类型和责任方式四个方面既要遵守行政法的相关原理，同时又要依据环境法的相关内容进行部门法革新，兼顾规范性与功能性的双重属性，以形成环境行政法律责任的特色。

（一）对行政处罚目的的继承与革新

行政处罚是以制裁的方式要求行为人对其违法行为承担行政法律责任

的一种处罚。①与传统的刑罚目的相似，行政处罚也有特别预防和一般预防两种目的。这两种目的类型在作用对象上指向违法行为当事人和潜在违法者。②虽然冠以"预防"的称谓，但是在"在传统刑法（行政法）的框架中，预防并非独立的国家策略，国家所能仰仗的主要是制裁措施所衍生的预防效果"③，在这个语境中，预防目的是惩罚目的的衍生效果。"惩罚是对行政处罚的前提性限制"④，因此不论秉持一元目的还是多元目的，惩罚都是行政处罚不可或缺的目的基础。作为行政处罚在部门法中的运用，环境行政法律责任也应当将惩罚违法行为作为首要目的。但与此同时，国家环境保护的任务及生态（环境）的特征对环境行政法律责任提出新的要求，而对行政处罚的目的进行了革新。公法学者对于环境行政的任务有二分法与三分法的观点。其中，坚持二分观点的陈慈阳教授认为国家环境保护的任务主要是排除与预防，具体而言是包括排除现存的环境损害、排除潜在的环境危险性以及预防对未来环境的危害三个方面。⑤持三分观点的阿斯曼认为"排除环境损害、预防环境危害、避免其他环境风险并重新恢复自然的运作功能"⑥是环境行政任务的全部内容。

　　环境行政违法责任作为环境法的一部分，排除与预防应当被包含进生态（环境）行政目的中。生态（环境）蕴含的公共利益属性，以及受损之后极高的修复或恢复成本也在一定程度上强调了在责任目的上融入预防的重要性。因此，在继承传统行政处罚以惩罚为首要目的的基础上，环境法对

---

① 参见郑传坤：《论行政处罚法的立法目的与基本原则》，载《探索》1996年第4期。
② 参见陈清秀：《行政罚法》，法律出版社2016年版，第7页以下。
③ 何荣功：《预防刑法的扩张及其限度》，载《法学研究》2017年第4期。
④ 张红：《让行政的归行政，司法的归司法——行政处罚与刑罚处罚的立法衔接》，载《华东政法大学学报》2020年第4期。
⑤ 陈慈阳：《环境法总论》，中国政法大学出版社2003年版，第31页。
⑥ ［德］施密特·阿斯曼：《秩序理念下的行政法体系建构》，林明锵等译，北京大学出版社2012年版，第109页。

环境行政法律责任提出了"预防目的"①，融合二者可以从责任目的的角度实现继承与革新。对于"预防目的"的强调，不仅要在理论上形成共识，还应当在环境行政处罚目的条款、基本原则条款或者其他条款中予以明确。

（二）对行政处罚要件的继承与革新

为了规范行政处罚的实施和保护行政相对人的权益，行政处罚的适用应当"符合法定处罚的构成要件"②。行政处罚的构成要件是法定的、处罚行为应具备的客观要素。③由于行政处罚行为具有侵益性，构成要件作为判断违法行为是否应当被处罚的"入口"，由立法机构提炼抽象，适用机关应严格遵守。严格适用构成要件是规范主义的要求，因此追究违法者的环境行政法律责任也应当遵循行政处罚性法律规范确立的构成要件。与此同时，环境法对于环境行政法律责任的构成要件提出新的要求即对于构成要件涵摄事实的明确性进行了修正。在依法律行政经典教义的影响下，行政机关在作出行政处罚时应当对其行为的合法性负举证责任，其中就要求"构成要件的涵摄须以清楚明了的事实作为基础"④。但是随着环境法预防原则的引入与适用，针对具有"重大风险"⑤的行为不应要求行政机关在处罚之前针对

---

① 这里的"预防目的"并非与前文提到的国家环境保护目的中的"预防"有相同的概念范围，这里是指与惩罚相对的，包括恢复和狭义预防涵义在内的广义的概念，主要是为了行文的流畅与便利。
② 吴庚：《行政法之理论与实用》，中国人民大学出版社2010年版，第476—477页。
③ 参见熊樟林：《应受行政处罚行为的构成要件》，载《南京大学法律评论》2015年第2期。
④ 谭冰霖：《环境行政处罚规制功能之补强》，载《法学研究》2018年第4期。
⑤ "重大风险"的说法来自《最高人民法院关于审理环境民事公益诉讼案件适用法律若干问题的解释》第1条规定："法律规定的机关和有关组织依民事诉讼法第五十五条、环境保护法第五十八条等法律的规定，对已经损害社会公共利益或者具有损害社会公共利益重大风险的污染环境、破坏生态的行为提起诉讼，符合民事诉讼法第一百一十九条（现为第一百二十二条）第二项、第三项、第四项规定的，人民法院应予受理。"虽然这一条只适用于环境民事公益诉讼案件，但是行政法领域也在关注风险行政问题，此处用"重大风险"指代尚未发生但是一旦发生将引起严重生态（环境）损害后果，或者有足够证据表明将会引起生态（环境）损害结果的情形。

可能引起的生态（环境）损害尽到完整的证明义务。因为这样无异于抛弃了预防原则的适用，[①]因此在环境行政处罚过程中，适当放宽环境行政机关的证明义务。这一内容作为对传统行政处罚构成要件的革新，应当在环境行政法律责任规范中明确规定。

（三）对行政处罚原则的继承与革新

作为一种侵益行为，行政处罚的认定与实施过程中需要体现过罚相当原则，这一方面是为了实现对违法行为的震慑，另一方面也是为了保障相对人的权益。"过罚不当"可能会导致违法成本较低而无法遏制违法行为或处罚过重给相对人造成负担。由于过罚相当原则的遵守既维护了行政法律责任的权威性，又在保障相对人权益方面发挥重要作用，因此成为一项行政处罚应当遵守的基本原则，这也是环境行政机关在追究行为人环境行政法律责任时应当遵守的原则。

环境行政法律责任中为落实过罚相当原则，较为典型的例子是修法过程中对违法行为罚款数额的调整、按日连续处罚规则的制定与适用。但同时过罚相当原则也在满足特定条件的情况下被"弱化"，如"轻微环境违法行为免予处罚"等。在这种情况下，环境行政机关在确定环境行政法律责任时加入其他价值因素考量，过罚相当原则的适当"弱化"为实现更大的法律效益提供了可能性。这种"弱化"是否具有正当性在一定程度上取决于过罚相当原则的认定标准是形式标准还是实质标准，即形式意义上数额"对等"的处罚是过罚相当原则的追求，还是实质意义上考量环境行政法律责任能产生的更好的社会效果是过罚相当原则适用的目的。就目前环境行政法律责任的实践情况而言，完全坚守形式判断标准的情况虽然仍占主流，但是正在缓和，为实质判断标准的融入与适用提供了空间。

[①] 参见谭冰霖：《环境行政处罚规制功能之补强》，载《法学研究》2018年第4期。

（四）对行政处罚的类型和责任方式的创新

首先，行政处罚本身的责任类型更新为环境行政法律责任的适用提供了更多选择。针对《行政处罚法》中对于行政处罚种类的具体列举式规定不符合具体监管需求的问题①，学者们倾向对行政处罚进行类型化划分，其中主张五分法的观点有名誉罚、财产罚、资格罚、行为罚和人身罚，②或自由罚、声誉罚、财产罚、行为罚、资格罚等③；主张六分法的为申诫罚、财产罚、行为罚、资格罚、人身罚和声誉罚④。将行为罚作为一种单独的行政责任类型，为环境行政法律责任的落实提供了可能。因为行为罚的引入既可以避免环境行政法律责任中仅适用罚款的"一罚了之"，也能避免"一关了之"这两种极端的做法，而更加注重违法者对受损生态（环境）利益的恢复与救济，如"在违法者原有义务外增加义务负担，包括补种盗伐树木等"⑤就是行为罚的典型体现。

其次，行政处罚责任类型的创新还应当配套环境行政法律责任方式的创新，即从多个角度激发行为人在履行环境行政法律责任时的积极性，实现责任目的和社会效果的最大化，因为"督促企业矫正其违法行为对整体生态环境造成的负外部性，契合行政处罚维护公共利益的制度目的"⑥。行政法律责任类型的更新及环境行政法律责任承担方式的创新在功能上都是为了实现行政法与环境法的手段⑦，"只要能有利于目的之实践或不与目的相

---

① 参见杨解君、蒋都都：《〈行政处罚法〉面临的挑战与新发展——特别行政领域行政处罚应用的分析》，载《行政法学研究》2017年第3期。
② 参见黄海华：《行政处罚的重新定义与分类配置》，载《华东政法大学学报》2020年第4期。
③ 参见马怀德：《〈行政处罚法〉修改中的几个争议问题》，载《华东政法大学学报》2020年第4期。
④ 参见章志远：《作为行政处罚总则的〈行政处罚法〉》，载《国家检察官学院学报》2020年第5期。
⑤ 杨小君：《行政处罚研究》，法律出版社2002年版，第22—29页。
⑥ 谭冰霖：《环境行政处罚规制功能之补强》，载《法学研究》2018年第4期。姜涛：《社会管理创新与经济刑法双重体系建构》，载《政治与法律》2012年第6期。
⑦ 参见张淑芳：《行政处罚实施中违法行为的纠正途径》，载《法学》2013年第6期。

悖，手段皆可不被排除"①。因此，在环境行政法律的责任方式创新方面可以秉持一种开放的态度，实行功能主义导向的思路。创新的责任承担方式应当以环境行政法律责任规范的形式在环境法中予以体现。

二、化解法律政策对外在体系的消解

如前所述，政策是影响内在体系的法外因素，其在确保法律实现政治职能和回应社会关切方面发挥了巨大作用。政策对于法律理念、价值和目的的影响是隐性的，需要通过其对外在体系影响的方式显示出来。由于外在体系的规范性问题，影响外在体系的前提是"政策"的范围已经限缩为"法律政策"，故此部分主要讨论法律政策对外在体系消解作用的化解。

法律政策的影响涉及法律创制和适用活动，如以刑事政策对刑法的影响而言可以分为"立法的刑事政策化"和"司法的刑事政策化"两种。其中，立法的刑事政策化是赋予法律政策形式合法性的过程，而司法的刑事政策化的作用体现在两个方面：一是使本应机能性适用法律规范的活动增加了对社会生活的敏感性；二是填补了法律规范之间的勾缝与漏洞。②由于立法的程序限制较为严格，相较于立法的刑事政策化，司法的刑事政策化较为常见。

法律政策的灵活性与及时回应性是其显著的优点。然而这个特点导致的法律政策本身的弱逻辑性③显得与外在体系"格格不入"，导致了法律政策对规范体系性的消解。这种"硬币正反面"的集合体特征既凸显了法律政策对法律规范体系的重要性，因而排除了历史上特定时期出现

---

① 杨解君：《行政处罚方式的定性、选择与转换——以海关"收缴"为例的分析》，载《行政法学研究》2019年第5期。
② 参见陈兴良：《刑法的刑事政策化及其限度》，载《华东政法大学学报》2013年第4期。
③ 参见许中缘：《政治性、民族性、体系性与中国民法典》，载《法学家》2018年第6期。

的政策与规范"分离模式"的可能性①;又要求法律政策进入法律规范系统路径的特殊性及其作用的限度,即要求法律政策对法律规范体系产生作用的前提是转化成法律规范的"内在参数"②,成为法律规范系统可以识别的"符码"③。

对于法律政策进入规范体系的路径,在部门法上有所区别。民法上是通过基本原则的完善来实现的,原《民法总则》中确立"绿色原则"就是一个典型的例子。民法通过立法技术确立的强化民法基本原则的体系④既实现了生态文明建设政策刺激下的以宪法为代表的整体法律基本价值的部门法回应以引导社会变迁⑤,又丰富了"旨在实践社会性价值"的民法基本原则类型⑥。绿色原则的确立是民法规范体系通过内化法律政策实现改革目标⑦的典型例证。刑法中"宽严相济的刑事政策"⑧的适用是法律政策影响刑法适用的典型代表。

由于环境问题影响范围的广泛性、危害后果的持续性以及法律责任影响的多元性等原因,环境法具有极强的政策敏感性。但是就目前的外在体系而言,没有以明确的政策文件或者法律原则的方式为法律政策进入规范

---

① 参见劳东燕:《刑事政策与功能主义的刑法体系》,载《中国法学》2020年第1期。
② 劳东燕:《刑事政策与刑法体系关系之考察》,载《比较法研究》2012年第2期。
③ 系统只能对其网络结果所能识别的"扰动"加以回应,它只能识别通过自身符码所能看到的事物,就好像只有频率相同的声音才会产生共振,系统正是依据自己的频率有选择地作出回应。参见周婧:《封闭与开放的法律系统如何可能?——读卢曼〈法律作为社会系统〉》,载《社会学研究》2009年第5期。
④ 参见龙卫球:《我国民法基本原则的内容嬗变与体系化意义——关于〈民法总则〉第一章第3-9条的重点解读》,载《法治现代化研究》2017年第2期。
⑤ 参见樊勇:《私人自治的绿色边界——〈民法总则〉第9条的理解与落实》,载《华东政法大学学报》2019年第2期。
⑥ 参见易军:《民法基本原则的意义脉络》,载《法学研究》2018年第6期。
⑦ 参见刘超:《自然保护地体系结构化的法治路径与规范要义》,载《中国地质大学学报(社会科学版)》2020年第5期。
⑧ 《最高人民检察院关于在检察工作中贯彻宽严相济刑事司法政策的若干意见》(高检发研字〔2007〕2号);《关于贯彻宽严相济刑事政策的若干意见》(法发〔2010〕9号)。

体系提供"入口"。法律政策是"一项规范再造运动"[①]，这种再造运动不可避免，因此需要通过确定的"渠道"建立法律政策与规范体系之间的"贯通模式"既实现规范体系与外部环境的沟通，又确保规范本身的系统性。[②]环境行政法律责任规范中如何消解政策对规范性的副作用，是环境行政法律责任规范的外在体系完善应当重点解决的问题。

[①] 曲新久：《刑事政策的权力分析》，中国政法大学出版社2002年版，第63页。
[②] 参见劳东燕：《刑事政策与功能主义的刑法体系》，载《中国法学》2020年第1期。

第三节 ｜ 环境行政法律责任规范的外在体系结构

环境行政法律责任规范的外在体系结构是指环境行政法律责任的规范在形式上应当呈现的结构。依据前述两节的论述，理想状态的环境行政法律责任规范的外在体系结构应当在理论上满足外在体系的要素要求、以外在体系的体系效益为目标，解决目前环境行政法律责任规范外在体系缺失导致的问题，满足环境行政法律责任规范的外在体系理论完善要求。完善环境行政法律责任规范的外在体系，首先应当对我国目前的环境行政法律责任规范的实然结构有明确认识，因为本节在逻辑上分为两节，先描述实然结构，再提出环境行政法律责任规范的外在体系应然结构。

一、环境行政法律责任规范的外在体系实然结构

虽然法律原则是内在体系的显性表达方式，同时作为法的要素规定在法律文本中，对于法律规则的制定和适用均有影响，具有"沟通"作用，故此部分在分析目前环境行政法律责任规范类型时一并予以讨论。

为了对环境保护法律规范中的行政法律责任条款类型进行分类，本书对目前存在的几种条款的内涵进行提炼，在使用这些概念前先明确几个概念的内涵。"基本原则"条款是指法律文本中以"基本原则"形式出现，具有一定抽象意义和内涵的法律条款类型。"一般性责任/义务规则"条款是

指在法律文本中对某一类主体提出的、以规定其一般性法律责任[①]或倡导其自觉履行相关法律义务[②]为内容的条款。"具体规则"条款是指具体规定了行为类型和法律后果,具有直接适用性的法律责任条款。"一般性责任/义务规则"条款与"具体规则"条款的区别在于,前者不具有直接适用的可能性,目的仅是做一般性宣示,为具体规则的设定提供相应基础。

目前的环境法律规范中法律责任的条款结构有以下几种类型:第一类,"基本原则"+"一般性责任/义务规则"+"具体规则"的结构。这种类型以《环境保护法》为典型代表,其中第5条规定了"损害担责"的基本原则,第6条规定了相关主体的一般性权利义务,而后在第六章中规定了具体的环境行政法律责任条款。有相似外在体系结构的单行法还有《固体废物污染环境防治法》[③]《土壤污染防治法》[④]等。第二类,"一般性责任/义务规则"+"具体规则"的结构形式,以《大气污染防治法》为例,其中第7条规定了相关主体的一般性义务,具体的环境行政法律责任条款内容集中于该法第七章。第三类,未规定"基本原则"条款和"一般性责任/义务规则",而直接以"具体规则"形式表现的外在体系结构类型,典型代表有《长江保护法》《森林法》《野生动物保护法》《水土保持法》《水污染防治法》等单行法"法律责任"部分中的环境行政法律责任条款。

就文本分析的结果而言,目前环境行政法律责任规范的外在体系结构

---

① 《固体废物污染环境防治法》(2020年修订)第5条第2款规定:"产生、收集、贮存、运输、利用、处置固体废物的单位和个人,应当采取措施,防止或者减少固体废物对环境的污染,对所造成的环境污染依法承担责任。"《土壤污染防治法》(2018年)第4条第2款规定:"土地使用权人从事土地开发利用活动,企业事业单位和其他生产经营者从事生产经营活动,应当采取有效措施,防止、减少土壤污染,对所造成的土壤污染依法承担责任。"
② 《环境保护法》(2014年修订)第6条第4款规定:"公民应当增强环境保护意识,采取低碳、节俭的生活方式,自觉履行环境保护义务。"
③ 《固体废物污染环境防治法》(2020年修订)第5条第1款规定了污染担责原则;第5条第2款规定了相关主体的一般性责任。
④ 《土壤污染防治法》(2018年)第3条规定了土壤污染防治应当坚持预防为主、保护优先、分类管理、风险管控、污染担责、公众参与的原则;第4条规定了相关主体的一般性责任。

尚未形成较为统一的范式。这种情况导致了一些问题在"基本原则""一般性责任/义务规则"和"具体规则"三个部分中均有体现，且表现既趋同又存在差异。

首先，"基本原则"方面存在立法资源浪费或原则语意不明的情况。例如，《环境保护法》《固体废物污染环境防治法》《土壤污染防治法》分别在"总则"部分规定了有关法律责任的基本原则，以统领整个单行法律规范的法律责任部分。但是从法律体系的角度而言，作为综合性环境基本法，《环境保护法》规定的基本原则适用于所有单行法，因而其他单行法中再次规定法律责任的基本原则在立法技术上无实质意义。同时，从规范表达的角度，目前《固体废物污染环境防治法》《土壤污染防治法》中的"污染担责"与《环境保护法》的"损害担责"原则的关系尚未有权威的解释。若含义相同，则无再次进行规定的必要；若含义不同，则需要进行立法解释予以释明。依据第二章的论述，本书主张通过修正的方式的将《环境保护法》中的法律责任原则表述修改为"环境责任原则"，并通过立法解释的方式确立其地位、明确其与单行法中法律责任原则的关系。

其次，"一般性责任/义务规则"存在立法重复而浪费立法资源的情况。"一般性责任/义务规则"在功能上是对某类主体的义务进行一个概括性的规定，具有兜底或倡导作用。《环境保护法》第6条[①]规定的一切单位和个人、企事业单位和其他生产经营者以及公民的环境义务及其种类已经覆盖了单行法中对于特定行为的范围，因而无须在单行法中单独设立该条款。而目前的情况是，《大气污染防治法》第7条直接重复了《环境保护法》第6条第3款和第4款的内容，仅将适用范围限缩至"大气污染"和"大气环境保护"。

最后，经过对法律文本的分析，"具体规则"部分的内容呈现出的问题

---

① 《环境保护法》（2014年修订）第6条规定："一切单位和个人都有保护环境的义务。地方各级人民政府应当对本行政区域的环境质量负责。企业事业单位和其他生产经营者应当防止、减少环境污染和生态破坏，对所造成的损害依法承担责任。公民应当增强环境保护意识，采取低碳、节俭的生活方式，自觉履行环境保护义务。"

主要表现为以下几种：（1）"具体规则"的抽象度不够，单行法中的一些重复性规则可以抽象为"一般规则"规定在综合性环境基本法中。以代履行制度[①]为例，目前的环境保护法律规范中使用代为恢复、代为处置、代为治理、代为拆除、代为补种、代为履行、代为清理、代为捕回等称谓，实质规定代履行制度的内容涵盖了污染防治法、自然资源法。具体称谓的不同仅表示代履行制度在单行法中针对不同的特定行为或对象而适用，并不改变这些具体条款内容可以抽象为代履行制度的实质。代履行制度进行立法抽象作为"一般规则"作出规定后，可以节省单行法的立法资源。（2）下位法规则对上位法规则或其他成型制度的重复立法。以公益诉讼制度为例，《环境保护法》（2014年）第58条规定了以社会组织为原告的环境民事公益诉讼制度，之后通过《民事诉讼法》《行政诉讼法》和相关司法解释[②]建立了完善的环境公益诉讼制度。即便《固体废物污染环境防治法》（2020年修订）第121条[③]和《土壤污染防治法》（2018年）第97条[④]较《环境保护法》（2014年修订）第58条而言规定了完整的环境公益诉讼制度，从立法技术的角度看，具体个案中可直接适用公益诉讼制度的相关规范，在各单行立法中的规定并无必要。相似情况还有《固体废物污染环境防治法》（2020年修订）

[①] 这里使用的代履行制度概念泛指由第三方基于相关主体的委托代替责任人履行相关环境保护治理或者恢复义务的一种责任履行制度。

[②] 《最高人民法院关于审理环境民事公益诉讼案件适用法律若干问题的解释》（法释〔2015〕1号）、《最高人民法院、最高人民检察院关于检察公益诉讼案件适用法律若干问题的解释》（法释〔2018〕6号），这两个司法解释均于2020年12月29日被修改，与《民法典》相关规定保持体系一致。

[③] 《固体废物污染环境防治法》（2020年修订）第121条规定："固体废物污染环境、破坏生态，损害国家利益、社会公共利益的，有关机关和组织可以依照《中华人民共和国环境保护法》、《中华人民共和国民事诉讼法》、《中华人民共和国行政诉讼法》等法律的规定向人民法院提起诉讼。"

[④] 《土壤污染防治法》（2018年）第97条规定："污染土壤损害国家利益、社会公共利益的，有关机关和组织可以依照《中华人民共和国环境保护法》《中华人民共和国民事诉讼法》《中华人民共和国行政诉讼法》等法律的规定向人民法院提起诉讼。"

第122条第1款①对生态环境损害赔偿磋商制度的"复现"。而《长江保护法》（2021年）第93条第2款②规定长江保护的生态环境损害赔偿制度，但是也在可以提起诉讼的主体类型方面进行了"扩容"，造成上位法与具体法律制度的不统一，可能会给司法实践造成一定困扰。有些仅有"具体规则"外观，而性质却不属于该类规则的条款规定在单行法的"法律责任"部分，产生了条款类型的名不副实。较为典型的就是法律责任的转致条款。一类是环境行政法律责任与其他类型法律责任之间的转致，包括民事责任的转致条款③和刑事责任的转致条款④；另一类是行政法律责任的转致，包括治安管理处罚责任的转致⑤、环境行政法律责任之间的转致⑥、与其他行政法律责任的转致⑦。这些转致条款在内容上属于法律责任的条款内容，但是却没有像"具体规则"一样具有直接的适用性，因此不应该被"混淆"在"具体规则"中。

因此，目前环境行政法律责任规范尚未形成统一的外在体系结构，但就文本分析而言，亦呈现出一定特点："基本原则"条款的称谓和内涵未

---

① 《固体废物污染环境防治法》（2020年修订）第122条第1款规定："固体废物污染环境、破坏生态给国家造成重大损失的，由设区的市级以上地方人民政府或者其指定的部门、机构组织与造成环境污染和生态破坏的单位和其他生产经营者进行磋商，要求其承担损害赔偿责任；磋商未达成一致的，可以向人民法院提起诉讼。"

② 《长江保护法》（2021年）第93条第2款规定："违反国家规定造成长江流域生态环境损害的，国家规定的机关或者法律规定的组织有权请求侵权人承担修复责任、赔偿损失和有关费用。"

③ 如《环境保护法》（2014年修订）第64条；《固体废物污染环境防治法》（2020年修订）第123条；《长江保护法》（2021年）第93条等。

④ 如《环境保护法》（2014年修订）第69条；《固体废物污染环境防治法》（2020年修订）第123条；《长江保护法》（2021年）第94条；《土壤污染防治法》（2018年）第98条等。此外，《野生动物保护法》中也出现在特定类型违法行为的具体责任条款中以"构成犯罪的，依法追究刑事责任"的形式在行政法律责任后规定刑事责任转致的条款类型，如《野生动物保护法》（2022年修订）第45、47—50、52、53、55—60条。

⑤ 如《固体废物污染环境防治法》（2020年修订）第123条；《土壤污染防治法》（2018年）第98条等。

⑥ 如《长江保护法》（2021年）第92条。

⑦ 如《野生动物保护法》（2022年修订）第54条。

统一，且未通过立法解释或学理研究的方式确定这些条款适用上的联结性；"一般性责任/义务规则"过于单薄而导致作用极小；"具体规则"过于具体、内容不够纯粹、尚未形成相互关联的逻辑体系。依据这些条款是否可以在个案中发挥作用为标准，可以将目前环境行政法律责任规范形成的外在体系结构概括为：以"基本原则"条款和"具体规则"条款为内容的"双层"金字塔①结构。这种模式下"一般性责任/义务规则"的作用可以忽略不计，缺乏了"基本原则"与"具体规则"之间过渡的桥梁，以至于在个案中适用"具体规则"毫无弹性，只能面临要么无法可依，要么僵硬适法的情况。同时，在尚未建构环境行政法律责任规范内在体系的前提下，"基本原则"条款的适用无法形成互动格局。

二、环境行政法律责任规范的外在体系应然结构

（一）建立"三层金字塔"模型的外在体系结构

如前所述，目前我国的环境行政法律责任规范呈现"双层"金字塔结构：即以"基本原则"条款和"具体规则"条款为主，"一般性责任/义务规则"内容过于单薄可以忽略不计。而在"双层"金字塔结构中，"基本原则"条款以单个的环境责任原则条款呈现，而具体规则彼此之间又不存在学理意义上的严密逻辑结构，因而也只是形式上的"双层"模式。

就理论上外在体系的规范类型而言，抽象法理念指导下的弹性条款是较为理想的外在体系条款类型，即规范类型表现为"一般条款"和"固定要件条款"的结合。"一般条款"可以确保法律规范的"条款弹性"；"固定要件条款"维持了"条款适用性"。在这个语境下"一般条款"与"固定要件条款"的主要区别在于其是否具有直接适用性。这些理论类型与目前我

---

① 由于一般性责任/义务条款的数量及其作用极小，故从实际效果看，将此种情况定义为"双层"金字塔结构。

国的环境行政法律责任条款类型相对应,(广义)"一般条款"对应为"基本原则"条款和"一般性责任/义务规则","固定要件条款"则对应"具体规则"。

综合前述几节的论述,环境行政法律责任规范的外在体系实然结构应当是"三层金字塔"的模式,其在内容上包括:(1)基本原则条款,其在内容上体现内在体系,在形式上表现为常见的单行法中的基本原则,在作用上指导其他责任条款的制定与适用,使环境行政法律责任的内在体系和外在体系实现"联动"。就条款的类型而言,其抽象性最高,一般情况是指导条款的制定,以使内在体系蕴含的理念、价值、目的等外显。但是在特殊情况下,也具有适用性,可以直接适用于个案。(2)一般条款。如前所述,"基本原则"条款和"一般性责任/义务规则"都属于(广义)"一般条款"的具体类型。这里使用的狭义的"一般条款"是指抽象性较"基本原则"条款低,但规定了法律责任的一般性或综合性内容,而不具有直接适用性的条款类型。依据此含义,"狭义的一般条款"排除了"基本原则"条款,但是范围又比前述的"一般性责任/义务规则"的范围广。为论述方便,下文若无特别说明,适用的"一般条款"概念都是指此处定义的狭义上的一般条款。基于其性质,"一般条款"的内容不仅限于"一般性责任/义务规则",具有一定抽象性、适用于特定类型行为或规定一类事项或统领一类制度的条款都属于"一般条款"。就目前的环境行政法律责任规范而言,"一般条款"的设置极为匮乏。(3)"具体规则"条款,在内容上体现为规定了具体违法行为的形态,以及相应法律责任后果的条款。这类条款在目前环境行政法律责任规范中的占比最大,但是条款之间存在前述的因立法技术不足导致的问题。

这个"三层金字塔"模型,依据条款的抽象性,其在结构上从上到下依次为:基本原则条款、一般条款和具体规则条款;在作用上:抽象性高的条款对下一位阶的条款有指导作用;在适用上:先适用顺序上呈倒序特征,即先适用具体规则条款,没有相应规定适用一般条款,以此类推。

（二）"一般条款"的建构

由于三类条款的作用不同，其建构重点也有所区别，其中"基本原则"条款由立法机关基于内在体系的要求作出规定，这部分条款主要体现的是内在体系的外显问题，重点在于对内在体系内容的识别；"具体规则"条款涉及对违法行为及其结果的确定问题，具有极强的针对性，如何制定一项细致的立法工作，就需要在单行法的制定过程中，依据实际需要、结合法的特性进行论证。制定这类规则的重点是立法上对于需要进行惩罚的违法行为所作的立法决断，如食用野生动物是否应当追究责任的问题。这两类条款在目前的环境行政法律责任规范中均有规定，相对而言，较为缺乏的条款类型是"一般条款"。因此，除对基本原则条款的调整和体系化建构、在单行法中解决具体规则的设置外，环境行政法律责任规范的"一般条款"群设置是环境行政法律责任规范外在体系应然结构的完善重点。

1. "一般条款"的种类

如前所述，狭义上的"一般条款"是指抽象性较基本原则条款低，具有相对抽象性，适用于一类行为或者统领一类制度的条款。就目前的环境行政法律责任规范而言，"一般性责任/义务规则"就是"一般条款"。但是对规范性文本进行实证分析后，目前有关环境行政法律责任规范中的"一般条款"极为匮乏。从促进环境行政法律责任规范完善的角度出发，应当完善"一般条款"的种类。

依据责任过程理念指导下确立环境责任原则的"二元"结构，环境行政法律责任规范可以分为责任认定规范和责任承担规范两类。相应的"一般条款"可以分为责任认定一般条款和责任承担一般条款。前者如环境行政法律责任的构成要件一般条款、环境行政法律责任能力的一般条款、环境行政法律责任免除的一般条款等内容。就环境行政法律责任免除的一般条款较为典型的是"轻微环境行政违法行为不处罚"规定。这项制度源于环境行政执法实践，依据政策需要和地方的生态环境执法实践，生态环境部于2019年颁布了《关于进一步规范适用环境行政处罚自由裁量权的指导意见》（环执法〔2019〕42号）规定了三项可以免予处罚的环境违法行为类型，随后山东省、上海市、安徽省、江西省等先后颁布了类似的意见明确规定免予处罚的情形。《行政处罚法》（2021年修订）吸收了这个规定。基于此类情况，这个规范中规定的相关内容应当在环境行政法律责任的一般条款中予以明确，并且依据实际情况明确"初次违法"的认定标准、"危害后果轻微并及时改正"的认定标准等[①]内容。责任承担的一般条款则主要是指实践中或者理论上可以被提炼的用以实现环境行政目标的环境行政法律责任承担方式的一般条款。

虽然同属于环境行政法律责任规范的一般条款，但是责任认定一般条款和责任承担一般条款存在较大区别：首先，责任认定一般条款在本质上属于对是否处罚的认定，基于此侵益性，一般由立法机关予以规定，因而具有较强的规范性特征；责任承担一般条款的目的是更好地实现环境法目的，救济生态（环境）利益，实现环境行政目标，可以由环境行政机关基于实际情况进行调整和创设，因而具有一定的功能性特征。其次，责任认定一般条款应当由立法规定，行政机关的提炼归纳不应进行实质性的修改；责任承担一般条款可以由行政机关依据实际情况、根据特定的法理进行创设，该类条款的设置不仅仅是立法技术问题。

除上述分类外，依据形成的基础不同，"一般条款"分为技术性一般条款和价值性一般条款，前者是指以提炼具体规则的普遍适用要素为内容的一般条款，后者是以落实内在体系为目标，实现体系融贯为目标的一般条款。

因此，在环境行政法律责任规范的外在体系完善中，责任承担一般条款的设置是重点。

---

① 参见王炜：《重磅解读|新行政处罚法将对生态环境监管执法产生哪些重大影响？》，载中国环境网，https://res.cenews.com.cn/h5/news.html?id=149474，最后访问日期：2023年10月19日。

2. 制定"一般条款"的方法论

环境行政法律责任规范的一般条款制定应当采取以规范主义为主，适当功能主义的方法论。其中，责任认定一般规则坚持严格的规范主义，由立法机关确定环境行政法律责任认定的一般规则，处理好环境法与行政法的关系，充分尊重法学理论并体现环境行政法律责任的特色。责任承担的一般规则应采纳适度的功能主义理念，由立法机关对环境行政机关进行灵活责任承担方式创新进行适度授权后，允许行政机关依据环境行政实践的需求、在不违背法理的情况下进行创设。总体而言，就环境行政法律责任规范一般条款的设置运用了责任过程理念和适度功能理念。

3. 充分认识"一般条款"的作用

相较于作为内在体系外显形式的"基本原则"条款的抽象性，作为外在体系最直观体现的"具体规则"条款的较强适用性，也是外在体系的规范类型之一，"一般条款"的适度抽象性使其在一定程度上起到了"联结"内在体系和外在体系的作用，即保证了环境行政法律责任规范的体系融贯性。依据前述的责任认定一般条款和责任承担一般条款的分类，尤其是责任承担一般条款起到了更重要的体系融贯作用。

4. 构思"一般条款"的体现方式

环境行政法律责任规范的"一般条款"属于环境法律"一般条款"的一类，其在法律规范中的体现取决于其所处于的法律规范的类型，即因生态环境法典、综合性环境保护基本法还是单行环境法有其特定的作用范围，所以选择不同的立法模式，对"一般条款"的形式选择有差别。

综上所述，环境行政法律责任规范的外在体系应然结构是"三层金字塔"结构。这个结构在内容上包括"基本原则"条款、"一般条款"和"具体规则"条款。在作用上：抽象性高的条款对下一位阶的条款有指导作用；在适用上：先适用顺序上呈倒序特征。在这个结构中，环境行政法律责任规范的"一般条款"建构是重点，而"一般条款"中的责任承担一般条款是重点。责任承担的一般条款在建构方法上采纳适度的功能主义理念，立法机关对环境行政机关进行灵活责任承担方式创新予以适度授权，由环境行政机关依据实际需求，在不违反法理的基础上进行创制。责任承担的一般条款在作用上起到融贯环境行政法律责任规范的内在体系和外在体系的作用。责任承担的一般条款目前在立法上尚属空白，其核心要点、建构可能性等将在第四章进行论述。同时，基于"一般条款"对于环境行政法律责任规范体系化的重要作用，其在立法上选择的体现方式建议将在第五章进行论述。

本 章 小 节

环境行政法律责任规范的外在体系完善是依据建构外在体系的理论、结合环境法的相关特征以使规范形成逻辑一致规范文本的过程。基于外在体系的特征,环境行政法律责任规范已经存在外在体系;但是结合理论研究与实践情况,环境行政法律责任规范的外在体系存在不足,因此本章以"完善"为目的讨论相关内容。

环境行政法律责任规范外在体系的完善首先应当明确外在体系的要素和效益。两者构成环境行政法律责任规范外在体系完善的理论基础。外在体系的要素包括法律概念和法律规则。法律概念作为最小单位的"细胞",其起到了价值宣示作用,而这个作用要求法律概念可以依据抽象性的不同确立概念层次而形成"概念金字塔"。对法律规则而言,在三类理念指导下确立的三种规则类型,或过于具体,或过于抽象,或中和了前两者的特征。在外在体系建构过程中具体选择哪一类法律规则不是一概而论,需要依据具体的情况进行适当的选择。

外在体系的效益,是指通过建构外在体系所能获得的效果和利益。外在体系的形式理性赋予了其形式方面的效益,此外还有深层效益,包括:消除矛盾、激发法律规范的"生命"。同时外在体系的建构能够保证规范的"纯净性",并有助于实现法学教育的目标。

环境行政法律责任规范外在体系的理论完善需要满足的双重要求包括:融合行政法律责任理论和环境法要求、化解法律政策对外在体系的消解。对于实现第一个要求应当对行政处罚目的、行政处罚要件、行政处罚原则进行继承与革新；对行政处罚的类型和责任方式进行创新。

目前环境行政法律责任规范尚未形成统一的外在体系结构，但就文本分析而言，呈现出一定特点："基本原则"条款的称谓和内涵未统一，且未通过立法解释或学理研究的方式确定这些条款适用上的联结性；"一般性责任/义务规则"过于单薄而导致作用极小；"具体规则"过于具体、内容不够纯粹、尚未形成相互关联的逻辑体系。依据这些条款是否可以在个案中发挥作用为标准，可以将目前环境行政法律责任规范形成的外在体系结构概括为：以"基本原则"条款和"具体规则"条款为内容的"双层"金字塔结构。这种模式下"一般性责任/义务规则"的作用可以忽略不计，缺乏了"基本原则"与"具体规则"之间过渡的桥梁，以至于在个案中适用"具体规则"毫无弹性，只能面临要么无法可依，要么僵硬适法的情况。同时，在尚未建构环境行政法律责任规范内在体系的前提下，"基本原则"条款的适用形成互动格局。

环境行政法律责任规范的外在体系应然结构应当是"三层金字塔"结构。这个模型在内容上包括"基本原则"条款、"一般条款"和"具体规则"条款。在作用上：抽象性高的条款对下一位阶的条款有指导作用；在适用上：先后适用顺序上呈倒序特征。依据目前的条款问题而言，环境行政法律责任规范外在体系中的"一般条款"建构是重点，而"一般条款"中的责任承担一般条款是重点。责任承担的一般条款在建构方法上采纳适度的功能主义理念，立法机关对环境行政机关进行灵活责任承担方式创新予以适度授权，由环境行政机关依据实际需求，在不违反法理的基础上进行创制。责任承担的一般条款在作用上起到融贯环境行政法律责任规范内在体系和外在体系的作用。责任承担一般条款的核心要点、建构可能性，以及立法上对于"一般条款"的规定模式需要进一步进行研究。

第四章

环境行政法律责任规范的体系融贯

本书讨论语境中的法律体系分为内在体系和外在体系，二者是独立且又相互联系的统一整体。二者的独立性主要是指二者有不同的理论基础、建构（完善）要求和结构，这一点已经在第二章和第三章分别进行阐述。二者的相互联系是指二者协同作用于整个法律体系，这种协同作用在学理上被称为"融贯"。因此，为了实现环境行政法律责任规范的体系化，仅仅建构规范的内在体系和完善规范的外在体系并未完成全部工作，还要通过特定的方式实现环境行政法律责任规范内在体系和外在体系的融贯。因此，本章将以环境行政法律责任规范的体系融贯作为讨论内容。

　　首先，需要明确法理意义上的融贯是什么，此处讨论的融贯意指为何；在此基础上讨论融贯的要求，以及环境行政法律责任规范的体系融贯如何实现。这些构成了第一节的内容。其次，在对环境行政法律责任体系融贯的方式有了清晰认识后，将在本章的第二节和第三节分别讨论和介绍可以用来促进环境行政法律责任规范体系融贯的国内实践和国际经验，以期将其提炼为"一般条款"+特定制度的模式，服务于我国环境行政法律责任规范的体系化。

第一节 ▍ 环境行政法律责任规范体系融贯的内涵和方式

一、法律规范的体系融贯内涵和方式

（一）法律规范的体系融贯内涵

"融贯或融贯性（coherence）"一词的中译最早来自我国台湾地区的学者颜厥安。[①]我国学者对法律融贯的研究重点分为两个阶段：第一个阶段集中在抽象层面上介绍国外相关研究和国内法律推理方面对于融贯的运用；[②]第二个阶段重视法律体系方面的融贯，并反思我国法律体系化方面对于融贯理论的借鉴和运用[③]。国外学者对于融贯的研究深入丰富[④]，由于这些内容

[①] 参见侯学勇：《法律论证的融贯性研究》，山东大学2009年博士学位论文，第130页。
[②] 参见蔡琳：《法律论证中的融贯论》，载《法制与社会发展》2006年第2期；蔡琳：《融贯论的可能性与限度——作为追求法官论证合理性的适当态度和方法》，载《法律科学》2008年第3期；侯学勇：《从法律规范的可反驳性到法律知识的不确定性——法律论证中融贯论的必要性》，载《内蒙古社会科学（汉文版）》2008年第1期；侯学勇：《融贯论在法律论证中的作用》，载《华东政法大学学报》2008年第4期；侯学勇：《融贯性论证的整体性面向》，载《政法论丛》2009年第2期；魏胜强：《融贯性论证与司法裁判的和谐》，载《法学论坛》2007年第3期。
[③] 参见戚建刚：《"融贯论"下的行政紧急权力制约理论之新发展》，载《政治与法律》2010年第10期；王锴：《宪法解释的融贯性》，载《当代法学》2012年第1期；雷磊：《融贯性与法律体系的建构——兼论当代中国法律体系的融贯化》，载《法学家》2012年第2期；方新军：《内在体系外显与民法典体系融贯性的实现 对〈民法总则〉基本原则规定的评论》，载《中外法学》2017年第3期；祝捷、杜晞瑜：《论监察法规与中国规范体系的融贯》，载《上海政法学院学报》2020年第3期。
[④] 例如，麦考密克对于规范性融贯（normative coherence）与描述型融贯（narrative coherence）的研究，See Neil MacCormick, Coherence in Legal Justification, in: Moral Theory and Legal Reasoning,（下转

与本书内容关系不大，因而此处无意对这些理论内容进行介绍，而重点阐述融贯的内涵及其重要意义。

融贯并不是法律体系的固有概念要素①，但是融贯却是法律用以支持法治社会良好运作的极为重要的上层建筑品质。原因主要是融贯本身所具有的特征对于法律产生的重要价值。从法学领域对于融贯的研究来看，融贯可以在法律推理和法律体系两个语境中进行讨论。②法律推理阶段中对融贯的研究是动态的，目的是为实现法律推理的逻辑连贯性和价值一致性；相较而言，法律体系融贯的内涵更加丰富，包括三个层面的内容：法律规范的连贯性、体系的融贯以及理念的融贯。这三个层次的内容逐层递进，包含的层次越多，法律体系的融贯性就越强。③在整体意义上，法律体系的融贯不仅以静态方面的规范连贯（包括部门法内部及部门法之间；部门法与宪法等法律体系的规范连贯等问题）为目标，而且还追求抽象层面上的价值融贯（包括公法与私法；法律与政治、道德的冲突与协调等）。法律体系融贯和法律推理融贯的关系：法律体系的融贯范围更广，其具有方法论指导意义；而囿于适用场景的限制，法律推理的融贯可以看作是法律体系融

（上接）Garland Publishing,Inc.1998；佩茨尼克对于融贯具体标准的论述，参见［瑞典］亚历山大·佩茨尼克：《法律科学：作为法律知识和法律渊源的法律学说》，桂晓伟译，武汉大学出版社2009年版，第208页。苏珊·哈克、哈贝马斯、拉兹、哈特、德沃金等对融贯的研究均构成了对融贯理论体系的巨大贡献。参见宋保振：《法律解释方法的融贯运作及其规则——以最高院"指导案例32号"为切入点》，载《法律科学》2016年第3期；王彬：《论法律解释的融贯性——评德沃金的法律真理观》，载《法制与社会发展》2007年第5期；侯学勇：《主体立场上的法律融贯与理性重构——基于巴尔金理论的理解》，载《浙江社会科学》2019年第1期；［英］马克西米利安·德奥·马尔：《融贯性在法律推理理论中的作用与价值》，邢焱鹏译，方新军校，载《苏州大学学报（法学版）》2020年第3期。

① 参见雷磊：《融贯性与法律体系的建构——兼论当代中国法律体系的融贯化》，载《法学家》2012年第2期。

② See Leonor Moral Soriano, *A Modest Notion of Coherence in Legal Reasoning: A Model for the European Court of Justice*, 2003,16 Ratio Juris.pp.296-323.

③ 参见雷磊：《融贯性与法律体系的建构——兼论当代中国法律体系的融贯化》，载《法学家》2012年第2期。

第四章　环境行政法律责任规范的体系融贯

贯在推理过程中的具体适用；但是两者对于价值一致和逻辑连贯的追求都彰显了融贯对于法律的重要作用。

本书讨论的融贯是法律体系意义上的融贯。融贯性的消极方面要求规范无逻辑矛盾；而积极方面要求体系要素的积极关联。①简言之，融贯性的消极要求对应外在体系融贯；而融贯性的积极方面对应内在体系以及内在体系和外在体系两方面的融贯。因此，融贯性要求内在体系和外在体系"各司其职"又"关联互动"。内在体系是"实质性的序位秩序、价值体系"②；外在体系是体现内在秩序的形式理性表达方式，是依形式逻辑规则建构的抽象概念体系③，是内在体系的载体④。在功能技术上，内在体系决定法的价值取向，使法律保持足够的开放性及内容续造性，以保证实现法的实质理性；外在体系保证规范体系的严密逻辑，使法律实现统一性和规范性，以满足法的形式理性追求。一个完整的法律体系应当兼顾内在体系和外在体系，追求形式理性和实质理性统一，以成为"逻辑和价值双重意义上的统一体"⑤。

基于融贯性要求的两个方面，单独完善外在体系可以实现法律体系融贯性的消极方面要求；单独建构内在体系可以实现融贯性积极方面要求的一部分；而基于融贯性要求和两个体系的相互联系，单独进行内在体系建构或者外在体系完善都无法实现法律体系的融贯。若仅对内在体系进行重构，基于内在体系的"隐性"特征，其变化无法在外在体系中直接体现，继而会导致如前文所述的内在理念、价值或者目标的变化无法被落实的情况；在理想状态下，外在体系的完善必定是在内在体系变化的指导下进行

---

① 参见雷磊：《融贯性与法律体系的建构——兼论当代中国法律体系的融贯化》，载《法学家》2012年第2期。
② ［德］魏德士：《法理学》，吴越、丁晓春译，法律出版社2005年版，第321页。
③ 参见［德］卡尔·拉伦茨：《法学方法论》，陈爱娥译，商务印书馆2003年版，第318、355页。
④ 参见朱岩：《社会基础变迁与民法双重体系建构》，载《中国社会科学》2010年第6期。
⑤ 梁迎修：《方法论视野中的法律体系与体系思维》，载《政法论坛》2008年第1期。

的活动，若出现外在体系单独改变的情况，就会出现两个体系相互脱节，导致法律体系紊乱。因此为了实现法律体系的融贯，除了对内在体系和外在体系进行解构和重建，实现其各自内部的融贯，还需要对二者之间的融贯进行单独建构。

内在体系内容的变化与重新识别对外在体系的结构造成挑战。[1]内在体系内容的重释是外在体系的建构不得不考量的因素。这种既满足二者各自要求，同时又实现二者融贯互动需要借助特定的编纂技术[2]予以实现。

综上所述，虽然融贯不是法律体系的固有要素，但却是一个良好法律体系的必要品质。法律体系的融贯有不同的理解，就内涵而言包括法律规范的连贯性、体系的融贯以及理念的融贯三个方面；就范围而言包括内在体系的融贯（价值一致）、外在体系的融贯（逻辑一致）与内在体系和外在体系的融贯（逻辑和价值双重统一），其中前两者分别是内在体系建构和外在体系完善应当实现的目标。内在体系和外在体系的融贯互动构成了法律体系融贯较为重要的内容之一，实现法律体系的融贯需要二者协同解构、建构（完善），单独一方面的建构（完善）都无法实现法律体系的融贯。法律体系的融贯需要通过特定的立法技术实现。

（二）法律规范的体系融贯方式

法律体系的融贯需要通过特定的立法技术实现。如前所述，法律体系的融贯包括三个部分：内在体系的融贯、外在体系的融贯，以及内在体系和外在体系的融贯。三个部分的融贯性可以分别进行阐述。

第一，内在体系融贯的实现方式通过原则的列举、价值排序、具体化和动态体系化等方式来实现。如前所述，基本原则是内在体系的外显方式，

---

[1] 参见朱岩：《社会基础变迁与民法双重体系建构》，载《中国社会科学》2010年第6期。
[2] 参见方新军：《融贯民法典外在体系和内在体系的编纂技术》，载《法制与社会发展》2019年第2期。

通过基本原则的方式将内在体系固定并表述出来是厘清内在体系内容的第一步。第二，通过对基本原则进行排序的方式对内在体系的内容进行价值判断。一般而言，原则的三种排序方式分别是：（1）在具体的条文中明确表述哪一个原则居于更加优先的地位；（2）在正式的条文表述之前设置一个类似序言的部分，在该部分对原则的列举理由和相互之间的排序进行说明；（3）对表述原则的条文按照立法者认定的价值位阶进行排序。① 第三，基于基本原则的抽象性，对其进行适度具体化，限缩其内涵及适用范围，赋予其较为确定的内容。第四，基本原则的动态体系化，以强调多种理念的协同作用。② 这些方面共同构成了内在体系融贯的方法论体系。

外在体系的融贯实现方式主要是立足于外在体系建构的要素和基础。如法律概念的一致和层次性；法律规范的层级建构等内容。这些都属于立法技术方面的要求。外在体系融贯方法在价值方面的需求应当与法律体系融贯的第三个层面，即外在体系和内在体系融贯，协同考虑。

内在体系和外在体系融贯的方法需要基于融贯的目标进行确定。如前所述，内在体系和外在体系融贯的目标是指内在体系实现法的实质理性、外在体系满足法的形式理性、同时二者之间具有逻辑一致性且价值融通。在具体适用时，将内在体系和外在体系简化为"原则—规则"的关系较容易厘清二者的关系：规则是直接适用于具体行为的"决定性理由"，而原则在适用于具体行为时由于不能直接对特定行为给出明确的决定，因而是"起作用的理由"。③ "决定性理由"以全有或者全无的方式发生作用；"起作用的理由"在适用中发挥作用的表现区别在于程度，而不具有排除其他"理由"的效果。"起作用的理由"总是被综合运用，且在适应过程中需要

---

① 参见方新军：《内在体系外显与民法典体系融贯性的实现 对〈民法总则〉基本原则规定的评论》，载《中外法学》2017年第3期。

② 参见方新军：《内在体系外显与民法典体系融贯性的实现 对〈民法总则〉基本原则规定的评论》，载《中外法学》2017年第3期。

③ 参见侯学勇、郑宏雁：《当代西方法学中的融贯论》，载《法学方法》2014年第2期。

考虑其他隐性的价值、理念、政策等，这也正是内在体系发挥作用的方式；"决定性理由"是被直接适用的，例外情形需要有直接规定或者充分的理由予以说明。如这种起说明理由作用的例外情形通常以"一般条款"的形式规定在法律中，如《行政处罚法》第30—33条规定的从轻或者减轻行政处罚和不予行政处罚的规定，《民法典》第180—182条规定的不可抗力、正当防卫、紧急避免而不承担民事责任的规定等。因此，内在体系与外在体系融贯的方式除外在体系的规则直接受到内在体系的指导制定外，还包括以"一般条款"形式出现的例外规定作为法律条款的一种类型在实践中发挥作用。

结合前一章所述，这里对例外规则进行规定的条款仅是"一般条款"的一种类型。这类"一般条款"设定了"决定性理由"不予适用的合理情况，是"起作用的理由"综合作用的结果。同时，其在外观上符合外在体系的形式理性要求，规定在法律规范文本中，成为内在体系与外在体系融贯的方式之一。这类条款以法律原则条款为依据，在形式上具有外在体系的表现方式，但是这种条款类型丰富了"一般条款"的类型，促使法律体系在规范形式上形成法律原则条款、"一般条款"和"具体规则"条款的规范层级，实现了法律体系的融贯。

综上所述，法律体系的融贯方式也应当从其范围的三个方面进行讨论。其中内在体系的融贯通过原则的列举、价值排序、具体化和动态体系化这四个方面实现；外在体系的融贯要求法律概念的一致和层次性、法律规范的层次化等。外在体系融贯价值层面的方式、内在体系和外在体系的融贯方式可以通过提炼一般条款予以实现。

具体到环境行政法律责任规范中，其体系融贯的方式包括：第一，确立以环境责任原则为核心的价值排序方式，以及以法律原则的动态体系为内容的环境行政法律责任规范的内在体系，其中内在体系的建构方式已经在第二章详细阐述；第二，完善以法律概念内涵明确、逻辑层次丰富，法律规范具有层次性特征的外在体系；第三，提炼技术性一般条款和价值性一般条款，尤其是价值性一般条款，使之成为联结环境行政法律责任规范的内在体系和外在体系的工具。

二、环境行政法律责任规范体系融贯的方式

"一般条款"起到融贯内在体系与外在体系的作用，对于落实内在体系的价值、理念并缓解政策化解规范性起到重要作用；同时也为外在体系的适用提供了可解释的空间，赋予具体规则以弹性。这两项功能使得"一般条款"成为环境行政法律责任规范体系融贯的主要方式。

"一般条款"是环境行政法律责任规范外在体系的重要组成部分，其在内容上包括以提炼具体规则中的普遍适用性内容的条款、涉及例外规定的条款等。依据形成的基础不同，"一般条款"分为技术性一般条款和价值性一般条款，前者是指以提炼具体规则的普遍适用要素为内容的一般条款，后者是以落实内在体系为目标，实现体系融贯为目标的一般条款。依据外在体系的要求而应当制定的条款是环境行政法律责任规范外在体系的组成部分。但与此同时，环境行政法律责任规范的外在体系中还应当包括以实现内在体系为目标的、包含价值判断的"一般条款"。本部分主要阐释价值性一般条款的建构方式，以讨论实现环境行政法律责任规范体系融贯的方式。

（一）责任过程理念下的研究路径

法律责任在性质上属于侵益性内容，为了保障其正当性，以《立法法》为代表的法律对法律责任的制定主体和相应的权限作了明确规定。这类规定形成了立法保留，非法定授权主体无权制定法律责任条款，且法律责任的内容及类型具有强规范性。法律规范本身需要具有相应的弹性和位阶，这些内容中不可避免地包含不确定的法律概念，因此细化这些法律责任条款的配套"执行规范"使相应上层位阶法律条款具有适用性，在总体

上构成法律责任的保留内容体系。以行政法律规范为例，其内容上包括法定行政管理职权事项和执行法律或行政法规等规范。执行法律或行政法规等内容的细化规范在行政法律规范体系中具有重要的地位，其中较为典型的就是以"裁量基准"或"统一裁量指导意见"为代表的行政处罚裁量性文件。这些文件在作用上通过细化的标准和效果缩小行政机关的裁量空间，在内容上指向确定行为人的责任及其类型，其绝对的强制力保障了这类条款的规范性。除责任的认定外，由于牵涉法律责任的落实，责任承担也是法律责任内容的重要部分。在具体承担过程中需要考量违法者的实际情况、法律责任落实产生的社会效果等，进行相关责任承担方式的创新。责任承担方式并非立法保留部分，相关机关可以在适用中基于功能主义理念进行创新。在外观上，法律责任形成了责任认定和责任承担的阶段划分；在路径上，责任认定和责任承担分别采用了规范主义和功能主义的路径。

随着实践发展的需求和理论研究的深入，这种截然分开的责任阶段和两种路径逐渐出现了融合趋势。第一，责任认定阶段的功能主义渗入。例如，行政处罚便宜主义的适用，即"尽管行为人之行为已满足违反行政法上义务之要件而具可罚性，然而在个案中仍可放弃对此行为之追究及处罚"。在同为公法的刑法中，对责任的阶段理论研究更为成熟，甚至在对责任阶段的理论思考中发展出了以应罚性和需罚性为划分标准的刑法教义学和刑事政策研究领域[1]。但是随着功能主义刑法的建构，引发了对应罚性与需罚性考量被截然分开且严格遵循先后次序的适用方式的反思，在应罚性考量中纳入需罚性因素[2]以实现刑法的社会功能、回应外部环境[3]成

---

[1] 参见许玉秀：《当代刑法思潮》，中国民主法制出版社2005年版，第89页。
[2] 参见王钰：《功能刑法与责任原则 围绕雅科布斯和罗克辛理论的展开》，载《中外法学》2019年第4期；潘文博：《论责任与量刑的关系》，载《法制与社会发展》2016年第6期。
[3] 参见崔志伟：《刑事司法的"回应型"转向——寻求处罚实质合理性的基点》，载《河北法学》2019年第2期。

为主流观点。在责任认定阶段通过功能主义缓和严格规范主义路径的主张在公法责任中逐渐立足。第二，责任承担阶段的规范主义诉求。责任承担阶段是过程视角中的独立法律责任阶段，其作用主要是落实法律责任、实现法律目的。为了实现法律目的，这一阶段以功能主义为主要导向，在实践中创新了责任承担方式，其面临的问题是如何使这些功能主义导向的制度融入相对规范的框架中。因此，责任承担阶段的规范主义诉求应运而生。

（二）环境行政法律责任的两个阶段与两种路径

法律责任两个阶段划分与两种路径融合的趋势在环境行政法律责任中也有体现。环境行政法律责任认定阶段的功能主义转变主要表现为免予处罚条款的激活。《行政处罚法》（1996年）第27条第2款[①]规定了不予行政处罚的内容，这一内容被《环境保护行政处罚办法》（1999年，已失效）第27条第1款[②]和《环境行政处罚办法》（2010年，已失效）第7条[③]所继承。目前这一规定被收录在《行政处罚法》（2021年）第33条第1款。该条内容并未有裁量细则予以辅助适用。随着对执法成本的审视[④]、维持和激发经济活力、对包容审慎监管理念[⑤]等因素的吸纳，包括环境轻微违法行为免罚在内的"免罚清单"制度[⑥]的确立以加入功能主义考量因素的方

---

① 《行政处罚法》（1996年）第27条第2款规定："违法行为轻微并及时纠正，没有造成危害后果的，不予行政处罚。"
② 《环境保护行政处罚办法》（1999年，已失效）第27条规定："环境保护行政主管部门的负责人经过审议，分别作出如下处理：（一）违法事实不能成立或者违法行为轻微，依法可以不予行政处罚的，不予行政处罚……"
③ 《环境行政处罚办法》（2010年，已失效）第7条规定："违法行为轻微并及时纠正，没有造成危害后果的，不予行政处罚。"
④ 参见程然：《执法成本的经济学分析》，载《市场经济与价格》2015年第12期。
⑤ 参见刘太刚：《从审慎监管到包容审慎监管的学理探析——基于需求溢出理论视角下的风险治理与监管》，载《理论探索》2019年第2期。
⑥ 参见张红：《免予行政处罚制度的现实困境与解决之道》，载《中国司法》2020年第4期。

式对"严格执法、除恶务尽"的严格规范主义责任认定进行了缓和。功能主义在环境行政处罚裁量中的适用主要是考虑到引入法政策学考量和重视该制度的社会职能等因素，如推动优化营商环境、实现法治政府建设[①]等内容，使环境行政处罚实现更多价值并实现更多的功能与目标[②]。较为典型的就是以2019年生态环境部发布的《关于进一步规范适用环境行政处罚自由裁量权的指导意见》[③]为主导，以地方生态环境主管部门及相关部门颁布的裁量清单构成的环境行政轻微违法行为从轻、减轻或者免予处罚制度。以"免罚清单"为例，不予处罚的环境行政违法行为需要满足的三个法定构成要件为：违法行为轻微、及时纠正和没有造成危害后果。具体的裁量清单中细化予以适用的具体违法行为类型，有两种形式：第一种是具体描述且列举违法行为；第二种是以环境保护单行法的具体条款为参照。这些"情节细化"的裁量基准摒弃了对违法行为处罚作为唯一处理方式的做法，而关注环境行政权力运行的总体绩效[④]。在裁量基准建构过程中加入了"行政行为的相关考虑"[⑤]，作用于环境行政违法行为责任确定的环节，因此是在责任认定阶段的严格规范主义路径中注入功能主义考量因素的新做法。

环境行政法律责任承担阶段的功能主义创新可以参照目前环境司法中的创新制度予以建构。由于生态（环境）的公共利益属性，其责任目的融入了受损生态（环境）恢复，因此与传统民事、行政和刑事责任专注利益救济有所区别。在此指引下，生态（环境）损害的司法活动以恢复性司法理念为指引，创设了新的责任承担方式。这种责任承担方式类型随着司法实

---

① 参见《法治政府建设实施纲要（2015—2020年）》（中发〔2015〕36号）。
② 参见王贵松：《行政裁量的构造与审查》，中国人民大学出版社2016年版，第73—74页。
③ 该文件确立了从轻或减轻行政处罚四种类型行为和免予处罚三种行为。
④ 参见宋华琳：《功能主义视角下的行政裁量基准——评周佑勇教授〈行政裁量基准研究〉》，载《法学评论》2016年第3期。
⑤ 张淑芳：《行政行为中相关考虑的价值及基本范畴》，载《政法论坛》2015年第3期。

践的需要逐渐丰富，从"劳务代偿"（或"劳役代偿"）①、"异地补植"等②类型逐渐拓展到"补种复绿""增殖放流"③等举措；从"分期履行"发展到"技改抵扣"；④适用范围从民事案件拓展到刑事案件；参与主体更是多样性，包括法院、检察院、行政机关、社会组织、被告人、基层人民政府或村镇委员会等；除个别适用"劳务代偿"的案件中出于人道主义考虑了行为人经济状况的考虑外，这些创新的责任承担方式几乎都是基于有利于生态（环境）救济与恢复的功能主义路径创设的。这些责任承担方式绝大多数都通过对财产类责任的代替或抵补的形式适用。

目前这些责任承担方式的创新主要集中在司法实践中，且主要适用于环境民事案件和环境刑事案件中。但是某些责任承担方式在环境行政法律责任中的适用更具有合理性：首先，环境行政执法活动本身的特性表明其相较于民事责任和刑事责任更宜适用这些创新的责任承担方式。其次，司法实践中适用这些责任承担方式需要相关环境行政机关的介入，除对责任承担方式履行成果的验收外，还包括方案制订等的监督。这类以功能主义理念为指导创设的责任承担方式应当在环境行政法律责任规范中予以规定。这类一般条款是允许特定机关或者相对人提出以灵活的方式实现环境行政法律责任为内容的价值性规范，其在特定的制度中应当如何规定需要进行

---

① 两种名称的区别主要在于其适用的案件性质不同，其中劳务代偿主要是在民事案件中适用，劳役代偿主要在刑事案件中适用。但是就目前司法实践的情形而言，"劳役代偿"的内涵不尽相同，有的案例中法院将被告人采取的"复植补种"归为劳役代偿的一种，如（2018）闽0723刑初102号；有的案例中将被告人提供环境保护劳务活动抵补损害作为劳役代偿的表现，如（2014）连环公民初字第00002号；有的案件中将被告人张贴环保宣传标语作为劳役代偿的方式，如（2020）鲁0523刑初177号、（2020）鲁0523刑初178号。为了行文方便，本书中采用通说观点使用"劳务代偿"这一术语，泛指实践中存在的行为人使用环境保护类活动或劳动以抵扣赔偿金或罚金的责任承担方式。
② 《最高人民法院工作报告（2016）》中提到"江苏等地法院试行'劳务代偿''异地补植'等责任承担方式，增强环境资源案件审判效果"。
③ 《最高人民法院工作报告（2019）》中提到"探索适用补植复绿、增殖放流等环境修复司法举措"。
④ 《中国环境资源审判》（2019年）。

具体规定。

综上所述，环境行政法律责任体系融贯的方式主要通过"一般条款"的建构实现。依据形成的基础不同，一般条款分为技术性一般条款和价值性一般条款，前者是指以提炼具体规则的普遍适用要素为内容的一般条款，后者是以落实内在体系为目标，实现体系融贯为目标的一般条款。后者对于环境行政法律责任规范的体系融贯具有重要作用。环境行政法律责任体系融贯过程中对价值类一般条款的建构应当考虑责任过程理念和功能主义与规范主义两种道路，使环境行政法律责任既满足立法保留等规范性要求，又能实现社会职能、落实内在体系理念与价值等功能性目标。以"免罚清单"为代表的责任认定阶段的是引入功能考量以优化规范属性的有益尝试；而实践中责任承担方式创新是责任过程理念指导下在责任承担阶段中引入功能主义考量的代表，对其规范性的要求可以从实践中的相关情况结合理论进行讨论，此部分内容将在接下来的两节中分别进行讨论。

第二节 ❘ 我国促进环境行政法律责任规范体系融贯的实践

目前实践中出现了基于功能主义理念而创新的"担责"调整规则，将惩罚违法行为和预防再次发生同样的损害同时作为环境法律责任规范的适用目的。较为典型的就是环境诉讼中适用的"技术改造"。"技术改造"起初是环境法中规定的一项政府职责/企业义务，但是作为倡导性规定并不具有直接适用的可能。环境诉讼中的技术改造是一项以功能主义为导向的制度创新，从司法实践的情况看，其最早是以"技改抵扣"的形式予以适用，但是后来突破其概念范围和适用方式，以技术改造为名在环境诉讼中对法律责任产生影响。

这项责任承担方式源于司法实践，但是基于其本身在法律中的规定以及此项制度适用中的一些特征，将其规定在环境行政法律责任规范中，作为价值性一般条款具有可能性和必要性。本节试以界定"技改抵扣"为基础，以司法实践案例为样本讨论在环境行政法律责任中运用技术改造边界，提炼该制度作为价值性一般条款的要素，以实现该制度在环境行政法律责任规范中发挥体系融贯的作用。

一、技术改造的界定

技术改造最初以"技改抵扣"的方式在环境诉讼中适用，但是随着环境诉讼实践的发展，其逐渐在更宽泛意义上以对法律责任产生影响的方式适用。技术改造并非在环境诉讼中首创,其较早规定在环境保护类法律[①]中。对于技术改造的界定首先要分清法律规定上的技术改造与司法实践中的技术改造的关系。

(一)法律规定中的技术改造

环境保护类法律中的技术改造规定最早出现于1984年《水污染防治法》。截至目前,我国立法历史上包括综合性环境基本法、污染防治法、自然资源法和物质循环与节能法在内共6种环境保护类法律的相关条款规定了技术改造,涉及23个条文、两类主体——政府和企业、四种内容——政府职责、政府支持、企业义务和企业要求。(详见附录1)

就目前有效的法律条款所涉法律类型而言,政府支持类技术改造条款出现在促进型立法[②]中。这类立法以提高资源/能源利用效率为立法目的,因此在法律条款中规定企业的技术改造义务主要以鼓励为主。在资源、能源相关的法律[③]中,政府职责的内容指向政府及其相关部门的职责和对企业技术改造的一般指导义务。在特定环境要素污染防治单行法[④]中,其中涉及的技术改造规定为企业的义务,内容为要求企业通过技术改造控制污染物的排放。

技术改造主要作为企业的一般性义务内容出现,在表述上多采用"应当采取技术改造",或者表现为企业进行技术改造所应当遵守的要求。涉及政府的技术改造条款主要表现为政府一般职责或者政府提供资金支持的形式,在表述上多为"应当指导/要求/推动"和"给予资金支持/加大资金投入"。这些规范均没有对应的法律责任条款。从法律规范的类型上看,涉及技术改

---

① 这里所用的环境保护类法律是一个最宽泛的概念,泛指一切与环境保护内容和目的相关的法律。
② 如《清洁生产促进法》《节约能源法》。
③ 如《矿产资源法》《节约能源法》。
④ 如《水污染防治法》《大气污染防治法》。

造的政府职责和政府支持条款主要是行政事务规范①。这些规范未设定具体的法律责任主要是由于这类规范对应广泛意义上的政治责任。而涉及企业义务和企业要求的条款是指导性规范，目的是为企业提供一定的行为指导，属于命令性较弱的义务规则②。环境法中企业责任主要是由企业违反强制性规范而引发的，因此这类技术改造规则也没有相应的法律责任条款与之对应。

（二）司法实践中的技术改造

环境诉讼实践中的技术改造是在司法实践中创设的"技改抵扣"基础上逐渐发展而来。技改抵扣，又称为环保技改费用抵扣，是指在环境诉讼③中，用责任人污染设备升级或技术改造的投入抵扣一定比例赔偿金的方式履行赔偿义务的责任承担方式。以技术改造对责任主体法律责任有影响为筛选标准，从中国裁判文书网和个别地方法院官网共筛选到13例典型的环境诉讼案例文书④。（详见附录2）

在司法实践语境中，技术改造一词并非指"动宾结构"意义上的行为，而是强调技术改造行为落实之后的优化结果。通过优化的技术改造结果来实现更优环境效果是这项制度的创设初衷。这种责任承担方式虽然已经开始适用，但还尚未形成规范性制度，以至于在司法实践中这种责任承担方式在功能主义驱使下概念范围被逐渐突破。

---

① 参见叶金方：《行政法规范类型初探》，载《人民论坛》2015年第21期。
② 参见张文显主编：《法理学》，高等教育出版社、北京大学出版社2007年版，第120页。
③ 环境诉讼不是一个法律术语，由于司法实践中技术改造适用的环境诉讼类型较多，为方便行文，本书中将此类诉讼统称为环境诉讼，作为本书的讨论场域。
④ 案例搜集时间截至2021年7月12日。个别案例经历了不同的审理程序，有些案例在后续审判程序中坚持了前审法院对技术改造的态度，如（2015）民申字第1366号；有些案例进入二审程序后相关主体提出了技术改造抵扣或者减轻法律责任的诉讼请求，如（2018）苏民终1316号，此处以文书中技术改造对法律责任产生影响的首次出现为有效计数。同时，由于本书选取的一些典型案例中技术改造运用于行政部门履行检察建议的阶段，检察机关提起检察建议是进入司法程序的前序环节，为方便行文，本书将这些案例也统称为环境诉讼实践案例。

第一重突破是技术改造这一概念本身的范围不断扩大。"技改抵扣"在创设之初指向责任人污染设备本身的升级。但目前环境诉讼实践中"技术改造"一词的语意更加广泛,其中"技术"并非普通汉语意义上的技术装备[①];"改造"也并非行为意义上的,而是在结果意义上指向所有改变技术手段或升级设备以适应新形势或需要的优化结果。因此,诉讼实践中的技术改造在内涵上不仅包括污染设备升级、技术改造,也包括生产技术优化,即所有有利于产业技术升级、减少污染产生的内容都囊括在内。

第二重突破是技术改造对法律责任的影响形式呈现多样化。"技改抵扣"中对法律责任的影响仅指抵扣一定的赔偿金数额,而在司法实践中技术改造的适用并非全部体现为对责任人赔偿责任的抵扣,也包括因技术改造而同意责任人分期支付赔偿金、将技术改造作为责任人本身应履行的责任或者将技术改造作为刑事案件量刑因素等多种形式。当然也有法院在确定法律责任时拒绝考量技术改造因素的案例。因此,目前诉讼实践中的技术改造能否在确定法律责任时适用尚未统一;就算得以适用,其适用的类型也远未达到统一标准。

综上所述,法律中规定的技术改造规范不具有强制效力,以鼓励相关主体进行或者指导技术改造为目的。故,法律规范中的技术改造与诉讼实践中的技术改造并无直接关联。但是从鼓励政府和企业进行技术改造的立法意图来看,司法实践中进行适用技术改造的创新也存在一定的合法性基础。技术改造概念的不确定性在一定程度上导致了其在环境诉讼中的适用处于无序状态。为统一用语、明确讨论场域,进入本节讨论语境的技术改造是指在责任人做出改变技术手段、升级设备或进行企业转型等行为并产生优化结果的基础上,相关主体主张、判决或建议基于技术改造结果对法律责任产生影响的一种责任承担方式。

---

① 参见中国社会科学院语言研究所词典编辑室编:《现代汉语词典》(第6版),商务印书馆2012年,第598页。

二、技术改造适用的无序情况及原因

在环境诉讼实践的适用语境中,技术改造一词并非指"动宾结构"意义上的行为,而是追求行为之后的优化结果。通过优化的技术改造结果实现更优环境效果是这项制度的创设初衷。但也正是基于功能主义立场,技术改造在环境诉讼实践适用中处于一种无序状态。这种无序状态体现在主体、对象和程序三个方面。

(一)技术改造适用的主体无序

技术改造在环境诉讼中的适用主体类型多样,依据其在环境诉讼中的角色可以将这些主体分为提出适用主体和决定适用主体。前类主体包括原告(社会组织和政府)、责任人、环境行政公益诉讼中的检察机关(包括行政机关)[①]、环境民事公益诉讼中的检察机关和法院;后类主体则仅指法院[②]。

责任人是最普遍的一类提出适用技术改造的主体。其理由分为两类:第一类是,在环境民事公益诉讼中为技术改造成本高昂,造成企业经营困难,为平衡这种矛盾应当适用技术改造;第二类是,在刑事附带民事环境公益诉讼中将技术改造作为积极悔罪的表现,建议在量刑时予以考虑。

诉讼实践原告提出适用技术改造有两例案件。一例案件中作为原告的社会组织将责任人进行技术改造以停止损害继续发生作为一项诉讼请求;另一例案件中作为原告的政府将责任人进行技术改造作为考虑其资金紧张的前提。

检察机关作为提出适用主体的案件涉及环境行政公益诉讼案件和环境

[①] 环境行政公益诉讼中涉及的主体包括检察机关、行政机关和责任人。但是搜集的案例文书中没有很清晰地介绍行政机关情况的文书,而只能从文书中提取到检察建议之后行政机关配合的情况,故这里结合两类主体与环境行政公益诉讼的制度目的进行分析。

[②] 由于法院同时作为提出主体和适用主体时,两类理由相同,在这种情况下法院作为决定适用主体进行讨论。

民事公益诉讼案件两类。在环境行政公益诉讼中检察机关发出检察建议后，为实现检察建议的内容，责任人在环境行政机关的协助或者督促下进行了技术改造。而在刑事附带民事环境公益诉讼案件中，检察机关在提起附带民事公益诉讼中，以类似环境行政公益诉讼中提起检察建议的方式督促环境行政机关指导责任人进行了技术改造。

法院是决定适用技术改造与否的主体。依据是否同意前述相关主体提出的技术改造适用，可以将决定适用的理由分为支持适用的理由和拒绝适用的理由。支持适用的理由可以依据一定的标准进行分类：（1）调解或和解的案件以双方当事人达成合意为基础；（2）以协调矛盾为出发点，或平衡经济发展与环境保护的矛盾，或平衡执法活动与民生的矛盾，或平衡法律关系主体双方的矛盾；（3）其他角度，包括督促企业转型、实现个案的社会导向作用以及技术改造预防污染。环境诉讼中法院拒绝适用技术改造时阐述的理由有三类，分别为：技术改造是企业应当履行的责任；技术改造并非法定的责任方式；技术改造不能弥补已经造成的环境损害，且赔偿数额不大无须分期。

在环境诉讼中提出或决定适用技术改造的主体多样，且理由也多基于其本身的立场。在环境行政法律责任中适用技术改造作为责任承担方式时应当由哪类主体决定，是这项制度进行规范化首先要解决的问题。

（二）技术改造的对象选择无序

在创设之初，"技改抵扣"针对个案中造成污染的设备。随着对良好环境治理效果的追求或为了影响法律责任，在诉讼实践中技术改造的适用范围逐渐突破污染设备而指向更为多样的对象。这表现为个案中对于适用技术改造的对象范围有大有小，在不考虑主体立场和案件类型的情况下盲目选择适用对象，而这种随意性就会使技术改造的适用结果处于不确定状态。

环境诉讼的技术改造是针对特定对象进行的，一般是造成污染的设备，目的是停止损害或者预防损害产生。但是从搜集到的环境诉讼案例文书中反映的信息看,目前环境诉讼中技术改造的适用对象范围在不断扩大。针对个案中技术改造的指向对象可以做出以下分类:(1)为实现污染物排放达标而对产生污染的设备进行技术改造,这种技术改造针对的是产生污染而导致违法行为的设备,故可称为"案内改造"。(2)针对已进行技术改造且达标的设备/技术或者与本案无关的设备/技术进行进一步的升级改造,故称之为"案外改造"。在具体适用时,案外改造一般与案内改造一并适用。(3)非针对本案当事人,而是要求相关主体对案外普遍存在的违法设备进行改造,使之符合一定标准以避免违法行为产生潜在危害,将此种情况称为"案外普遍改造"。(4)为了实现技术改造对法律责任的影响,要求责任人实现企业转型,这在一定程度上要求责任人承担与污染无直接关系的责任,将之称为"案外企业转型"。从案例情况看,结案方式对技术改造指向对象的选择也有一定影响。

(三)技术改造适用的结果无序

从适用结果看,技术改造能否在环境诉讼中对法律责任产生影响,以及产生影响的类型并未在司法实践中达成共识。依据环境污染和生态破坏产生之后,责任人进行的技术改造是否对法律责任产生影响,将技术改造的适用情况分为"适用"和"不适用"两种。依据技术改造具体对法律责任产生的影响的类型可以将司法实践中的"适用"的情形进行细分。

(1)将已经支出或者未来将产生的技术改造费用在最终确定的赔偿金额中进行抵扣,简称"技术改造抵扣";(2)因技术改造的费用普遍较高,同时进行技术改造和履行赔偿义务的压力较大,为了协调利益,允许责任人在技术改造的基础上,对其应当履行的赔偿义务实行分期支付,简称"技术改造分期";(3)由于责任人的排污设备未正常运行或者设备本身不达标等情况导致污染环境和破坏生态环境,虽然技术改造行为本身未对法律责任产生大小或者方式的影响,但是技术改造行为对本案或者企业后续的发展产生了影响,而将技术改造作为责任人履行责任的一部分,简称

"履行责任本身";(4)在环境刑事附带民事公益诉讼中,将责任人技术改造的情况作为量刑的考量因素,简称"量刑因素";(5)其他,即不能归类为前述四种情况,但是技术改造也确实对相关主体的责任产生一定影响。

(四)技术改造适用现状无序的原因

这种适用无序状态的出现与环境诉讼实践中提出适用技术改造的主体立场关系密切,下面将分别论述。

法院提出适用技术改造的环境诉讼中都以恢复性司法理念为出发点,或以这种做法可以从根本上控制污染源、有利于实现环境法的立法意图、协调经济与环境发展为理由,或以责任人技术改造实现了诉讼外的公益维护,社会导向作用明显为理由[①]。在这种理念指导下,为促成公共政策的形成与落实,法院可能会突破法律规定进行能动创新,也有可能针对案外设备等适用技术改造。

责任人是直接承担法律责任的主体,法律中未将技术改造作为强制性法律义务,因此其在环境诉讼中进行技术改造,并且提出适用技术改造的主要目的是为换取法律责任的"宽容"。因此,责任人是提出适用技术改造的主要主体类型,且其主张基本都为影响责任方式或者责任大小。其中影响责任方式较为典型的是以进行技术改造为由请求分期支付赔偿金;影响责任大小则表现为对赔偿金额的数量或刑事案件量刑产生影响。责任人提出这种请求的立场是为了通过技术改造减轻法律责任或者改变责任方式为企业正常经营争取时间和资源。正是基于此种立场,在其他主体主张适用或者决定适用技术改造时,对于责任人来讲是一种很大的"诱惑",为促成这一结果,也能接受案外改造甚至是案外企业转型等突破个案范围的技术改造对象选择要求;或者是以自身提出案外技术改造等方式为换取企业后续发展的条件。

检察机关在我国环境民事公益诉讼和环境行政公益诉讼中的职能不同,

---

① 参见(2018)冀民终758号。

其在两类环境公益诉讼中所持立场也有所区别。在环境民事公益诉讼中，检察机关主要是以兜底环境公共利益救济的角色出现的，目的是治理和预防生态环境损害。检察机关这一诉讼主体实际参与到环境民事公益诉讼中时，其与社会组织的职能差别不大。而在环境行政公益诉讼中，检察机关的主要职能是督促行政机关正确履行职权。在检察机关提起公益诉讼的威慑之下，行政机关很有可能突破法律规定而对违法的行政相对人提出更高的整改要求，甚至是突破个案的限制，在日常的执法中作出新的要求，改善一个地区的企业表现。在这个过程中，检察机关是以诉前程序实现公益保护为立场，促使行政机关以正确或者超标准履行行政职责。

社会组织提起的环境民事公益诉讼和政府提起的生态环境损害诉讼中，要求企业进行技术改造是完全治理污染，并且预防损害发生的最有效办法，因此在这两种诉讼中两类主体尽可能多地为争取社会公共利益为目标而提出要求企业进行技术改造的诉讼请求。

除以判决结案或者通过检察建议后未进入诉讼程序的案件外，还有一部分通过和解与调解方式结案的案件适用技术改造。和解与调解案件适用技术改造的正当性基础有两个条件：当事人之间自愿达成合意；法院审查不违反社会公共利益。其中，当事人之间自愿达成合意是前提。责任人、检察机关和社会组织为了促成理想的结果，会在协商过程中尽可能依据自己的立场作出可以容忍的让步或者为自己代表的利益争取更大的权益，因此可供选择的技术改造适用对象范围较广。

三、技术改造作为功能性一般条款的规范性构建

技术改造的适用目的是影响法律责任，没有严密的程序保障很有可能导致法律责任逸脱，损害环境诉讼和技术改造两项制度的设立初衷。从诉讼实践情况看，技术改造对法律责任的影响形式多样。这些情况为在环境行政法律责任规范适用中考量技术改造提供了可能性，就相关因素的吸取

可以作为环境行政法律责任规范中技术改造条款的规范性建构考量要素。

（一）技术改造规范性建构的合理性基础

技术改造作为创新的责任承担方式，其合理性在于其对生态（环境）恢复作用和预防同类违法行为产生的作用。预防违法行为产生的作用是通过督促企业转型实现的，而这又在一定程度上缓和了法律关系双方的紧张关系。

督促企业转型是环境行政落实公共政策的需要，表现为推进环保供给侧结构性改革[①]和落实前述法律中有关技术改造的"柔性"规定。由于法律中的技术改造规定不具有强制效力，在环境责任中通过创新责任承担方式的形式督促企业落实技术改造，既不违背法律规定也可以很好地实现治理已经造成的污染并预防污染继续产生的目的。

协调矛盾表现为协调经济发展与环境保护之间的矛盾和协调当事人双方的矛盾，其中后者主要为执法双方的矛盾。协调矛盾主要反映的是协调利益在环境诉讼司法实践中的重要性。环境诉讼需要协调生存价值与经济价值、个人利益与社会利益、个案正义与制度平衡。从协调矛盾的角度出发，环境法律责任的目的不仅是为了惩罚违法行为实现法律效果，还应当在更高的层次上寻求社会效果和法律效果的统一。尤其是强行单维度落实法律责任导致双方主体之间矛盾激化带来的负面影响突破特定主体向整个社会蔓延，损害生态文明建设的成果。这种创新的责任承担方式柔化对立关系，缓和主体矛盾。

在环境诉讼实践中，也存在法院拒绝适用技术改造的案例，从案例文书中看，法院拒绝适用的理由并不充分。这里一并予以讨论，可以为判断是否应当在环境行政法律中适用技术改造提供相应角度。首先技术改造是一种基于恢复性理念进行创新的责任承担方式，因此以技术改造为非法定责任方式[②]而直接拒绝其适用的做法不具有说服力。适用技术改造、督促企

---

① 《环境保护部关于积极发挥环境保护作用促进供给侧结构性改革的指导意见》（环大气〔2016〕45号）。

② 参见（2015）德中环公民初字第1号。

业进行技术升级既可实现"停止侵害"也能预防新的损害发生,在一定程度上预防新的损害发生对于生态环境利益的保护更为重要,因此不能弥补已经造成的环境损害[①]不宜成为拒绝适用的合理理由。法律中规定的技术改造是一种对企业的弱命令性义务规范,以技术改造是企业应当履行的责任[②]为由不支持技术改造适用,不利于调动企业的积极性而实现更高价值。

(二)技术改造适用主体的规范性

依据立场,可以将适用技术改造的主体分为两大阵营:一类以影响法律责任为目的;另一类以获得更佳的环境治理效果为目的。由于技术改造是以追究环境目标为目的的制度创新,因此不论是哪个阵营,都有可能基于其立场进行无限度的创新。这需要一定主体依据相对确定的标准进行价值判断,以此来实现技术改造适用的主体规范性。

司法机关和行政机关应为确定技术改造适用主体规范性标准的适格主体。"环境审判具有较强的政策形成功能"[③],因此在环境诉讼中法院的职权主义色彩更浓,较为突出的表现有环境公益诉讼中法院的主动释明、法院通知行政部门、推定原告主张成立、调查收集证据和委托鉴定、不予确认损害社会公共利益的对原告的不利事实和证据等[④]。这种政策形成功能不仅给予法院其他诉讼中没有的职能以更好地实现救济社会公共利益的诉讼目的。同时由于司法救济的弊端[⑤]、行政机关维护公共利益的功能[⑥]、法律赋予

[①] 参见(2018)渝01民初669号。
[②] 参见(2018)琼01民初737号。
[③] 吕忠梅:《环境司法理性不能止于"天价"赔偿:泰州环境公益诉讼案评析》,载《中国法学》2016年第3期。
[④] 分别对应《最高人民法院关于审理环境民事公益诉讼案件适用法律若干问题的解释》第9、12、13、14条和第16条。
[⑤] 诉讼中原、被告双方的激烈对抗、诉讼案件审理时间长、诉讼费用成本高昂。参见梁晓敏:《环境行政罚款的替代性履行方式研究》,载《中国地质大学学报(社会科学版)》2019年第3期。
[⑥] 参见[日]南博方:《行政法》(第六版),杨建顺译,中国人民大学出版社2009年版,第5页。

行政机关推进技术改造的职责等方面进行考量，环境行政机关具有决定适用技术改造与否及程度的天然主体优势。因此，环境行政法律责任中就技术改造的适用由行政机关和司法机关决定，其中在环境行政执法活动中的技术改造由环保行政机关决定并确定大小，检察机关及相应主体进行监督，司法承担审查功能。因此在将技术改造作为功能性一般条款规定在环境行政法律责任规范中，环境行政机关应当为主要适用主体。

除职能上的天然优势外，适用技术改造的对象选定和程序要求也在一定程度上论证了行政机关作为适格决定主体的合理性，下面将分别论述。

（三）技术改造适用对象的规范性

在适用技术改造时，不同主体因立场不同而选择不同的改造对象。不同立场在一定程度上代表了利益冲突，若没有选取个案技术改造适用对象的特定标准，则将导致无意地缩小其适用范围或有意扩大其适用范围。技术改造对象规范性标准依据案件的结案方式和主体的立场呈现不同的开放性。

责任人选择技术改造对象的空间较大。处于被追究法律责任的地位，从为企业争取发展时间和资源的角度考量，责任人为实现减轻法律责任或变更法律责任承担方式的结果，可以在最大限度上接受适用技术改造。由于法律中对企业进行技术改造条款的规定是弱命令性规范，这种情境是督促企业落实此类规范的较好时机。理论上，这两类情形中，对技术改造适用对象可以选择"案内改造""案外改造"和"案外企业转型"三类。

环境行政公益诉讼中检察机关的职能为督促行政机关履行职权，这种督促行政机关履行职权以促使企业将技术改造提上议事日程的方式，是一种变相督促行政机关落实行政事务规范的方式。如前所述，环境保护类法律中针对此类规范并未设定配套的法律责任。因此，以提起环境行政公益诉讼为威慑要求行政机关积极、正确地履行职权具有积极意义，这也正是案外普遍改造这一适用类型产生的原因。同时，由于行政机关履行职权可以针对某一地区的某类事务，因此"案外普遍改造"这种适用对象选择在一定程度上具有类型垄断性。但需要注意的是，这类适用对象选择要严格遵守行政机关的职权清单。

需要坚持的立场是：可以基于目的进行一定制度创新，但是创新不能忽视本身的机构职能。一个好的制度应当是目的理性和价值理性的有机结合。不能用"效果替代规范"，而无限扩大适用对象的范围。环境行政法律责任中适用技术改造的对象选择，不仅要综合法律的鼓励性规定、责任人的意愿，还要考虑环保行政机关的职权清单。这些内容是技术改造条款作为功能性一般条款进行创制时应当注意的。

（四）技术改造的程序规范性

前述介绍了技术改造在环境诉讼实践中的多种适用类型，不论其以何种类型在实践中呈现，所有适用技术改造的案件中都涉及对技术改造的验收和审核。这个程序完善与否决定了这项制度的适用效果。环境诉讼中技术改造的程序规范性主要是指如何通过程序把控使技术改造的适用不偏离环境诉讼制度设立的初衷，并使技术改造适用符合目的理性。

技术改造验收和审核的主体应当是环境行政机关。这是一项技术性工作，如前所述，指导、协助企业进行技术改造是法律赋予行政机关的一项行政职能。虽然诉讼实践适用技术改造并非目前法律上规定的技术改造，但就验收和审核工作的内容和性质而言，可以参照法律相关规定将此项工作接入行政机关工作范围，在诉讼实践中也已有先例。这需要在诉讼实践活动中做好司法机关与环境行政机关的联动与配合。从促进技术改造在环境诉讼中适用的角度出发，应当在立法或者以相关文件的形式明确履行这项职责的主体。

技术改造验收和审核的参照对象不应当仅为单一标准。依据诉讼实践情况，针对污染物排放造成的损害案件，技术改造验收和审核的标准是污染物排放标准；针对渔业资源损害的案件，技术改造验收和审核的标准是部门技术标准。就污染物排放标准而言，其考核的指标较为单一，主要为污染物排放的浓度。^①由于适用技术改造的目的是影响法律责任，在实现影响法律责任的结果下，应当在技术改造的验收和审核方面考虑法律的技术改造要求。例如，综合考虑资源利用率、循环利用、污染物排放标准和污染物总量控制指标^②。因此，就"技术改造"中"技术"的含义目前还较为片面地主要指污染物排放技术。而从更广泛的层面上考虑其内涵，可适当借鉴国外的"最佳可行技术""最佳污染控制技术""最佳可得技术"等丰富"技术改造"中"技术"的内涵。

除审查标准和参照对象外，还需要重点进行程序把控的技术改造适用对法律责任大小的影响。折算比例在个案中并未统一，但这部分金额的折算比例关系到环境法律责任的"责任本质"是否实现。从诉讼相关文书资料和法律规定中看，目前并没有明确的折算标准要求。就适用程序而言相关主体在确定比例时应当借助环境技术，且详细说明并公开折算的理由。因此，这类案件中详细说明理由并公开是关键的程序要求。在环境行政法律责任中适用这种责任承担方式，应当由相关主体出台配套的折算方案以辅助适用。

虽然是环境诉讼中司法创新的责任承担方式，技术改造在环境行政法律责任中具有适用的巨大潜质。当前立法中将技术改造作为一项鼓励性规定，在环境行政法律责任中适用技术改造有利于法律规定的落实，同时满足救济生态（环境）损害，督促企业转型、协调矛盾的作用。作为责任承担方式，技术改造在环境行政法律责任中适用，对于实现环境行政法律责

---

① 参见吕忠梅、刘超：《环境标准的规制能力再造——以对健康的保障为中心》，载《时代法学》2008年第4期。
② 如《清洁生产促进法》（2012年修正）第19条规定："企业在进行技术改造过程中，应当采取以下清洁生产措施：（一）采用无毒、无害或者低毒、低害的原料，替代毒性大、危害严重的原料；（二）采用资源利用率高、污染物产生量少的工艺和设备，替代资源利用率低、污染物产生量多的工艺和设备；（三）对生产过程中产生的废物、废水和余热等进行综合利用或者循环使用；（四）采用能够达到国家或者地方规定的污染物排放标准和污染物排放总量控制指标的污染防治技术。"

任规范的内在体系，完善环境行政法律责任规范的外在体系，以及实现环境行政法律责任内在体系与外在体系融贯都具有意义。将技术改造抽象为环境行政法律责任规范的价值性一般条款的要点包括：与现行单行法中技术改造的联动，实现制度激活；主体、对象和程序的规范性把控。结合本书对技术改造的界定，并综合在司法实践中提炼的制度要点，若将技术改造作为一般条款在法律中予以规定，该条款的表述建议为：当事人作出改变技术手段、升级设备或进行企业转型等行为并产生更优结果，可以减轻罚款。

第三节 ｜ 域外促进环境行政法律责任规范体系融贯的经验

环境行政法律责任承担方式创新在比较法上有相似的经验。从比较法上的角度看，创新的责任承担方式具有填补和预防损害之外的额外环境效益。相较于目前我国诉讼实践中创新的责任承担方式更进一步。经过规范性、政策性和技术性分析，这项制度具有被我国法律借鉴，规定为环境行政法律责任规范的价值性一般条款的可能性。

比较法上，美国在20世纪末期创设补充环境项目政策（Supplemental Environmental Projects policy, SEPs），使违法者接受超过法律要求的环境有益执行项目，来替代减轻部分环境行政罚款。作为环境行政罚款的替代性履行方式[1]，SEPs平衡了违法后果和法律评价，实现了承担违法责任与追求环境利益的双重目标，满足了环境法律责任报复性和功利性双重目的。但是SEPs同时也突破了传统行政法中行政机关作为"传送带"的基本模式[2]。"传送带"模式要求行政机关在特定案件中执行立法指令。因此，美国环境保护署（Environmental Protection Agency，EPA）创设SEPs引发了理论与实践的重大问题——是否可以为了追求整体的社会效果，用一种责任履行方式替代部分罚款？这个问题的实质是环境行政机关适用环境行政罚款应当

---

[1] 谭冰霖认为，补充环境项目政策是一种替代性恢复责任。本书认为补充性环境项目政策作为美国环境行政机关作出民事罚款过程中使用的政策，其本身并不是一种新的责任方式，而是具有生态（环境）损害恢复与预防功能的替代性履行方式。

[2] 参见［美］理查德·B.斯图尔特：《美国行政法的重构》，沈岿译，商务印书馆2011年版，第10页。

坚持规范主义立场还是功能主义立场。规范主义要求行政机关严格执行法律，排除行政机关的意志和价值，具有限制行政机关执法的功能；功能主义采取工具主义策略，考虑行政机关的能动作用，主张为追求有利于社会发展的目的，行政执法可以适当偏离法律规定。①法律责任的基本功能是惩罚违法行为，其他环境项目与环境行政罚款不能互相取代。所以环境行政处罚的替代性履行方式"替代性"的度如何把握，才能实现SEPs惩罚性与恢复性的功能统一，达到SEPs规范性与功能性的平衡。

这种责任承担方式具有救济和预防损害的目的，同时在效果上还能获得"超额"的环境效益。是否可以被借鉴用于我国环境行政法律责任规范中价值性一般规则建构？这需要先讨论三个问题：作为环境行政罚款的替代性履行方式，SEPs如何满足行政罚款设定及适用法律的规范性要求？作为一项政策产物，SEPs如何平衡其政策灵活性、开放性等功能主义特性与规范主义需求的关系？如何在减轻部分环境行政罚款的情况下，SEPs依旧能满足环境行政罚款的过罚相当原则的要求？本节将从规范性、政策性和技术性三个方面以"描述+分析评价"的方式展开讨论，并得出结论。

一、环境行政罚款替代性履行方式的规范性分析

补充环境项目政策是行政相对人或被告人在行政执法活动中承担的、非法律要求执行的、对环境有益的项目或活动。②依照2015年的SEPs政策文件③规定，"对环境有益"是指SEPs必须以改善、保护或者减少对公众健

---

① 参见曹炜：《环境监管中的"规范执行偏离效应"研究》，载《中国法学》2018年第6期。
② United States Environmental Protection Agency Supplemental Environmental Projects Policy 2015 Update.
③ 在历史上，EPA先后四次发布SEPs文件：1991年EPA颁布SEPs临时指导规则，1995年发布临时修订版SEPs，1998年发布最终修订版SEPs，2015年整合17年来EPA发布的有关SEPs的备忘录更新1998年政策中的相关内容。因此，如无专门指出，本书中采用的SEPs政策文件以2015年更新的版本为准。

康或者环境风险为目标;"在行政执法活动中"要求SEPs是在违法行为产生之后,经EPA审查和评估,包含在执法文件中的项目;"非法律要求执行"意味着SEPs不是联邦、州或地方法律或法规要求,或根据适用的环境和其他联邦法律可以实现的政策项目。①

行政处罚是一种法定责任。作为一种法定责任,其法定性表现方式之一是法律责任类型法定,即规范性。"非法律要求执行"则意味着SEPs并不是法定的行政处罚方式。因此,在SEPs产生之初,EPA与美国审计总署(The United States Government Accounting Office, GAO)争论的关键问题之一为SEPs是一种行政处罚裁量还是超越立法权的一种新型行政处罚。EPA认为通过SEPs达成和解协议替代减免部分民事处罚(Civil Penalty)②是其行使裁量权的方式之一。GAO则认为EPA使用SEPs违法。第一,EPA没有获得通过SEPs减轻处罚的授权。依据U.S.C. § 1319 (g)(2)③规定"EPA有酌情确定处罚的权力,但并没有授权EPA免除或减轻对违法行为处罚的权力"④。第二,EPA扩大行使裁量权的范围。U.S.C. § 1319 (g)(2)规定EPA有权依据案件的具体情况行使裁量权确定案件的罚款金额,但EPA的裁量权不能扩大适用与纠正侵权行为无关的补救措施。EPA与GAO产生分歧的原因在于对于U.S.C. §

---

① United States Environmental Protection Agency Supplemental Environmental Projects Policy 2015 Update.
② 美国民事上的金钱惩罚,是指由于违反法律法规及行政命令,由行政机关或者法院给予的一种经济上的制裁,且应上缴美国国库。在美国需要对违反行政法律法规义务进行罚款时,多数情况下由主管行政机关或独立委员会向普通基层法院提起民事诉讼来解决。因此,在美国将行政罚款称为"民事罚款"。参见陈太清:《美国罚款制度及其启示》,载《安徽大学学报(哲学社会科学版)》2012年第5期。
③ U.S.C. § 1319 Enforcement (g)(2) CLASSES OF PENALTIES (A)Class I The amount of a class I civil penalty under paragraph (1) may not exceed $10,000 per violation, except that the maximum amount of any class I civil penalty under this subparagraph shall not exceed $25,000. ......(B)Class II The amount of a class II civil penalty under paragraph (1) may not exceed $10,000 per day for each day during which the violation continues; except that the maximum amount of any class II civil penalty under this subparagraph shall not exceed $125,000. ......
④ 1992 GAO Opinion.

1319(g)(2)有不同理解，前者认为通过SEPs减轻罚款属于行政机关行使裁量权的范围；后者则认为SEPs属于一种新的行政处罚责任履行方式，没有立法机关的授权，因此EPA适用SEPs缺少合法性基础。故，二者之间争论的焦点实际上是SEPs的规范性问题。基于此，本部分将从两国行政处罚创设权和行政处罚裁量权范围两个方面，结合SEPs创设时期相关争论，论证SEPs制度嵌入行政处罚在规范性方面是否可行的问题。

（一）行政处罚创设权

法治原理体系的原则之一为法律的法规创造力，即一切法规都应当由法律创设。法律的法规创造力表明立法权对创设一般性规则的垄断力，即只有立法机关可以创设一般性规范。[1]法律的法规创造力体现法治原则，因此作为其基本内涵的法规内容法定亦是法治原则的应有之义。立法机关垄断一般性规则的创设权，则表明法规内容创设主体应为立法机关。作为一般性规则，行政处罚的创设主体应该为立法机关。行政处罚创设权是"国家机关依据法定权限和法定程序创设行政处罚规范的权力"[2]。依照我国《行政处罚法》第9—11条的规定，法律、行政法规和地方性法规可以设定行政处罚。因此，我国享有行政处罚创设权的国家机关包括法律、行政法规和地方性法规的创设机关。由于行政处罚创设权属于立法权范畴，因此一种新的行政处罚方式应当由立法机关依照法定程序确立。

在美国，立法机关、行政机关和司法机关的权力边界清晰，"行政机关决定给予私人的制裁必须得到立法机关的授权，授权的方式是制定控制行政行为的规则"[3]；行政机关的决定程序确保行政机关遵守立法授权，同时便于司法机关审查行政机关是否守法。依照美国《联邦行政程序法》第551

---

[1] 参见王贵松：《论法律的法规创造力》，载《中国法学》2017年第1期。
[2] 胡锦光：《行政处罚研究》，法律出版社1998年版，第60页。
[3] [美]理查德·B.斯图尔特：《美国行政法的重构》，沈岿译，商务印书馆2016年版，第6页。

节第 10 款的规定,"制裁"是指行政机关所执行的下列行为之一或者全部:(1)禁止、强制、限制或者其他影响个人自由的措施;(2)拒绝给予救济;(3)给予处罚或者罚金;(4)销毁、没收、查封或者扣押财产;(5)确定给付的损害赔偿、偿还、恢复原状、补偿、成本费、收费或一般费用的数额;(6)吊销、暂停许可证或者对许可证附加条件;(7)采取其他强制性或者限制性措施。虽然含糊、概括的制定法引发了行政机关裁量权的扩大,但是行政机关的裁量权依旧应当在立法机关授权范围内行使仍旧是共识,故行政处罚方式的创设权依旧由立法机关垄断行使。

(二)行政处罚裁量权的范围

从立法机关与行政机关的关系来看,行政裁量权是指"法律、法规赋予行政机关在行政管理中依据立法目的和公正合理的原则,自行判断行为的条件,自行选择行为的方式和自由作出行政决定的权力"[1]。依据行使行政裁量权的约束来源于行政过程内部还是外部,可以将行政裁量权的限制分为内部控制(或者自我拘束[2])与外部控制。立法对行政裁量的控制属于行政裁量权外部控制[3],即行政机关行使裁量权应符合立法规定。这体现了依法律行政原理,即"借由法律的合理性控制行政的恣意"[4]。因此,行政裁量的前提是遵守法律规定。

行政裁量的内部构造分为要件裁量和效果裁量,前者是指行政机关对法律规范和案件事实进行思考,以判断是否可以实现法律涵摄;后者是指行政机关对法律适用效果的裁量。减轻处罚是对效果裁量的调整结果。行政法上减轻处罚是指处罚降格至何种档次或者选择以何种处罚方式来实现减轻处罚,

---

[1] 姜明安:《论行政自由裁量权及其法律控制》,载《法学研究》1993 年第 1 期。
[2] 参见高秦伟:《论行政裁量的自我拘束》,载《当代法学》2014 年第 1 期。
[3] 参见崔卓兰、刘福元:《论行政自由裁量权的内部控制》,载《中国法学》2009 年第 4 期。
[4] 王贵松:《依法律行政原理的移植与嬗变》,载《法学研究》2015 年第 2 期。

包括处罚的方式和种类的减轻。①从效果裁量的角度来看，减轻处罚是在考虑相关因素的基础上，在法律规定处罚裁量幅度下作出的低于法定处罚要求的处罚。一般在作出减轻处罚决定过程中会考虑相关因素，但是减轻处罚不包含额外条件。因此，以采用"非法律要求"的SEPs为代价换取减轻环境行政罚款不符合行政机关行使自由裁量权来减轻违法者行政罚款责任的实质特征。

虽然EPA使用SEPs既不符合行政处罚创设权的要求，也不满足行使行政处罚裁量权的实质。但是SEPs确实产生了显著的有效性，这体现在其能获得传统行政执法不能产生的环境、公共卫生保护和效益。除此之外，"SEPs还可以进一步促进EPA实现保护公共健康和环境的使命，如保护儿童健康，确保环境公正，促进污染预防，鼓励开发保护人类健康的创新技术和应对气候变化等"②。从行政监管的角度来看，SEPs不仅完成了传统行政罚款应当实现的惩罚目标，还进一步直接促进"对环境有益"政策目标的实现，产生严格依法律行政本不会产生的环境效益③，甚至实现传统"命令—控制"型环境规制模式所不能实现的效果，即促进监管主体与被监管主体之间的合作关系④。从被监管者的角度来看，SEPs使企业更好地使用原本应当作为罚款上缴的部分资金，给企业提供机会重新评估及改进原本低效的生产过程，同时也进一步提升企业的竞争力。⑤违法者可以运用资金完成超

---

① 谭冰霖：《论行政法上的减轻处罚裁量基准》，载《法学评论》2016年第5期。
② United States Environmental Protection Agency Supplemental Environmental Projects Policy 2015 Update.
③ See Steven A. Herman. *EPA's Revised Supplemental Environmental Projects Policy Will Produce More Environmentally Beneficial Enforcement Settlements*. July 1995,National Environmental Enforcement. supra note 2,p.9.
④ See Christopher D. Carey. *Negotiating Environmental Penalties: Guidance on the Use of Supplemental Environmental Projects*,1998,44 Air Force Law Review,p.1.
⑤ See Barnett Lawrence, *Supplemental Environmental Projects: A New Approach for EPA Enforcement*, 12 Pace Environmental Law Review, Spring 1995, Zimmermann, supra note 27,p.4. 以预防污染或者减轻污染的SEPs项目为例，违法者通过投入资金改善排污设备、提升"减源"技术，实际上使用自己原本应上缴的罚款实现了设备更新、技术升级的任务。See Christopher D. Carey. *Negotiating Environmental Penalties: Guidance on the Use of Supplemental Environmental Projects*,1998,44 Air Force Law Review,p.8.

越法律要求的环境目标，改善甚至提升违法者的社会形象，提供更多的商业机会。①

超过法律要求的补充性环境有益项目本质上既不是EPA创设的一种新的环境行政处罚，也不符合执法机构行使行政处罚裁量权的外观与内核，而仅仅是EPA创设的一种辅助环境行政罚款在实现惩罚目的的基础上进一步追求功利目的的环境行政罚款替代性履行方式。虽然具有上述多重有效性，但在规范主义的视角下，其仍不能摆脱合法性不足的质疑。

为了降低SEPs规范性不足的质疑，考虑到SEPs改善环境问题的显著效果，美国国会逐步通过立法确认个别领域SEPs的合法性。例如，为了减轻柴油发动机污染，2005年的《能源政策法》吸收《柴油减排法》（Diesel Emission Reduction Act, DERA）；2008年清洁空气工作倡导组主任Conrad Schneider向众议院提交书面文件，请求允许继续使用SEPs为改造柴油机排放提供资金。在2008年6月30日42 U.S.C.A. § 16138②正式授权EPA使用柴油减排的SEPs。柴油减排SEPs获得立法授权。

作为环境行政罚款替代性履行方式，SEPs是EPA为追求环境目标而作出的一种功能主义选择。替代性履行方式本身超越了减轻责任的范围，因此在严格意义上EPA不能将行政裁量权作为证明其合法性的立足点。尽管SEPs产生了超过法律规范要求的环境效果，但是功能主义仅可以作为使用

---

① See Mark J. Zimmermann, *Working with EPA's Revised Policy on Supplemental Environmental Projects*,1995,1 Environmental Compliance& Litigation Strategy,p.4.

② 42 U.S.C.A. § 16138 EPA authority to accept diesel emissions reduction Supplemental Environmental Projects: The Administrator of the Environmental Protection Agency (hereinafter, the "Agency") may accept (notwithstanding sections 3302 and 1301 of Title 31) diesel emissions reduction Supplemental Environmental Projects if the projects, as part of a settlement of any alleged violations of environmental law--(1) protect human health or the environment;(2) are related to the underlying alleged violations;(3) do not constitute activities that the defendant would otherwise be legally required to perform; and(4) do not provide funds for the staff of the Agency or for contractors to carry out the Agency's internal operations.

第四章 环境行政法律责任规范的体系融贯

这项环境行政罚款替代性履行方式的目的，而不能作为规范主义的证成原因。因此，作为环境行政罚款的一种替代性履行方式，SEPs 可以通过立法确认的方式嵌入环境行政法律责任规范的外在体系中。

二、环境行政罚款替代性履行方式的政策性分析

SEPs 产生于美国环境规制从社会体制向效率体制的转型期。社会体制时期创制的环境规制体系具有"命令—控制"的特点：监管规制复杂、合规成本高昂并且组织自治性低①。这一时期环境规制体系暴露出体系分散、规制风险优先性缺失、浪费有限社会资源等弊端②。基于以上问题，为寻求新的方法和工具缓解行政规制体制的疲劳③，规制政治逐渐由社会体制向效率体制转型。效率体制下的 EPA 提出再造目标：为更好的规制结果提供灵活性、建立与利益相关方的伙伴关系以及促进企业合规。④ 正是在这一时期政策目标的指引下 EPA 创设 SEPs 作为环境行政罚款的替代性履行方式。

作为特殊时代背景下追求环境目标的政策产物，SEPs 的政策属性明显。这种政策属性不仅体现在这项政策对社会发展状况的积极回应，同时也体

---

① 参见［美］马克·艾伦·艾纳斯：《规制政治的转轨》（第二版），尹灿译，钱俞均校，中国人民大学出版社2015年版，第131—159页。
② 参见［美］理查德·B.斯图尔特：《环境规制的新时代》，载王慧：《美国行政法的改革——规制效率与有效执行》，法律出版社2016年版，第7—10页。
③ 参见［美］理查德·B.斯图尔特：《二十一世纪的行政法》，苏苗罕译，毕小青校，载《环球法律评论》2004年第2期。
④ 环保局的再造目标：第一，将"为更好结果提供灵活性"作为一项政策；第二，环保局采取措施建立伙伴关系，包括推进与公司利益相关者的合作及各利益相关方参与讨论新项目的设计；第三，促进合规而不是禁止违反；第四，推动减少繁文缛节、汇报和文书要求；第五，寻求通过发展新的绩效指标、标准化报告及通过互联网发布信息来改进环境信息的传播。参见［美］马克·艾伦·艾纳斯：《规制政治的转轨》（第二版），尹灿译，钱俞均校，中国人民大学出版社2015年版，第225—226页。

现在其自身为实现政策目标而保持的开放性。①对社会发展状况的积极回应表现在 EPA 为了追求环境目标而突破法律的规范性要求，通过政策推动社会目标的实现。为实现政策目标而保持开放性的第一个表现是 SEPs 项目类型的灵活性。依据 SEPs 的目的，EPA 共确立了八种项目类型：（1）公众健康计划。诊断、预防和/或补救由违法行为导致的、与人体健康有关的、实际或可预见的对人体健康造成的损害，如流行病学数据收集和分析；为可能受到影响的人提供医学检查、血液、液体或组织样本的收集和分析，医疗和康复治疗。（2）预防污染项目。通过"减源"以减少污染物产生的项目。污染预防要求污染量或毒性明显减少。仅仅将污染转移或排放到另一种环境媒介不符合此处所讲的污染预防要求。（3）减轻污染项目。减少任何不达标的有害物质释放到环境中，包括使用更有效的过程控制或处理技术、改进减排措施，或更安全地处理现有污染源。（4）环境恢复和保护项目。这些项目可用于恢复或保护自然环境（如生态系统）和人造环境，如在同一个生态系统中恢复湿地，保护濒危物种等。（5）评估和审计项目。这包括预防污染评估、环境质量评估和环境合规审计三类。（6）环境合规推广项目。其主要是指向受管制社区的其他成员提供培训或技术支持，以确定、实现和保持符合适用的法律和监管要求，并且减少产生、排放或处置超出法定要求的污染物。（7）应急计划和准备项目。其内容是向州或地方应急响应组织提供计算机和软件、通信系统、化学品排放检测和灭活设备、危险品设备或培训等援助。（8）其他类型项目。这种类型的项目是指不符合上述任一类型，但是与 SEPs 政策的其他规定完全一致，可以在执行办公室事先批准情况下采用的项目。②

为实现政策目标而保持开放性的第二个表现为 SEPs 项目成立与否的判

---

① 参见李龙、李慧敏：《政策与法律的互补谐变关系探析》，载《理论与改革》2017年第1期。
② See Environmental Protection Agency Notices. Final EPA Supplemental Environmental Projects Policy Issued.63 Fed. Reg. 24796 (1998), pp.24799-24780.

断规则具有灵活性，即 SEPs 与违法行为之间应当存在"联结性"（nexus）。虽然这一规定的直接目的是降低 SEPs 的随意性，但同时一定程度上也实现了 SEPs 的开放性。[1] 为了最大限度地确保 SEPs 遵守联邦宪法和法律的规定并降低使用 SEPs 的随意性，EPA 在政策文件中规定所有的拟议 SEPs 都要与违法行为之间存在"联结性"。依据 2015 年的政策[2]要求，"联结性"的判断标准包括以下四项：（1）所有 SEPs 必须体现违法行为与拟议项目之间的足够联系。（2）SEPs 不得与作为执法基础的基本法规规定相抵触。（3）拟议的 SEPs 必须涉及执法行动中的潜在违规行为。该项目必须证明它旨在减少未来可能发生类似的违规行为；降低对公共卫生和/或环境造成的不利影响；或者减轻违法行为对公众健康和/或环境可能引发的整体风险。[3]（4）拟议 SEPs 的类型和范围都必须进行具体的描述和定义。没有明确的环境或公共健康效益的项目，不能认定其与违法行为之间存在联结性。

前述的政策开放性和灵活性，使 SEPs 具有传统的环境行政罚款所不能实现的优势。首先，传统的行政罚款仅对违法行为进行惩罚。但是 SEPs 同时实现了对违法行为惩罚、救济受到损害的生态（环境）以及预防生态（环境）损害三重目标。其次，传统的环境损害救济仅针对实际受到损害的对象，但是 SEPs 扩大了受救济对象的范围，[4]极大促进了环境正义的实现[5]。例如，波士顿大学 SEPs 案中，EPA 针对波士顿大学地下储油罐泄漏污染查尔

---

[1] 历史上 SEPs 政策 3 次修改文本和 1 次更新文本，对于其类型的规定均没有发生变化，因此，此处对于政策灵活性的阐述主要针对"联结性"规定的内容展开。

[2] United States Environmental Protection Agency Supplemental Environmental Projects Policy 2015 Update.

[3] Environmental Protection Agency Notices: Interim Revised EPA Supplemental Environmental Projects Policy Issued,60 Fed. Reg. 24856 (1995),p24860,supra note 10.

[4] See Kathleen Boergers,*The EPA's Supplemental Environmental Projects Policy*,1999,26 Ecology Law Quarterly, p.787.

[5] See Douglas Rubin, *How Supplemental Environmental Projects Can and Should Be Used to Advance Environmental Justice*, 2010,10 University of Maryland Law Journal of Race,Religion,Gender and Class,p.186.

斯河（the Charles River）和医学院实验室危险废物泄漏两个违法行为提起诉讼。该案的结案方式中包括253000美元罚款和成本为518000美元的两个SEPs。第一个SEP项目针对造成查尔斯河水质变差的校园雨水污染。波士顿大学更新了校园雨水控制体系。第二个SEP项目要求波士顿大学修复医学院附近的一个社区花园。这个花园用以种植该地区低收入群体和少数民族居民维持生计的食物，但测试表明该花园土壤中含铅量超标。这项SEP的内容要求：在相关基金会的帮助下，由波士顿大学负责治理花园污染。[1]从案例来看，以SEPs替代部分传统环境行政罚款，不仅惩罚违法行为，救济受到损害的生态（环境），同时扩大救济对象范围，最终实现了超越法律要求的效果。

为了回应国会和GAO对SEPs的质疑，平衡SEPs灵活性与规范性之间的矛盾，EPA在不同时期的政策文件中均有不同的规定，从整体来看"联结性"的判断标准越来越严格。1991年的文件中将"联结性"仅仅视为违法行为与拟议项目之间的"关系"（relationship）。除了用词义最广泛的语言界定"联结性"之外，该文件还提供了"垂直"和"横向"两个维度作为界定"联结性"的考虑标准。"垂直联结性"是指一项拟议的SEP能减轻相同污染物对特定环境媒介造成的影响；"横向联结性"是指"特定设备减轻对不同环境媒介的影响或不同设备减轻对同一环境介质的影响"[2]。这些内容体现了在特殊历史背景下，EPA选择SEPs较大使用范围的政策倾向。1995年的政策文件取消了1991年政策的规定，要求"明确"SEPs适用范围并缩小"联结性"的认定范围，主要表现在：第一，1995年的政策文件规定认定"联结性"的参照对象从"违法行为的性质"变为"违法行为"。第二，1995年的政策文件明确否定1991年SEPs政策提出的具体观点和"联结性"

---

[1] See Kathleen Boergers, *The EPA's Supplemental Environmental Projects Policy*, 1999,26 Ecology Law Quarterly, pp.789-790.

[2] Kenneth T. Kristl,*Making a Good Idea Even Better: Rethinking the Limits on Supplemental Environmental Projects*, 2007,31 Vermont Law Review,p.229.

的一般性判断方法。第三，1995年的文件取消了1991年文件中的实例和指导原则，以及模糊不清的用语。随后，1998年的政策进一步将"联结性"的判断标准缩小到"违法行为本身"。随着SEPs政策文件的规范性提升，其相关内容尤其是有关"联结性"要求的判断标准也越来越严格。有学者指出，"如果'联结性'的法定基础实际上很弱或者根本不存在，则'联结性'要求将限制SEPs的利用"[1]。但这实际上是增强SEPs规范性的必然结果。

因受时代背景影响，SEPs的政策色彩浓厚。SEPs经历了从单纯地为追求良好的环境效果而扩大SEPs的适用范围到依法强化该政策的规范性而逐步明确并缩小政策文件的用语范围以降低政策灵活性的过程。从不同时期SEPs政策文件中"联结性"的规定可以洞察不同阶段EPA针对SEPs合法性质疑的应对策略。这种策略变化实际上反映了EPA在适用法律政策时的权衡与选择，以及将法律政策规范化并合法嵌入环境行政罚款的努力。

三、环境行政罚款替代性履行方式的技术性分析

过罚相当原则是实施行政处罚法定原则[2]，其主要反映行政处罚与违法成本之间的平衡关系。环境行政机关在决定对某一具体行政违法行为的处罚方式时，应当着重考虑环境行政处罚与违法行为危害性之间的量化关系。行政罚款要实现对违法行为的有效遏制，行政罚款的量要大于或者等于违法行为危害后果的量，否则就会出现逆向激励违法行为的尴尬局面。SEPs以减轻部分环境行政罚款的方式实现了传统的环境行政罚款远远不能满足救济生态（环境）损害的需求。虽然实现了环境行政罚款的补救和预防功能，但是也引发了SEPs替代罚款是否减少了进入国库的财政收入，以及是否减轻了

---

[1] Kenneth T. Kristl, *Making a Good Idea Even Better:the Limits on Supplemental Environmental Projects*, 2007,31 Vermont Law Review,p.220.
[2] 参见杨登峰、李晴：《行政处罚中比例原则与过罚相当原则的关系之辨》，载《交大法学》2017年第4期。

对违法行为人的经济惩罚，打破罚款与违法行为危害性之间的量化关系的问题？这些问题在本质上涉及SEPs罚款计算和项目资金确定的技术性问题。

除主张SEPs不属于行使裁量权的外，GAO反对EPA使用SEPs的另一理由在于：罚款应当上缴联邦财政部。《杂项收入法》（Miscellaneous Receipts Act, MRA）规定，"在可行的情况下，政府的官员或代理人均应将接收的政府资金尽快上缴财政部……"①。法院在Sierra Club, Inc. v. Electronic Controls Design, Inc.判例中确定，"所有的民事罚款必须支付给联邦财政部"②。美国联邦最高法院也通过一系列案件③确认"通过协议将民事罚款支付给一个环境友好项目并不能等同于向财政部缴纳罚款"④。

基于SEPs会减少联邦财政收入的顾虑，EPA通过政策文件中的"联结性"要求将这一顾虑排除。除法律另有规定外，如果所指称的违规行为与一项SEP之间存在某种关系，则EPA将该项拟议的SEP作为计算罚款数额考虑因素。⑤以DERA为例，根据EPA的资料显示，柴油SEPs在特定和解协议中取代其他类型的SEPs，估计联邦政府每年财政收入的损失低于50万美元。此外，通过审查"联结性"，同样避免了EPA获得不当增加的拨款。EPA不得接受任何增加、补充或类似于补充其拨款或任何其他联邦机构拨款的项目。只有美国国会有权向联邦机构拨款，所以针对EPA或者其他联邦机构

---

① 31 U.S.C. § 3302（b）Except as provided in section 3718(b) of this title, an official or agent of the Government receiving money for the Government from any source shall deposit the money in the Treasury as soon as practicable without deduction for any charge or claim.

② Sierra Club, Inc. v. Electronic Controls Design, Inc. United States Court of Appeals, Ninth Circuit. August 01, 1990,909 F.2d 1350,1990 WL 107425.

③ See Middlesex County Sewerage Authority v. National Sea ClammersAss'n, Supreme Court of the United States June 25, 1981,453 U.S. 1 ,101 S. Ct. 2615 ; Sierra Club v. Chevron, USA, Inc., United States Court of Appeals, Ninth Circuit. December 29,1987,834 F.2d 1517,27 ERC 1001.

④ Chesapeake Bay Foundation v. Bethlehem Steel Corp., United States District Court, D. Maryland. May 06, 1985,608 F. Supp. 440,22 ERC 1894.

⑤ See Benne C. Hutson & Amanda K. Short, *The Nexus Requirement for Supplemental Environmental Projects - The Emperor's New Clothes of Environmental Enforcement*,2011,3 Charlotte Law Review, p.75.

已经收到拨款的活动或项目、法律要求联邦政府执行的活动或项目，以及由EPA既定方案执行或者资助的项目都应排除在拟议SEP项目之外。[1]

美国行政机关确定罚款数额确定因素分为：罚款基础和调整系数。罚款基础是指违法所得收益；调整系数是指除违法所得收益外，法律规定的其他考虑要素。[2]依据美国《清洁水法》(Clean Water Act, CWA)的规定，在确定行政罚款金额的时候，行政机关应考虑以下因素："违法行为的性质、情况、范围、严重性程度，违法者的支付能力、之前类似行为的违法情况、可归责程度、因违法行为的经济获益量以及其他涉及正义的考虑因素"[3]。在计算SEPs减免罚款数量时最重要的考虑要素：（1）因违法行为产生的经济收益。以CWA为例，罚款中纳入违法行为经济收益的目的是平衡正常的经济竞争环境，防止违反CWA的违法者获得不公平的优势，并防止其从不法行为中获利。[4]正确的经济收益计算应该反映货币的时间价值，即经济收益中必须包括法院通过利率计算出的违法者因违法行为而产生的延迟成本的当前价值。[5]在根据CWA计算民事处罚时，法院可以依据违法者（"自下而上"的方法）或法定的最高罚款数额（"自上而下"的方法），结合CWA法

---

[1] See Benne C. Hutson & Amanda K. Short, *The Nexus Requirement for Supplemental Environmental Projects - The Emperor's New Clothes of Environmental Enforcement,* 2011,3 Charlotte Law Review .pp.75-76.

[2] 参见苏苗罕：《美国联邦政府监管中的行政罚款制度研究》，载《环球法律评论》2012年第3期。

[3] 33 U.S. Code § 1319（g）(3) In determining the amount of any penalty assessed under this subsection, the Administrator or the Secretary, as the case may be, shall take into account the nature, circumstances, extent and gravity of the violation, or violations, and, with respect to the violator, ability to pay, any prior history of such violations, the degree of culpability, economic benefit or savings (if any) resulting from the violation, and such other matters as justice may require. For purposes of this subsection, a single operational upset which leads to simultaneous violations of more than one pollutant parameter shall be treated as a single violation.

[4] Allegheny Ludlum Corp. v. U.S. United States Court of International Trade. September 10, 2002,26 C.I.T. 1115,239 F.Supp.2d 1381.

[5] Allegheny Ludlum Corp. v. U.S. United States Court of International Trade. September 10,2002,26 C.I.T. 1115,239 F.Supp.2d 1381.

律责任条文中列举的六个因素，调整罚款的起始金额。"自下而上"的方法首先计算违法者因不遵守CWA而获得的经济收益，然后根据法院的评估结果向上或向下调整罚款金额，以确定对违法者"违反行为规范"最恰当的惩罚金额。（2）违法行为的严重性（gravity）。EPA在1984年发布的罚款执行指导文件[1]中确定了判断"严重性要素"（gravity component）的因素包括违法行为发生时的固有损害风险和违法行为产生的实际损害。为量化违法严重性的判断标准，EPA提供了四个要素：违法行为的风险或者危害（判断因素包括污染物的数量、毒性，环境的敏感度以及违法行为的持续时间）；规制计划的重要性；从其他途径获取来源数据的可能性（获取数据的来源越少，罚款数额越高）；违法者的规模。

违法行为的严重性可以通过行政机关裁量来确定，在SEPs中通过调整违法行为的严重性部分在罚款中所占比例来减轻罚款金额。EPA的罚款执行指导文件中明确规定，如果违法者接受额外的环境清理（Environmental Cleanup），EPA可以适当减轻罚款。[2]虽然EPA可以通过调整严重性的比重减少罚款数额，但为了避免SEPs造成法律漏洞，EPA规定SEPs中的最低罚款金额应当不少于：（1）违法行为获取的经济利益加上违法行为严重性10%的总和；（2）违法行为严重性25%。并且以这两种计算方式中较高的金额为准。这个规则是最低罚款金额限制的一般规则，单行法中可以规定例外情况，如《减轻住宅含铅油漆危害法》（Residential Lead-Based Paint Hazard Reduction Act）第1018条规定，"针对非医疗保险覆盖范围的铅基油漆减少或血铅水平筛选项目和/或治疗的SEPs"[3]可以降低对被处罚者的最低罚款金

---

[1] Office of Enforcement and Compliance Monitoring, U.S. EPA. A Framework For statute-Specific Approaches to Penalty Assessments.14 (Feb. 16,1984).

[2] Office of Enforcement and Compliance Monitoring, U.S. EPA. A Framework For statuteSpecific Approaches to Penalty Assessments.14 (Feb. 16,1984).

[3] United States Environmental Protection Agency Supplemental Environmental Projects Policy 2015 Update.

额，即罚款仅为违法严重性的10%。

SEPs采用了超过法律要求的环境有益项目替代减轻的部分行政罚款，在形式上出现了"罚不抵过"的情况，但是从产生的效果来看，SEPs产生的效果远远高于行政罚款本身，并且进一步在理论意义上完全拓宽了环境行政罚款的功能维度。传统罚款理论对于罚款的功能定位为报应、惩戒。但是随着生态（环境）损害救济的实践需求，环境行政罚款的恢复和救济功能也逐渐受到重视[①]，如在U.S. v. Atofina Chemicals, Inc.案中，违法者除缴纳190万美元的罚款外，还要执行总成本为30万美元的一项SEP。这项SEP项目要求违法者建立沿河绿道以实现四个目的：（1）减少河水对河岸的侵蚀；（2）供市民徒步旅行；（3）作为观察城市水质和湾区水质关系的教育地点；（4）将沿河绿道与运河沿岸的"绿道公园"相结合扩大原有公园的面积。[②]

作为环境行政罚款替代性履行方式，SEPs减轻罚款对于联邦财政的影响较小，同时通过调整罚款金额中的违法行为严重性占比回答了环境行政处罚替代性履行方式中"替代性"的程度如何把握这一问题。SEPs实质上不违背环境行政罚款的"过罚相当"原则，因而具有技术可行性。

综上所述，补充环境项目政策使违法者接受超过法律要求的环境有益执行项目，来替代减轻部分环境行政罚款，其平衡了违法后果和法律评价，实现了承担违法责任与追求环境利益的双重目标，不仅实现了对违法行为的处罚、造成损害的填补，还实现了"超额"的环境效益。作为一项以功能主义为导向的制度创新，其实施具有巨大效益，但是作为一项法律制度，功能性不是唯一的评价标准，还应当在规范性上讨论其合法性，这也是此

---

① 参见肖泽晟：《论行政强制执行中债权冲突的处理》，载《法商研究》2011年第3期；陈太清：《对行政罚款限度的追问》，载《江苏社会科学》2016年第1期；谭冰霖：《环境行政处罚规制功能之补强》，载《法学研究》2018年第4期。

② U.S. v. Atofina Chemicals, Inc. United States District Court, E.D. Pennsylvania. August 5, 2002, Not Reported in F.Supp.2d, 2002 WL 183282555.

项制度是否可以为我国所借鉴的关键。通过规范性、政策性和技术性分析，SEPs 作为一项替代性责任承担方式，规范性的指导要求使其在创设和发展过程中在逐渐缩小政策性的影响，并通过技术把控并不损害环境行政处罚中过罚相当原则的限制性要求，具有被我国立法借鉴而规定为环境行政法律责任规范的价值性一般条款的可能性。

结合前述分析，若将补充环境项目政策作为一般条款在法律中予以规定，该条款的表述建议为：当事人实施超过法律要求的环境项目，可以减轻行政处罚。

本章小节

本书讨论语境中的法律体系分为内在体系和外在体系，二者是独立且又相互联系的统一整体。二者的独立性主要是指二者有不同的理论基础、建构（完善）要求和结构。二者的相互联系是指二者协同作用于整个法律体系，这种协同作用在学理上被称为"融贯"。因此，为了实现环境行政法律责任规范的体系化，仅仅建构规范的内在体系和完善规范的外在体系并未完成全部工作，还要通过特定的方式实现环境行政法律责任规范内在体系和外在体系的融贯。

法律体系的融贯有不同的理解，就内涵而言包括法律规范的连贯性、体系的融贯以及理念的融贯三个方面；就范围而言包括内在体系的融贯（价值一致）、外在体系的融贯（逻辑一致）与内在体系和外在体系的融贯（逻辑和价值双重统一），其中前两者分别是内在体系建构和外在体系完善应当实现的目标。内在体系和外在体系的融贯互动构成了法律体系融贯较为重要的内容之一，实现法律体系的融贯需要二者协同解构、建构（完善），单独一方面的建构（完善）都无法实现法律体系的融贯。法律体系的融贯需要通过特定的立法技术实现。

内在体系的融贯通过原则的列举、价值排序、具体化和动态体系化这几个方面实现；外在体系的融贯在技术层面要求法律概念的一致性和层次性；法律规范的层级及袪"扁平化"等。外在体系融贯价值层面的方式、内在体系和外在体系的融贯方式可以通过提炼一般条款予以实现。具体到环境行政法律责任规范中，其体系融贯的方式包括：第一，确立以环境责任原则为核心的价值排序方式，以及以法律原则的动态体系为内容的环境行政法律责任规范的内在体系，其中内在体系的建构方式已经在第二章详细阐述；第二，完善以法律概念内涵明确、逻辑层次丰富，法律规范具有层次性特征的外在体系；第三，提炼具有普遍适用性的一般条款和例外规定的一般条款，使之成为联结环境行政法律责任规范的内在体系和外在体系的工具。

"一般条款"起到融贯内在体系与外在体系的作用，对于落实内在体系的价值、理念并缓解政策化解规范性起到重要作用；同时也为外在体系的适用提供了可解释的空间，赋予具体规则以弹性。这两项功能使得"一般条款"成为环境行政法律责任规范体系融贯的主要方式。"一般条款"是环境行政法律责任规范外在体系的重要组成部分，其在内容上包括以提炼具体规则中的普遍适用性内容的条款、涉及例外规定的条款等。依据形成的基础不同，"一般条款"分为技术性一般条款和价值性一般条款，前者是指以提炼具体规则的普遍适用要素为内容的一般条款，后者是以落实内在体系为目标，实现体系融贯为目标的一般条款。

环境行政法律责任规范体系融贯过程中对价值性一般条款的建构应当考虑责任过程理念和功能主义与规范主义两种进路，使环境行政法律责任既满足立法保留等规范性要求，又能实现社会职能、落实内在体系理念与价值等功能性目标。以"免罚清单"为代表的责任认定阶段的是引入功能考量以优化规范属性的有益尝试；而实践中责任承担方式创新是责任过程理念指导下在责任承担阶段中引入功能主义考量的代表，对其规范性的要求可以从实践中的相关情况结合理论进行讨论。

作为责任承担方式，技术改造在环境行政法律责任中适用，对于实现环境行政法律责任规范的内在体系，完善环境行政法律责任规范的外在体系，以及实现环境行政法律责任规范内在体系与外在体系融贯都具有重要意义。将技术改造抽象为环境行政法律责任规范的价值性一般条款的要点包括：与现行单行法中技术改造的联动，实现制度激活；主体、对象和程序的规范性把控。将技术改造作为一般条款在法律中予以规定，该条款的表述建议为：当事人作出改变技术手段、升级设备或进行企业转型等行为并产生更优结果，可以减轻行政处罚。

补充环境项目政策使违法者接受超过法律要求的环境有益执行项目，以此为代价替代减轻部分环境行政罚款，其平衡了违法后果和法律评价，实现了承担违法责任与追求环境利益双重目标，不仅实现了对违法行为的处罚、造成损害的填补，还实现了"超额"的环境效益。通过规范性、政策性和技术性分析，SEPs作为一项替代性责任承担方式，规范性的指导要求使其在创设和发展过程中逐渐缩小政策性的影响，并通过技术把控并不损害环境行政处罚中过罚相当原则的限制性要求，具有被我国立法借鉴而规定为环境行政法律责任规范的价值性一般条款的可能性。补充环境项目政策作为一般条款在法律中予以规定，该条款的表述建议为：当事人实施超过法律要求的环境项目，可以减轻行政处罚。

第五章

环境行政法律责任规范体系的实现

环境行政法律责任规范体系化实现需要三个方面内容协同：环境行政法律责任规范的内在体系建构、环境行政法律责任规范的外在体系完善，以及环境行政法律责任规范的体系融贯。其中体系融贯包括三个方面，除了融入内在体系建构和外在体系建构部分中的内容之外，最为重要但也是较易被忽视的就是内在体系和外在体系的融贯。

相较于内在体系以基本原则的形式表现，且在适用中确立如前所述的相关规则实现内在体系内部融贯；外在体系的融贯在制定规则时遵守对法律概念和法律规则的相关要求；内在体系和外在体系融贯的实现在较大程度上更加依靠立法技术的实现。就环境行政法律责任规范内在体系和外在体系的融贯而言，实现的基础包括：建构以环境责任原则为核心的内在体系结构；建构"三层金字塔"的外在体系结构。引入责任过程理念和坚持适度功能主义理念，通过制定"一般条款"实现内在体系和外在体系的融贯，最终实现环境行政法律责任规范的体系建构。

这些内容需要以特定的形式体现在环境立法上，否则，不具有规范效力的建构都只是停留在理论架构层面，不会直接对环境行政法律责任实践产生影响。在环境立法逐渐完善的背景下，统一环境行政法律责任规范体系具有切实可行的基础。同时，基于《民法典》制定的成功经验，制定生态环境法典的呼声越来越高，对于环境行政法律责任规范体系化的立法实现应当进行统筹考虑。

综上所述，本章主要讨论环境行政法律责任规范体系化的实现，既包括立法实现，也包括适用。其中立法实现的内容旨在基于前几章对于体系建构（完善）的要求分析环境行政法律责任规范的条款类型、通过比较研究方法对国外环境（行政）法律责任规范的结构进行分析，提出符合我国实际情况，以实现环境行政法律责任规范体系化为目的的立法结构建议。环境行政法律责任规范体系的适用是指确立的"一般条款"或相关制度在适用时应当注意的相关问题。环境行政法律责任规范的体系化实现需要新的规范予以实现，这类条款在适用过程中需要相关规则或者制度予以保障，以确保该类条款适用不会偏离制度设计的初衷。

第一节 ❙ 环境行政法律责任规范体系的立法实现

如前所述，环境行政法律责任规范的体系化实现需要内在体系建构、外在体系完善，以及内在体系与外在体系融贯建构三个方面内容的协同。因此，从内容上看，环境行政法律责任规范的体系条款类型应当涵盖这三个方面。但由于这三个方面的内容不同，因此涉及的条款类型也存在区别。基于此，可以对环境行政法律责任规范的条款类型进行划分，并在条款划分的基础上讨论立法结构。

一、环境行政法律责任规范的条款类型

（一）环境行政法律责任规范的内在体系条款类型

如第二章所述，环境行政法律责任规范的内在体系在"外显"形式上以环境责任原则为核心，其他几项环境法基本原则起辅助作用，形成一个"中心—辅助"结构。这个内在体系在环境法律责任中起到价值判断的作用，使环境责任原则的适用融入价值判断成分，实现恢复环境秩序的目的。责任过程理念指导下的环境责任原则"二元"结构是建构"中心—辅助"结构的基础。

环境责任原则的含义是指实施违反生态（环境）管理规范的违法行为，应以恢复被侵害的环境秩序为目的而承担相应责任的原则。依据"原因—结果"的逻辑，"违法行为"是原因，"担责"是结果，因此，环境责任原

则在环境行政法律责任中予以适用时应当引入责任过程理念，将环境行政法律责任分为认定"违法"和落实"担责"两步。"违法"和"担责"分别对应事实认定和价值判断。其中"违法"的认定属于事实确认，因为违法行为造成的后果是事实。对于"违法"的认定，为环境责任原则的适用和价值判断确定了一个基线。在此基线的基础上考量"担责"的缓和问题。是否实际"担责"或者"担责"的强度，是否严格依据规范要求，需要秉持功能主义理念、通过价值判断的方式，将其他几项原则融入适用以调整"担责"的大小与方式。

在此模式和思路的指导下，环境行政法律责任规范内在体系的条款应当包括两类：首先是表现为环境法律基本原则的、以环境责任原则为核心的基本原则条款群，以落实内在体系的核心功能；其次是以责任过程理论和适度功能主义立场为导向的，环境行政法律责任规范的一般条款，以表示"担责"缓和的价值判断。

环境责任原则在环境法律责任中发挥作用分为"违法"认定和落实"担责"两步，虽然立法中遵循严格的规范主义模式，要求"违法"必"担责"，但是实践中考虑到法律责任的目的与价值，加入价值判断的因素，"担责"的强度和方式有所缓和。在新的损害"担责"原则适用二元结构中，"违法"与"担责"的结果并非机械的因果对应关系，转而采取不同倾向："违法"的认定是一种事实判断，要求运用相关的技术确认违法行为导致的危害结果的大小，这个阶段是秉持纯粹的规范主义立场，目的是发现事实，依据法定的构成要件确定责任类型；"担责"的大小和方式则依据相关的因素进行考量，尽量选择更有利于恢复环境秩序的方式，必要时可以缓和"担责"的强度或者"担责"方式可灵活变通，因而其采取的是一种功能主义的立场。在环境法律责任体系化过程中单纯选择规范主义或功能主义中的一种立场都会在实践中产生相应的问题，因此应结合两种倾向，在环境责任原则二元结构适用的不同阶段采用不同立场，设置不同的一般条款。

第一类，以规范主义理念为主导的"违法"认定规则。"违法"认定阶段的规范主义立场可以沿用原来对于环境法律责任的相关事实认定标准。这种规范主义立场一直是传统环境法律责任的特点。即便从客观事实到法律责任要件的转化过程中存在一定程度的价值判断标准转化，如因果关系认定标准、举证责任分配等，但是其主要是为了更好地明确损害。通过相关技术辅助手段实现法律事实的认定，这是确定行为人可追责的"入口"。

第二类，以功能主义理念为主导的"担责"调整规则。与"违法"确定阶段坚持的规范主义立场不同的是，"担责"大小和方式的确定可以秉持功能主义观点。功能主义立场下的"担责"，行政主体采用调整责任大小的方式落实环境行政法律责任，可避免"一刀切"方式带来的社会问题，寻求个人利益和公共利益的契合点，在最大限度上实现恢复环境秩序的目的。这类一般条款就是第四章讨论的承担体系融贯功能的价值性一般条款。

第三类，坚持规范主义理念的监督规则。虽然调整"担责"大小和方式的做法在功能上具有合理性，除了规范意义上对"违法"确定方式和标准的坚守以外，还可以通过有关机关监督和公众参与式的监督来防止相关主体与违法责任人之间的共谋与法律责任的逸脱，因此亦需要在规则设计上为监督提供依据。

总体而言，环境行政法律责任规范内在体系的条款类型包括基本原则条款和价值性一般条款。这类一般条款可以看作是对确立的内在体系基本原则模式的具体化。

（二）环境行政法律责任规范的外在体系条款类型

如第三章所述，环境行政法律责任规范的外在体系的应然结构是建立"三层金字塔"结构，其中包括基本原则条款、一般条款和具体规则条款。此处的"三层金字塔"结构中包括基本原则条款，是因为基本原则条款的特殊性，即内在体系的一部分，但是外显性又具有外在体系的特征。

结合第三章和第四章所述，环境行政法律责任规范的外在体系完善的重点是责任一般条款的完善。具有一定抽象性、适用于特定类型行为或规定一类事项或统领一类制度的条款都属于"一般条款"。从作用上看,环境行政法律责任规范的一般条款分为技术性一般条款和价值性一般条款。前者是指以提炼具体规则的普遍适用要素为内容的一般条款,目的是解决目前法律文本中"具体规则"抽象度不够、重复立法等问题,可以通过优化立法技术实现;后者是以落实内在体系为内容,以实现体系融贯为目标的一般条款。这类条款是实现体系融贯的重点。

具体规则条款是指具体规定了行为类型和法律后果,具有直接适用性的法律责任条款。在具体规定的过程中不仅需要考量特定行为的可罚性及力度,也应当考虑处罚的成本、效果等因素。

(三)环境行政法律责任规范的体系融贯条款类型

如第四章所述,环境行政法律责任规范的体系融贯主要通过价值性一般条款实现。这类条款是以落实内在体系为内容,以实现体系融贯为目标的一般条款。我国司法实践中,创新的责任承担方式和比较法上创新的责任承担方式作为以功能主义理念为指导创设的"担责"调整规则具有被抽象为一般条款,成为环境行政法律责任规范体系融贯"工具"的可能性。在创设这类一般条款时应充分论证其可能性、必要性和技术性,平衡规范性和功能性的关系,以避免导致法律责任的逸脱。

综上所述,环境行政法律责任规范的条款类型分为:表达内在体系的条款、形成外在体系的条款和实现规范体系融贯的条款。从类型上看,内在体系的条款类型主要是基本原则条款和价值性一般条款;外在体系的条款类型主要是价值性一般条款、技术性一般条款和具体规则条款;体系融贯的条款类型主要是价值性一般条款。在立法和条款适用过程中,基本原则条款指导一般条款的建构与适用;具体规则条款的制定与适用受到一般条款的直接约束,当出现具体规则条款和一般条款无法解决的问题时,再适用基本原则条款。基本原则条款、一般条款(价值性一般条款和技术性一般条款)和具体规则条款构成了环境行政法律责任规范的完整条款类型。

二、比较法上环境（行政）法律责任规范的体系结构

环境（行政）法律责任规范[①]是环境法（典）的重要内容，比较法上对环境法律责任的规定也并非适用了相同的模式，依据掌握的比较法上的环境法（典）资料，可以将其依据对环境（行政）法律责任条款的编纂模式划分为不同的结构。

（一）"总—分"的环境（行政）法律责任体系结构

"总—分"结构的环境（行政）法律责任体系是指环境法（典）中对于环境法律责任条款分别规定在总则和分则[②]中。这种结构的代表国家及法典包括：《法国环境法典》《爱沙尼亚环境法典法（总则）》《菲律宾环境保护法典》[③]和德国部分时期法典草案[④]中的环境（行政）法律责任条款。下面将分别予以介绍。

1. 双重"总—分"法律责任结构

依据法典化运动的特征，采用这种法律责任结构的代表有德国部分时期法典草案和《法国环境法典》。之所以称之为双重"总—分"结构是因为环境法典中的法律责任规范其形式和实质上都呈现出"总—分"的特征。

《法国环境法典》共分为七卷，总体上呈现"总—分"的结构。《法国

---

① 由于比较法上立法资料掌握有限，和比较上法对于环境公法责任规范在同一条文中规定的立法例，此处并不严格区分环境行政法律责任规范和环境刑事法律责任规范，而选用环境（行政）法律责任规范的表述，着重讨论比较法上环境法典化过程中对于环境法律责任条款结构的安排。

② 由于"总—分"结构是笔者依据掌握的比较法上的环境法（典）的资料进行分析总结的，所以这里的"总则"既包括实质上的总则，也包括形式上的总则。前者如《爱沙尼亚环境法典法总则》《法国环境法典》等；后者如《菲律宾环境法典》。分则也作同样理解。

③ 《菲律宾环境保护法典》并非一部严格意义上的法典，而是汇集了以菲律宾环境法典化运动中制定的一系列环境法律规范为内容的法典汇编。其以《菲律宾环境法典》为统领，包括一系列通过总统、共和国法案、最高法院决定等形式颁布的法律法规，而构成了菲律宾环境法律体系。

④ 虽然德国的环境法典化并未实现，但是其经历的四次法典编纂活动形成的相关文本中对于法律责任的安排具有这类特征，故此处一并讨论。

环境法典》第一卷的共同规定是整部法典的总则部分，其中"与检查和处罚相关的共同规定"对于整部法典中法律责任条款适用具有统领作用，因此属于形式和实质上的环境（行政）法律责任的"总则"。

在总则之外，《法国环境法典》第二卷至第七卷构成了分则部分，针对特定的领域制定相关规则。依据法典的内容编排，卷内分为不同的编，其中卷可以对应为我国环境保护的不同领域，如污染防治、自然资源、生态空间等；其下设的编可以看作是针对特定的环境要素或领域做出的细分，如自然遗产卷中的狩猎法、渔业法。因此，在卷内的各编下的特定章节中规定环境行政法律责任属于是环境（行政）法律责任的"分则"。（详见表2）

表2 《法国环境法典》中有关环境（行政）法律责任的条款[①]

第一卷 共同规定	第七编 "与检查和处罚相关的共同规定"	
第二卷 自然环境	第一编 "与水、水环境与海洋环境有关的规定"	第六章 相关行政与刑事检察与处罚的规定[②]
	第二编 "与空气和大气层有关的规定"	第六章 相关检查与处罚
第四卷 自然遗产	第二编 狩猎法	第九章第四节 处罚
	第三编 渔业法	第七章 违法行为的查证与认定、民事诉讼、处罚
第五卷 污染、风险和损害预防	第二编 化学、除生物剂和纳米颗粒态物质的管控、市场准入及健康和环境风险防范	第一章第三节 行政处罚
	第三编 转基因生物的有限使用、扩散、监测以及相关的行政和刑事制裁规定	第五章 检查与行政处罚

---

① 此表内容的编制参照了《法国环境法典》译著和《法国环境法典化的历程及启示》论文，参见莫菲：《法国环境法典化的历程及启示》，载《中国人大》2018年第3期；莫菲等译：《法国环境法典》，周迪、张莉校，法律出版社2020年版。

② 因为行政法律责任和刑事法律责任都属于公法责任，其主要区别在于惩治的违法行为的严重程度不同，因此在比较法上将行政法律责任和刑事法律责任规定在同一条款中的立法例并不罕见。

续表

	第五编　关于某些工程或设施的特别规定	第七章第五节　行政检查与行政治安措施
	第八编　生活环境保护	第一章第六节　行政与刑事处罚相关规定
	第九编　核安全和基础核设施	第六章　检查与处罚（一般规定、行政检查、行政罚款等）

另一个采用这种环境（行政）法律责任规范编排结构的是德国。在德国的环境法典化运动中，两次编纂活动中采用这种形式的环境（行政）法律责任规范结构。第一次环境法典编纂中的教授草案（1988—1994年），在总论第110—130条规定了"环境责任和对环境损害的赔偿"[1]；第二次环境法典编纂（2006—2009年）中，2008年草案第一书作为总则性规定，其中规定了公法上的环境责任[2]。

综上所述，德国环境法典化运动中的部分草案和《法国环境法典》中对于环境（行政）法律责任规范的编排属于形式和实质的双重"总—分"结构。这种结构在制定过程中注意依据条款的性质和适用范围对条款进行不同层次的技术处理。对于结构体系庞杂的法典编纂而言，是一种理想的环境（行政）法律责任结构形式。

2."总则先行式"的法律责任结构

2011年制定完成，2014年生效实施的《爱沙尼亚环境法典法（总则）》是在充分预估了法典化难度的基础上，对其环境法典的编纂工作作出了顶层设计安排。其在颁行之后进行了几次小幅的修改，目前的环境法总则包括法律责任条款在内的，共63条。[3]

---

[1] 参见施理：《德国环境法法典化立法实践及启示》，载《德国研究》2020年第4期。
[2] 参见张璐璐：《德国环境法法典化失败原因探究》，载《学术交流》2016年第6期；沈百鑫：《两次受挫中前进的德国环境法典编纂》，载《中国人大》2018年第5期。
[3] 参见张忠利：《迈向环境法典：爱沙尼亚〈环境法典法总则〉及其启示》，载《中国人大》2018年第15期。

这种法典编纂分步走的模式选择，先制定环境法典总则，其中规定法律责任规定的做法可以为其他单行环境法的制定提供一个总体方向，为环境（行政）法律责任的实质体系化提供基础。在面临较庞大的环境法典编纂工作时，若采用分步走的法典编纂策略，爱沙尼亚的法典编纂中对于环境法律责任的编排对于总则中环境（行政）法律责任条款的制定提供参考。

3. 实质性"总—分"法律责任结构

这种类型是指虽然并未编纂形式上的环境法典，或者未对法典进行总则与分则的区分，但是依据整个环境法律体系的结构或者基于对环境法典内容的分析，其在实质上构成了"总—分"的环境（行政）法律责任结构。例如，德国专家委员会草案（1992—1997年），没有在形式上区分环境法典的总论与分论，但其实质上的总论部分在第172—189条规定了环境责任。[①]

这一类型的典型代表国家是菲律宾。菲律宾并未编纂形式上的环境法典，而是以《菲律宾环境法典》为统领，结合一系列通过总统、共和国法案、最高法院决定等形式颁布的环境法律、法规，构成了菲律宾环境法律体系。除《菲律宾环境法典》外，菲律宾的环境法律体系还主要包括《菲律宾森林改革法典》《菲律宾卫生法典》《菲律宾水法典》《菲律宾渔业法典》（1998年）等涵盖保护森林和生物多样性、保护海洋和水产资源、处理空气污染、与危险废弃物和环境保护相关的法律等。

在这个法律体系中，《菲律宾环境法典》在结构框架上分为七个部分，其中规定实质内容的为五个部分，包括空气质量管理、水质量管理、土地使用管理、自然资源管理与保护、废物管理，从立法目的、监测、标准、监管与执法等方面作出了规定。虽然这部法典对法律责任有规定，但是因为不明确，使其适用时执行效果大打折扣。[②]

---

① 参见施理：《德国环境法法典化立法实践及启示》，载《德国研究》2020年第4期。
② 参见岳小花译：《菲律宾环境保护法典》，李聚广校，法律出版社2020年版，译者序第7、10页。

基于此，菲律宾环境保护法律体系中，主要依靠单行法典①中的法律责任部分的规定予以适用，如《菲律宾水法典》第八章的"处罚规定"；《菲律宾渔业法典》（1998年）第六章"禁止与处罚"等。②

在这种结构中，虽然没有编纂形式上的环境法典，但是各单行法典依据其内容上的逻辑结构形成了实质的环境法典结构，其中以《菲律宾环境法典》为首的法典属于实质上的总则。在这种实质的"总—分"法律责任结构中，总则中的法律责任规范内容过于抽象而不具有适用性，因此需要在单行法中规定具体的适用规则。

（二）分散形式的环境（行政）法律责任体系结构

《意大利环境法典》③中的法律责任条款的结构并未形成如前述完整的"总—分"结构，在总则中并未规定法律责任的内容，而是分散在法典的各部分，因而呈现出分散的特征。

《意大利环境法典》的第三部分第二编第五章中，在第一节规定的行政处罚。在第四部分的总则部分规定了承担责任原则和"谁污染，谁付费"原则；而第五部分又在具体规则的部分规定了处罚条款。④这种没有规定模式，依据实际情况安排环境（行政）法律责任的体系编排方式有其独有的特征，故而作为单独一类。

（三）分则规定环境（行政）法律责任的结构

《瑞典环境法典》是在分则中规定环境（行政）法律责任的典型代表。

---

① 依据对法典内容的研究，这些冠以"法典"的文本在内容上等同于我国的单行环境法。
② 参见岳小花译：《菲律宾环境保护法典》，李聚广校，法律出版社2020年版，译者序第9页。
③ 若无特别说明，此部分的相关内容来自笔者参与《意大利环境法典》校译工作而接触到的法典翻译稿。
④ 参见李钧：《一步之遥：意大利环境"法规"与"法典"的距离》，载《中国人大》2018年第1期。

该法典总体呈"总—分"结构，共七编三十三章，其中第六编"处罚"①集中规定了公法性质的责任。

虽然法典本身呈现"总—分"结构②，但是相较于"总—分"结构的法律责任条款体系而言，此种类型中在总则部分没有环境（行政）法律责任的相关内容。环境（行政）法律责任的规定集中在分则部分，因而单独构成一种类型。

除这三类公法性质的环境（行政）法律责任体系结构外，比较法上对于环境民事责任条款的编排体系也能为我国环境行政法律责任规范的结构选择提供思路。德国在第一次环境法典化活动中，于1990年颁布了《环境责任法》。这部法律冠以"环境责任"的名称，但却以环境民事责任为唯一内容。③从该法条款的涵盖范围和性质看，其主要是规定了一些一般条款（例如概念界定、责任免除等），以及转致条款（包括与《德国民法典》的衔接、与环境行政责任的衔接）④。因而，该法可以被定位为环境民事责任特别法，类似于我国《民法典》中侵权责任编内的生态环境侵权责任条款群。《意大利环境法典》中也有相似的条款设计。该法典第六部分规定"环境损害赔偿的规定"，内容主要指向民事责任，其在2015年增设了第六（乙）部分"涉环境保护的行政和刑事违法行为的处罚规定"⑤。这部分专门的法律责任条款部分对我国环境（行政）法律责任条款的结构编排有借鉴意义。

综上所述，依据比较法上对环境（行政）法律责任体系的结构编排，可以将其分为三种类型："总—分"结构、分散形式的结构和分则规定的结构。这些结构各有特色，均有被借鉴的意义。其中分散形式的结构与分则

---

① 参见竺效等译：《瑞典环境法典》，竺效、张燕雪丹等校，法律出版社2018年版，第143—150页。
② 参见竺效、田时雨：《瑞典环境法典化的特点及启示》，载《中国人大》2017年第15期。
③ 参见汪学文：《联邦德国"环境责任法"的制定》，载《德国研究》1994年第4期。王明远：《德国〈环境责任法〉的基本内容和特色介评》，载《重庆环境科学》2000年第4期。
④ 参见杜景林：《德国环境责任法》，载《国际商法论丛》2005年第7期，第63—83页。
⑤ 参见李钧：《一步之遥：意大利环境"法规"与"法典"的距离》，载《中国人大》2018年第1期。

规定的结构这两种类型可以依据对违法行为处罚的需要制定法律责任具体条款，与我国目前的单行环境法的责任条款编排相似，为之后编纂生态环境法典分则部分的法律责任条款提供了思路。"总—分"结构是比较法上较为成熟的编纂经验，被较多实行环境法法典化的国家选择。"总—分"结构又可以细分为双重"总—分"结构、"总则先行"结构和实质性"总—分"结构三种。此外，比较法上德国和意大利针对特定类型的环境法律责任进行专门立法或者专门条款群规定的结构也可以提供一定的经验。

三、其他部门法上法律责任规范的体系结构

环境行政法律责任规范体系的条款有三种类型：基本原则条款、一般条款和具体规则条款。《民法典》是我国法典编纂技术的优秀代表，其高超的立法技术可以为环境行政法律责任规范的体系结构提供借鉴经验。

《民法典》的双层"总—分"结构可以为环境行政法律责任规范结构的选择提供立法技术经验。就《民法典》而言，其在第一编总则中形成了第一层法律责任"总—分"结构，即以第一章基本规定中第3条"民事权益受法律保护"为核心的，以其他几项基本原则为辅的民事法律责任基本原则"总论"；以第八章民事责任共12条内容确立了可以适用于各类民事责任的一般条款，这两部分内容共同构成了《民法典》总则部分的法律责任"总—分"结构。这一"总—分"结构中，"分则"部分的内容可以在分编未穷尽规定全部民事责任的情况下，以填补漏洞和缝隙的形式适用此"分则"内容；同时"分则"部分对分编和民事单行法中的具体民事责任制度具有统领、指引作用。[①]这种统领和指引作用在一定程度上起到了融贯内在体系与外在体系的作用。

就《民法典》中法律责任而言形成的第二层"总—分"结构以第七编

---

① 参见李适时主编：《中华人民共和国民法总则释义》，法律出版社2017年版，第545—546页。

侵权责任编为典型代表。侵权责任编的架构整体上是以"一般规则和具体规定两部分……形成的从一般到具体构成的规则体系"①。虽然没有以"总则"命名，但是第七编第一章一般规定和第二章损害赔偿属于侵权责任的共性规则，从体系的角度看，这些内容实质上起到了侵权责任编总则的作用。②这样《民法典》总则编的"总—分"结构和侵权责任编的"总—分"结构共同构成了侵权责任的完整规范体系架构，这个结构对"基本原则""一般条款"和"具体规则"三种条款作出了体系化安排。

以《民法典》中法律责任的立法技术为参照，结合目前环境行政法律责任规范存在的问题，环境行政法律责任规范的体系也可具有相似的结构和条款设置。其中"基本原则"条款确立环境行政法律责任的基本原则，并确立基本原则解释与适用的内在体系框架。"一般条款"应当包括可以适用于环境行政法律责任的所有具有技术性的一般条款。例如，第三章提及的法律责任转致条款、代履行制度、公益诉讼制度等和价值性一般条款。又如，第四章讨论的责任承担方式创新的一般条款。而"具体规则"则以固定要件的模式规定具体违法行为及其配套的法律后果。

四、我国环境行政法律责任规范体系的"总—分"结构

在确立"总—分"结构和三类规范类型后，环境行政法律责任规范结构有两个选项：第一种是双层"总—分"结构的环境法律责任外在体系结构，具体而言包括"环境基本法的基本原则+环境法律责任一般规则条款"和"环境行政法律责任一般条款+具体规则"双层模式；第二种是单层"总—分"结构，除"环境基本法的基本原则"和"具体规则"外，设置专门的章节规定所有的一般条款。这两种模式仅仅是一种立法技术选择问题，

---

① 王利明：《体系创新：中国民法典的特色与贡献》，载《比较法研究》2020年第4期。
② 参见孙宪忠：《论民法典贯彻体系性科学逻辑的几个要点》，载《东方法学》2020年第4期。

环境行政法律责任规范的实质内容并不产生影响。对于如何选择环境行政法律责任规范体系的结构，可以借鉴比较法上的环境法（典）经验，再结合我国的立法实践进行选择。

基于环境行政法律责任规范"三层金字塔"的结构设置，从成熟的国内法典立法编纂技术和比较法上环境法典的编纂技术看，"总—分"结构是较为合适的环境行政法律责任规范的体系结构。在对环境行政法律责任规范"分则"条款进行结构化处理时可以借鉴比较法上的其他类型结构经验。与此同时，环境行政法律责任规范的体系立法过程中还需要处理好与相关制度和部门法的衔接。

如前所述，环境行政法律责任规范的条款类型分为三类：表达内在体系的条款、形成外在体系的条款和实现规范体系融贯的条款。从类型上看，内在体系的条款类型主要是基本原则条款和价值性一般条款；外在体系的条款类型主要是价值性一般条款、技术性一般条款和具体规则条款；体系融贯的条款类型主要是价值性一般条款。总体来看，环境行政法律责任规范的条款类型有三类：基本原则条款、一般条款和具体规则条款。这些条款依据其效力、抽象性总体上形成了一个"三层金字塔"结构。

选择"总—分"结构作为环境行政法律责任规范体系的编纂结构，但同时也需要综合考量我国的立法进程和规划。就目前而言，我国实行的是综合环境基本法统领下的环境保护单行法模式，但长久而言，环境法法典化是今后的一项立法规划。这两种模式需要有一定时间的过渡期，因此应当统筹考虑两种模式下环境行政法律责任规范的体系编排。

首先，环境保护单行法模式中的"总—分"结构。这种模式中，作为综合性的环境保护基本法，《环境保护法》作为实质性的"总则"，应当对其调整范围进行更新和补充，使其涵盖生态（环境）保护的所有领域。就法律责任而言，建立起融贯的基本原则体系，构建包括技术性一般条款和价值性一般条款在内的一般条款规范体系。排除目前《环境保护法》中的环境行政法律责任规范的具体规则。在环境保护单行法中规定具体的环境行政法律责任规范；同时视具体情况需要，在单行法中选择是否规定适用于整个单行法领域的环境行政法律责任一般条款。

这样形成了两种结构类型：《环境保护法》中的法律责任基本原则和一般条款＋单行法中的具体规则形成的环境行政法律责任规范的"单层""总—分"结构；《环境保护法》中的法律责任基本原则和一般条款＋单行法中的一般条款和具体规则形成的环境行政法律责任规范的"双层""总—分"结构。

其次，法典模式中的"总—分"结构。这种模式中，很大程度上是对《法国环境法典》中环境法律责任结构的模仿。其与环境保护单行法模式中的"总—分"结构有极大的相似性。依据"两步走"的环境法法典编纂模式[①]，先起草立法条件比较成熟的总则部分，再依据实际情况逐步完善生态环境法典的分编，这种法典编纂模式下的环境行政法律责任规范的"总—分"结构与前述的环境保护单行法的"总—分"结构并无二致。在此不做赘述。

综上所述，不论是基于我国目前的立法情况，还是考虑之后的生态环境法典编纂的工作需求，"总—分"结构是环境行政法律责任规范体系的理想结构。不论是保持目前的环境保护单行法模式中的"总—分"结构，还是考虑到之后"两步走"战略下的生态环境法典编纂，环境行政法律责任规范体系结构的多种选择：总则中的法律责任基本原则和一般条款＋单行法中的具体规则形成的环境行政法律责任规范的"单层""总—分"结构；总则中的法律责任基本原则和一般条款＋单行法中的一般条款和具体规则形成的环境行政法律责任规范的"双层""总—分"结构。不论作出哪种选择，都要求对目前的《环境保护法》进行修改，确立其实质上的环境保护法律规范体系的总则地位，以最大限度地解决第三章中阐述的目前环境行政法律责任规范存在的问题。

---

① 笔者分别参与了中国法学会环境资源法学研究会和北京卓亚经济社会发展研究中心的生态环境法典编纂研究工作，专家学者们比较赞同"两步走"的生态环境法典编纂步骤。

第二节 ▎环境行政法律责任规范体系的适用

环境行政法律责任规范体系的适用是指确立的"一般条款"或相关制度在适用时应当注意的相关问题。这一内容区别于环境行政法律责任规范的立法实现。其中立法实现是适用的前提，这两者共同构成了环境行政法律责任规范体系实现的内容。所以，环境行政法律责任规范的体系化实现首先需要确立新的规范类型，这类规范在适用过程中需要相关规则或者制度予以保障，以确保该类条款适用不会偏离制度设计的初衷。如果基于功能性考虑进行设计的制度或者条款在适用过程中产生巨大风险，将会从根本上损害法律的权威性。因此，环境行政法律责任规范体系适用的主要内容是通过设计和构思适用规则和适用保障等相关内容来确保环境行政法律责任目标与作用的落实，不会产生因为追求功能性目标而丧失规范性目标"本末倒置"的情况。

一、环境行政法律责任规范体系的适用规则

环境行政法律责任规范体系中价值性一般条款的内容赋予责任承担方式的灵活性是其所具有的优势。这种灵活性所带来的区别于传统的"严格型"责任规范更易产生更好的环境效果。但是在适用过程中要严防实用主义异化倾向，需要相关规则予以规制。

（一）条款适用顺序

如前所述，应然情况下的环境行政法律责任规范的条款类型应当呈现一个"三层金字塔"结构，即基本原则条款、一般条款和具体规则条款。具体而言，环境行政法律责任规范的条款应当包括：表达内在体系的条款、形成外在体系的条款和实现规范体系融贯的条款。从类型上看，内在体系的条款类型主要是基本原则条款和价值性一般条款；外在体系的条款类型主要是价值性一般条款、技术性一般条款和具体规则条款；体系融贯的条款类型主要是价值性一般条款。基本原则条款、一般条款（价值性一般条款和技术性一般条款）和具体规则条款构成了环境行政法律责任规范的完整条款类型。

依据三类条款的直接适用性，从低到高依次为：具体规则条款、一般条款和基本原则条款。除去技术一般条款外，在具体适用时的顺序为：具体规则条款、价值性一般条款和基本原则条款。依据简化的"规则—原则"模式，其运作的理念可以表述为：规则是直接适用于具体行为的"决定性理由"，而原则在适用于具体行为时由于不能直接对特定行为给出明确的决定，因而是"起作用的理由"。①"决定性理由"以全有或者全无的方式发生作用；"起作用的理由"在适用中发挥作用的表现区别在于程度，而不具有排除其他"理由"的效果。"起作用的理由"总是被综合运用，且在适应过程中需要考虑其他隐性的价值、理念、政策等，这也正是内在体系发挥作用的方式；"决定性理由"是被直接适用的，例外情形需要有直接规定或者充分的理由予以说明。这是出于维护法律秩序稳定性的角度考虑，在可以适用具体的法律规则时，应当禁止直接适用一般条款，即禁止"向一般条款逃逸"。②设定这样的适用顺序既可以在最大限度上保证法的稳定性，在最大限度范围内保持法律适用结果的一致性，也可以在特定情况下允许变通适用以保持法律体系的开放性。

在环境行政法律责任规范体系的适用过程中，对条款的适用顺序应当遵

---

① 参见侯学勇、郑宏雁：《当代西方法学中的融贯论》，载《法学方法》2014年第2期。
② 参见王利明、王叶刚：《法律解释学读本》，江苏人民出版社2016年版，第189页。

循一般的法理要求，先适用具体规则条款再适用一般条款（尤其是价值性一般条款）。如前所述，在坚持责任过程理念和适度功能主义理念中，"违法"认定阶段的规范起到事实认定的作用，是确定行为人可追责的"入口"。该规则应由特定机关依据特定程序制定，因此这一阶段要求秉持严格的规范主义立场。因此，在适用过程中应当先依据具体责任规则确定责任"基线"。在"违法"认定基线的基础上考虑"担责"的缓和问题，基于适当功能主义理念，结合相关因素进行价值判断。这种理念下的规范表现为价值性一般条款。综上所述，在条款的适用顺序上，应当遵循先启动环境行政法律责任规范的具体规则条款，然后再适用环境行政法律责任规范的价值性一般条款的顺序。

（二）适用价值性一般条款的启动条件

环境行政法律责任规范的价值性一般条款在设计上主要是出于对价值判断的考量；其出发点是在规范主义主导的责任规范体系中纳入功能主义考量；其作用是在特定情况下允许环境行政主体采用调整责任大小或者责任承担方式的形式落实环境行政法律责任；其目的是避免"一刀切"的法律责任带来的社会问题，寻求个人利益和环境公共利益的契合点，降低环境行政执法的隐性成本、调动环境行政相对人的履责积极性，以在最大限度上实现恢复环境秩序的目的。

严格执行环境行政法律责任的具体规则是目前的通行做法，但是因无法在完整意义上实现环境行政法律责任的目的和作用，因而不是最优解。基于此，本书提出了在规范主义为主导基础上的适度功能主义理念以优化规范适用效果。由于环境行政法律责任规范的价值性一般条款的适用涉及环境行政法律责任关系的双方。因此，在条款启动的主体设计上应包括环境行政主体和环境行政法律关系相对人双方。

如第四章中对技术改造的分析所述，提出适用价值性一般条款的主体在立场上分为两大阵营：一方以影响法律责任为目的；另一方以获得更加显著的环境治理效果为目的。价值性一般条款适用的理想状态就是在不违背基本法律责任法理的基础上使两大阵营达成最大共识。对于这两类主体提出适用价值性一般条款以缓和责任大小或者改变责任承担方式的申请或者达成的合意应当由该特定案件中环境行政机关的上级部门进行审查。

就启动的前提而言，应当是环境行政机关建议或者环境行政相对人主动实施相关行为或提出相关方案以填补在特定案件中由其违法行为导致的生态（环境）损害，或者通过相关治理手段杜绝与该特定案件相同或类似违法行为产生的可能。环境行政相对人已经着手实施或者已经制订切实可行的落实（优化）方案可以看作是环境行政法律责任规范中价值性一般条款适用的启动前提。

对于启动前提条件的识别应当严格遵循与案件相关原则。以目前较为典型的环境行政执法对象塑造为例，为了提升社会信誉、给自身创造更大的发展环境，通过协助地方政府落实低保或者扶贫等惠民政策，既缓和了民企关系，又改善了政企协作关系。这种切实的利益在客观上可能会增加民众对于污染的容忍度，改善污染企业的社会影响力，而同时也会使基层环保执法部门面临科层执法的压力。[①]履行社会责任、提升企业声誉等行为产生的社会收益无可厚非，但是并不能因此而改变环境违法行为的性质或者削减违法行为的危害程度。若不严格遵循与案件相关原则，那么在适用环境行政法律责任规范的价值性一般条款时，将可能在较大程度上偏离环境行政法律责任的一般要求，导致法律责任逸脱，损害法律的权威性。

（三）排除适用情形

环境行政法律责任规范的价值性一般条款的适用目的是更好地实现环境行政法律责任的目的。追求更好目的作为驱动力不能以牺牲最基本的责任目的为代价，因此在规定价值性一般条款的同时也应当设定排除适用情

---

① 参见王福强：《基层环境执法困境及其解释》，载《湖北民族学院学报（哲学社会科学版）》2019年第3期。

形，这一方面能够最大限度地调动环境行政相对人守法履责的积极性，也能确保该条款的适用不会导致环境行政法律责任规范适用的"本末倒置"。

在具体设计上可以依据环境行政相对人的以往守法表现和本次违法行为的相关情况区分环境行政法律责任规范价值性一般条款的排除适用情形。例如，就以往守法表现而言，可以参照《最高人民法院、最高人民检察院关于办理环境污染刑事案件适用法律若干问题的解释》（法释〔2023〕7号）第1条第（6）项设定的判断"严重污染环境"的标准进行设计。该项规定"二年内曾因在重污染天气预警期间，违反国家规定，超标排放二氧化硫、氮氧化物等实行排放总量控制的大气污染物受过二次以上行政处罚，又实施此类行为的"，将前序行政处罚作为刑事责任中判断是否为严重污染环境的情形。在环境行政法律责任规范的价值性一般条款的排除适用情形中可参照此条款类型，结合环境行政执法实践的具体情况进行设计。就本次违法行为相关情况的考量因素可包括行为人的主观情况（如故意）、造成的危害结果的情况（重大且严重后果等）等内容，结合环境行政执法实践的具体情况进行设计。

除此之外，环境行政法律责任规范体系实现过程中，就其适用的程序而言也应当有专门的、系统化的规定。这些也是其适用规则的一部分，程序的清晰明确和可预期性对于整个规范体系的落实至关重要。

二、环境行政法律责任规范体系的适用保障

本书以环境行政法律责任规范体系化为研究内容，出发点为如何通过对"严格型"责任规范类型的填补实现环境行政法律责任的目的、缓和执法主体之间的关系张力、调动相对人的守法履责积极性，从而更好地服务于环境行政秩序的实现。从环境公共利益的角度出发，相关条款和制度落实也应当落脚在环境公共利益的保护上。因此，适用保障内容的设计与构思也应当围绕这个目标进行，依据目前的相关实践情况，暂时从监督机制、技术控制与保障机制和救济机制等方面进行构思。

（一）监督机制

如前所述，环境行政法律责任规范的内在体系采用二元结构，其中应当依据不同的需求设置不同的一般条款，依据其指向的内容不同分为"违法"认定规则、"担责"调整规则和监督规则。虽然调整"担责"大小和方式的做法在功能上具有合理性，除了规范意义上对"违法"确定方式和标准的坚守，还可以通过有关机关的职权监督和公众参与式监督来防止相关主体与违法责任人之间的共谋与法律责任的逸脱，因此亦需要在规则设计上为监督提供依据。这里的监督机制即包含在内。

监督机制内依据监督主体的不同可以分为公众监督和法定机关的监督。其中公众监督可以嫁接于环境法上的公众参与原则，依靠环境知情权和环境权益司法救济权展开[①]。为了给公众和相关社会主体提供监督基础，涉案主体应当对案件的相关资料进行公开，其中公开的内容应当遵循信息公开的一般要求。由于对责任承担方式的灵活性变通需要环境行政法律关系双方达成合意，故此环节的设计可以参照《最高人民法院关于审理环境民事公益诉讼案件适用法律若干问题的解释》（2020年修正）[②]和《最高人民法院关于审理生态环境损害赔偿案件的若干规定（试行）》（2020年修正）[③]中有关协议公告的要求。依据目前的法律规定，可以开展监督的法定主体是检

---

① 竺效教授主张，基于目前我国公众参与的立法状况，公众参与原则主要体现在三个方面：环境知情权、环境决策参与权和环境权益司法救济权。

② 《最高人民法院关于审理环境民事公益诉讼案件适用法律若干问题的解释》（2020年修正）第25条规定，环境民事公益诉讼当事人达成调解协议或者自行达成和解协议后，人民法院应当将协议内容公告，公告期间不少于30日。公告期满后，人民法院审查认为调解协议或者和解协议的内容不损害社会公共利益的，应当出具调解书。当事人以达成和解协议为由申请撤诉的，不予准许。调解书应当写明诉讼请求、案件的基本事实和协议内容，并应当公开。

③ 《最高人民法院关于审理生态环境损害赔偿案件的若干规定（试行）》（2020年修正）第20条规定，经磋商达成生态环境损害赔偿协议的，当事人可以向人民法院申请司法确认。人民法院受理申请后，应当公告协议内容，公告期间不少于30日。公告期满后，人民法院经审查认为协议的内容不违反法律法规强制性规定且不损害国家利益、社会公共利益的，裁定确认协议有效。裁定书应当写明案件的基本事实和协议内容，并向社会公开。

察机关。这些主体发现确有在责任承担方面的损害社会公共利益的合谋行为，是依据环境民事公益诉讼要求对环境公益的填补还是依据环境行政公益诉讼追究环保行政机关的职权责任，还是同时针对不同主体启动两类环境公益诉讼则需要依据案件实际情况和这些类型诉讼的法理进行分析。

（二）技术控制与保障机制

技术控制和保障机制是指通过配套广义的技术标准或规范确保环境行政法律责任"柔性"规范得以落实的制度总称。这类机制对于确保制度目的落实具有重要作用，以下将结合目前司法实践中的实例进行说明。

以减免法律责任、改变法律责任大小为表现形式的相关制度在落实时要注意折抵的比例。以技术改造为例，技术改造抵扣是指因进行技术改造而无须支付一定比例的赔偿金额的适用方式。在司法实践中，折算比例在个案中并未统一，但这部分金额的折算比例是关系到法律责任落实效果的关键。从诉讼相关文书资料和法律规定中看，目前并没有明确的折算标准要求。就适用而言，应当有特定的标准或者模型进行计算，以确保不会实质上或者明显违背过罚相当原则。同时，这种技术控制手段也是在尽量保持处罚结果的一致性，保障法的稳定性和可预期性品质的实现。[①]

对于为了缓解责任人的资金压力，而在责任落实过程中灵活掌握责任落实期限的案件，应当有确定的程序或者方法确保资金及时且足额到位。以技术改造适用的司法实践案例为例：第一，赔偿资金及时到位。赔偿资金是实现救济生态环境损害的关键，在具体适用中损害填补一般需要资金的分批投入，所以在确定分期的数量和每期的数额时应当借助损害填补方案以确保每次支付的金额不影响损害救济的进度。同时在前述案例中，针对

---

① 如第四章所述，环境诉讼中技术改造的适用结果类型多样，有折抵、分期支付、作为履行责任一部分、作为量刑因素等各种类型，甚至在一些案件中技术改造并未被法院采纳为影响法律责任的一项考量因素。这在一定程度上导致的"类案不同判"损害了司法统一。

未按期支付的情况附加了强制执行全部的赔偿金额作为保障条款的经验可以借鉴[①]。第二，赔偿资金应当足额到位。适用技术改造分期的主要目的是缓解责任人经营的资金压力，因此适用时可能会出现后续资金无法支付的风险。为了平衡两种矛盾，应当在有充分证据评估经营风险的基础上，要求责任人提供相应价值的担保[②]。

对于补种复绿、增殖放流、劳务代偿等责任承担方式是否可适用于环境行政法律责任中，以及在适用中需要把握的技术控制和保障机制的内容应当依据该类制度的特性进行分析。

（三）救济机制

由于适用"柔性"规范落实环境行政法律责任能够更好地实现环境行政目的，对于救济生态（环境）损害具有更好的效果，这在一定程度上是给环境行政相对人增加了超越传统法律责任的义务。环境行政机关可能会在与环境行政相对人达成合意的过程中出现"过度执法"的情况，这种可能会对相对人的人身、财产造成不合理的损失结果，应当有相应的救济途径。

此外，环境行政机关与环境行政相对人达成的合意可能会因为相对人主观原因或者客观情况无法落实，但是对违法行为的处罚不能就此免除，因此还应当适用"严格型"责任回复机制予以保障。此内容可以参照《最高人民法院关于审理生态环境损害赔偿案件的若干规定（试行）》（2020年修正）的相关规则。[③]

---

① 参见（2016）苏01民初1203号。
② 参见（2018）苏民终1316号。
③ 《最高人民法院关于审理生态环境损害赔偿案件的若干规定（试行）》（2020年修正）第21条规定，一方当事人在期限内未履行或者未全部履行发生法律效力的生态环境损害赔偿诉讼案件裁判或者经司法确认的生态环境损害赔偿协议的，对方当事人可以向人民法院申请强制执行。需要修复生态环境的，依法由省级、市地级人民政府及其指定的相关部门、机构组织实施。

本 章 小 节

环境行政法律责任规范体系化实现需要三个方面内容协同：环境行政法律责任规范的内在体系建构、环境行政法律责任规范的外在体系完善，以及环境行政法律责任规范的体系融贯。环境行政法律责任规范体系化的实现可以从立法和适用两个方面入手研究。

就立法实现而言，从内容上看，环境行政法律责任规范的体系条款类型应当涵盖内在体系条款、外在体系条款和体系融贯条款三类。但由于这三个方面的内容不同，因此涉及的条款类型也存在区别。基于此，可以对环境行政法律责任规范的条款类型进行划分。

环境行政法律责任规范的条款类型分为三类：表达内在体系的条款、形成外在体系的条款和实现规范体系融贯的条款。从类型上看，内在体系的条款类型主要是基本原则条款和价值性一般条款；外在体系的条款类型主要是价值性一般条款、技术性一般条款和具体规则条款；体系融贯的条款类型主要是价值性一般条款。在立法和条款适用过程中，基本原则条款指导一般条款的建构与适用；具体规则条款的制定与适用受到一般条款的直接约束，当出现具体规则条款和一般条款无法解决的问题时，再适用基本原则条款。基本原则条款、一般条款（价值性一般条款和技术性一般条款）和具体规则条款构成了环境行政法律责任规范的完整条款类型。

环境行政法律责任规范体系的结构，是指由环境行政法律责任的相关条款共同组成、存在逻辑关系的规范群。以形成体系为规范群的建构目标，要求这些条款之间存在一致逻辑、价值相互融贯。在明确环境行政法律责任规范的条款类型基础上，可以借鉴比较法上的环境（行政）法律责任体系结构和其他部门法的法律责任条款结构来安排环境行政法律责任规范体系的结构。

依据比较法上对环境（行政）法律责任体系的结构编排，可以将其分为三种类型："总—分"结构、分散形式的结构和分则规定的结构。这些结构各有特色，均有被借鉴的意义。其中分散形式的结构与分则规定的结构这两种类型可以依据对违法行为处罚的需要制定法律责任具体条款，与我国目前的单行环境法的责任条款编排相似，为之后编纂生态环境法典分则部分的法律责任条款提供了思路。"总—分"结构是比较法上较为成熟的编纂经验，被较多实行环境法法典化的国家选择。"总—分"结构又可以细分为双重"总—分"结构、"总则先行式"结构和实质性"总—分"结构三种类型。此外，比较法上德国和意大利针对特定类型的环境法律责任进行专门立法或者专门条款群规定的结构也可以提供一定的经验。

《民法典》是我国法典编纂技术的优秀代表，其高超的立法技术可以为环境行政法律责任规范的体系结构提供借鉴经验。《民法典》的双层"总—分"结构可以为环境行政法律责任规范的结构选择提供立法技术经验。就《民法典》而言，其在第一编总则中形成了第一层法律责任"总—分"结构；第二层的"总—分"结构以第七编侵权责任为典型代表。第一章一般规定和第二章损害赔偿属于侵权责任的共性规则。《民法典》总则编的"总—分"结构和侵权责任编的"总—分"结构共同构成了侵权责任的完整规范体系架构，这个结构对"基本原则""一般条款"和"具体规则"三种条款作出了体系化安排。

在确立"总—分"结构和三类规范类型后，环境行政法律责任规范结构有两种选择：第一种是双层"总—分"结构的环境法律责任外在体系结构，具体而言包括"环境基本法的基本原则＋环境法律责任一般条款"和"环境行政法律责任一般条款＋具体规则"双层模式；第二种是单层"总—分"结构，除"环境基本法的基本原则"和"具体规则"外，设置专门的章节规定所有的一般条款。这两种模式仅仅是一种立法技术选择问题，对环境行政法律责任规范的实质内容并不产生影响。对于如何选择环境行政法律责任规范的体系的结构，可以借鉴比较法上的环境法（典）经验，结合我国的立法实践中选择环境保护单行法模式还是环境法法典化模式作出具体选择。

环境行政法律责任规范的体系化实现首先需要确立新的规范类型，这类规范在适用过程中需要相关规则或者制度予以保障，以确保该类条款适用不会偏离制度设计的初衷。如果基于功能性考虑进行设计的制度或者条款在适用过程中产生巨大风险，将会从根本上损害法律的权威性。因此，环境行政法律责任规范体系适用的主要内容是通过设计和构思适用规则和适用保障等相关内容来确保环境行政法律责任目标与作用的落实。其中适用规则中的内容包括条款适用顺序、适用价值性一般条款的启动条件和排除适用情形三部分内容；适用保障则暂时从监督机制、技术控制与保障机制和救济机制等方面进行构思。

结　论

一、本书的基本观点

通过以上各章的探讨研究，本书主要得出了如下结论：

环境行政法律责任规范，是指以规定环境行政相对人违反环境行政管理规范，以其应当承担的行政法律责任为内容的一类规范。环境行政法律责任规范是环境保护法文本中较重要的内容，应当是价值与逻辑的统一体，需要对其进行体系化研究。环境行政法律责任规范的体系化，是指通过确定内在体系和外在体系的内容，并适用特定的立法技术使环境行政法律规范价值一致、逻辑连贯的活动。

环境行政法律责任规范是静态的，表现为法律文本中的规范条款；体系化是一种方法，是追求价值一致性和规范逻辑性的活动，是动态的。环境行政法律责任规范的体系化研究具有"动静结合"的特点，其既要求对环境行政法律责任规范的相关内容进行识别，也要求通过内容互动以实现其体系化。

环境行政法律责任规范的体系化秉持的理念包括适度功能主义理念和责任过程理念。适度功能主义理念主张依据具体的情景和语境有针对性地选择法律适用方案，避免单向度地预设或推定法律适用情景，将法律政策、社会需求等内容都引入法律规范适用的具体场景中，更加注重法律规范的好用与实用。责任过程理念主张对法律责任区分责任认定和责任承担两个阶段。依据法律保留原则，责任认定阶段应坚持严格规范主义；责任承担阶段引入适度功能主义理念，在环境行政法律责任规范中增设灵活性或者"柔性"的责任承担方式。

环境行政法律责任规范的内在体系建构应当在内在体系的影响因素基础上充分考虑环境法的特性，明确环境行政法律责任规范的内在体系建构要求。环境理念、价值等的更新与发展推动了环境法横向和纵向价值谱系的更新与融贯；正视政策对环境法的塑造作用是环境法保持与时俱进生命力的关键。环境行政法律责任规范的内在体系结构呈现出以环境责任原则为核心，其他基本原则进行辅助的"中心—辅助"结构。环境责任原则可以保持"责任"的本质，其他几项基本原则通过价值判断的方式实现对"中心"的渗透。在渗透过程中，其他几项基本原则处于辅助地位。环境责任原则本身在这个体系中处于体系的中心位置，其明确的基调，即"违法"应"担责"；但是否实际"担责"或者"担责"的强度是否严格依据规范要求，则需要秉持功能主义理念、通过价值判断的方式，融入其他几项原则以调整"担责"的大小与方式。

环境行政法律责任规范的外在体系完善是依据建构外在体系的理论、结合环境法的相关特征以使规范形成逻辑一致规范文本的过程。基于外在体系的特征，环境行政法律责任规范已经存在外在体系；但是结合理论研究与实践情况，环境行政法律责任规范的外在体系存在不足。目前环境行政法律责任规范的类型包括"基本原则"条款、"一般性责任/义务规则"条款和"具体规则"条款；形成的外在体系结构为：以"基本原则"条款和"具体规则"条款为内容的"双层金字塔"结构。这种模式下"一般性责任/义务规则"的作用可以忽略不计，缺乏"基本原则"与"具体规则"之间过渡的桥梁。同时，在尚未建构环境行政法律责任规范内在体系的前提下，"基本原则"条款的适用尚未形成互动格局。环境行政法律责任规范的外在体系应然结构应当是"三层金字塔"结构。这个模型在内容上包括"基本原则"条款、"一般条款"和"具体规则"条款。

法律体系的融贯分为内在体系的融贯（价值一致）、外在体系的融贯

（逻辑一致）与内在体系和外在体系的融贯（逻辑和价值双重统一）。前两者是在分别建构或完善中应当实现的目标，内在体系和外在体系的融贯互动构成了法律体系融贯较为重要的内容之一，实现法律体系的融贯需要二者协同解构、建构（完善），单独一方面的建构（完善）都无法实现法律体系融贯。法律体系的融贯需要通过特定的立法技术实现。"一般条款"起到融贯内在体系与外在体系的作用。依据形成的基础不同，"一般条款"分为技术性一般条款和价值性一般条款，前者是指以提炼具体规则的普遍适用要素为内容的一般条款，后者以在外在体系建构中落实内在体系为目的，实现体系融贯为目标的一般条款。环境行政法律责任规范体系融贯的过程中重视对价值类一般条款的建构，使环境行政法律责任既满足立法保留等规范性要求，又能实现社会职能、落实内在体系理念与价值等功能性目标。

  环境行政法律责任规范的条款类型分为：表达内在体系的条款、形成外在体系的条款和实现规范体系融贯的条款。从类型上看，内在体系的条款类型主要是基本原则条款和价值性一般条款；外在体系的条款类型主要是价值性一般条款、技术性一般条款和具体规则条款；体系融贯的条款类型主要是价值性一般条款。基本原则条款、一般条款（价值性一般条款和技术性一般条款）和具体规则条款构成了环境行政法律责任规范的完整条款类型。

  环境行政法律责任规范体系的结构，是指由环境行政法律责任规范相互联动形成的逻辑一致、价值融贯的架构编排。依据比较法上对环境（行政）法律责任体系的结构编排，可以将其分为三种类型："总—分"结构、分散形式的结构和分则规定的结构。这些结构各有特色，均有被借鉴的意义。"总—分"结构又可以细分为双重"总—分"结构、"总则先行"结构和实质性"总—分"结构三种类型。《民法典》的双层"总—分"结构可以为环境行政法律责任规范的结构选择提供立法技术经验。就《民法典》而言，其在第一编总则中形成了第一层法律责任"总—分"结构；第二层的"总—分"结构以第七编侵权责任为典型代表。

  环境行政法律责任规范结构有两种选择：第一种是双层"总—分"结

构的环境法律责任外在体系结构，具体而言包括"环境基本法的基本原则+环境法律责任一般条款"和"环境行政法律责任一般条款+具体规则"双层模式；第二种是单层"总—分"结构，除"环境基本法的基本原则"和"具体规则"外，还设置专门的章节规定所有的一般条款。这两种模式仅仅是一种立法技术选择问题，对环境行政法律责任规范的实质内容并不产生影响。至于如何选择环境行政法律责任规范的体系的结构，可以借鉴比较法上的环境法（典）经验，结合我国立法实践中选择环境保护单行法模式还是环境法法典化模式。

环境行政法律责任规范的体系化实现首先需要确立新的规范类型，这类规范在适用过程中需要相关规则或者制度予以保障，以确保该类条款适用不会偏离制度设计的初衷。如果基于功能性考虑进行设计的制度或者条款在适用过程中产生巨大风险，将会从根本上损害法律的权威性。因此，环境行政法律责任规范体系适用的主要内容是通过设计和构思适用规则和适用保障等相关内容来确保环境行政法律责任目标与作用的落实。其中适用规则中的内容包括条款适用顺序、适用价值性一般条款的启动条件和排除适用情形三部分内容；适用保障则暂时从监督机制、技术控制与保障机制和救济机制等方面进行构思。

二、本书的创新点

通过借鉴其他部门法的研究、比较法上环境法法典化经验、司法实践和行政理论发展情况，本书在环境行政法律责任规范的体系化研究方面的主要发展和创新有：

（一）引用了法理上的体系概念对环境行政法律责任规范进行重新审视

分析了目前环境行政法律责任规范的问题，并且引入体系化概念，从内在体系、外在体系和体系融贯的角度分别论证环境行政法律责任规范进行建构或完善的理论基础和要点。从较为新颖的角度分析环境行政法律责任规范体系化的必要性和可能性。本书采用了新的分析方法对环境行政法律责任规范进行分析，一定程度上具有方法论的意义，因此在第二章和第三章的论述方面基本上遵循了普遍性论证和特殊性论证相结合的方式，即先介绍内在体系和外在体系建构/完善的一般要求，再分析环境行政法律责任规范的内在体系和外在体系建构/完善的特殊要求。这种论证方法既确保了方法论层面的普遍指导意义，又保证了本书研究结论的特定性。

（二）对环境行政法律责任规范的内在体系提出了建构意见

解构内在体系，分析影响内在体系的法内因素和法外因素。以此为基础，论证了损害担责原则作为内在体系的单薄和不合理。通过引入责任过程理念和适度功能主义理念，提出了建立以环境责任原则为核心，以其他环境法基本原则为辅助的"中心—辅助"内在体系结构。

（三）以完善环境行政法律责任规范的外在体系为目的，提出建立"三层金字塔"规范结构

环境行政法律责任规范的外在体系应然结构应当是"三层金字塔"结构。这个模型在内容上包括"基本原则"条款、"一般条款"和"具体规则"条款。在作用上：抽象性高的条款对下一位阶的条款有指导作用；在适用上：先适用顺序上呈倒序特征。依据目前的条款问题而言，环境行政法律责任规范外在体系中的"一般条款"建构是重点，而"一般条款"中的责任承担一般条款是重点。

（四）强调了环境行政法律责任规范体系融贯的重要性

融贯并不是法律体系的固有概念要素，但却是法律用以支持法治社会良好运作的极为重要的上层建筑品质。法律体系的融贯有不同的理解，就内

涵而言包括法律规范的连贯性、体系的融贯以及理念的融贯三个方面；就范围而言包括内在体系的融贯（价值一致）、外在体系的融贯（逻辑一致）与内在体系和外在体系的融贯（逻辑和价值双重统一），其中前两者分别是内在体系建构和外在体系完善应当实现的目标。内在体系和外在体系的融贯互动构成了法律体系融贯较为重要的内容之一，实现法律体系的融贯需要二者协同解构、建构（完善），单独一方面的建构（完善）都无法实现法律体系的融贯。法律体系的融贯需要通过特定的立法技术实现。

（五）提出我国环境行政法律责任规范体系的实现方式

环境行政法律责任规范结构有两个选项：第一个是双层"总—分"结构的环境法律责任外在体系结构，具体而言包括"环境基本法的基本原则+环境法律责任一般规则条款"和"环境行政法律责任一般规则+具体规则"双层模式；第二个是单层"总—分"结构，除"环境基本法的基本原则"和"具体规则"外，还设置专门的章节规定所有的一般条款。具体如何选择环境行政法律责任规范体系的结构，可以借鉴比较法上的环境法（典）经验，结合我国的立法实践进行选择。就适用条款而言，可以立足于目前的实践情况从适用规则和适用保障两个方面进行建构。

三、本书的局限和不足

本书虽然已经完成了导论中所设定的研究任务，对命题进行了充分论证。但是由于研究能力有限、专业功底尚待提高、实践经验匮乏等自身原因，在以下几个方面存在不足，留待以后学有余力的情况下继续开展研究。

1.与行政法的衔接。环境行政法律责任不仅是环境法问题，还是与行政法存在交叉的问题。因此，对于环境行政法律责任规范的研究不能抛开行政法的开展。对于环境行政法律责任规范的完善需要考虑其与《行政处罚法》等内容的衔接。这部分的内容需要继续研究。

2.与其他环境法律责任的衔接。环境行政法律责任、环境民事责任和环境刑事责任的关系,在技术层面上涉及条款转致,但是在深层次上涉及不同类型法律责任在保障生态(环境)利益中的边界的问题。实践中目前已经出现了行政法律责任在民事案件中适用,如惩罚性赔偿;民事责任方式在刑事案件中适用并影响量刑的情况。这些不仅仅是责任程度和大小的问题,对其研究不到位会影响到行为人的权益保护。这部分的内容需要开展实证和理论研究。

3.仅提出了环境行政法律责任与环境行政职权责任的区别,未开展深入研究。狭义的环境行政法律责任和环境行政职权责任共同构成了环境行政法律责任的全部内容。本书只是初步提出了二者的逻辑不同,不能混同研究。从环境法治发展和法典化建设的长远角度看,环境行政职权责任的专门研究对于促进环境法律责任的体系化也有重要意义,这部分内容需要开展专门研究。

4.本书仅是在方法论上提出了环境行政法律责任规范体系化的研究方法,主张对环境行政法律责任规范的研究应当从内在体系、外在体系以及两个体系的融贯性方面进行,但是对于环境法涉及了多环境要素的规制,不同环境要素的环境行政法律责任条款在设计时应当分别注意的内容碍于研究主题的限制和本人精力有限,并未涉及。

5.本书尚未对环境行政法律责任规范体系的适用规则及适用保障进行完整的设计。本书的研究主题是环境行政法律责任规范的体系化研究,研究重点在于"体系化"。如何在立法和适用过程中,尤其是在适用过程中实现体系化是一个重要但是与本书主题并不相关的内容。本书对此部分内容的写作得益于对实践中案例的分析,特定制度的适用规则和适用保障会存在些许细节差别,待后续研究具体制度时予以补充完善。

附 录

附录1 环境保护类法律中的技术改造条款情况[①]

法律名称	年 份	条 文	法条位置	条款主体	条款类型
《水污染防治法》	1984/1996	第11条	第三章 水污染防治的监督管理	政府	职责
	2008/2017	第40/44条	第四章 水污染防治措施	政府、企业	职责、义务
《矿产资源法》	1986/1996/2009	第38条	第五章 集体矿山企业和个体采矿	政府	职责
《环境保护法》	1989	第25条	第四章 防治环境污染和其他公害	企业	义务
《节约能源法》	1997	第11条	第二章 节能管理	政府	职责
	2007/2016/2018	第30条	第三章 合理使用与节约能源	政府	职责
	2007/2016/2018	第65条	第五章 激励措施	政府	支持

① 本表内容依据国家法律法规数据库检索内容编制,其中黑色加粗字体表示目前具有法律效力条款;不同年份同一条款号表明修法过程中并未涉及本条款的修改,条款内容未变动或未有涉及技术改造内容的实质性改动。

续表

法律名称	年 份	条 文	法条位置	条款主体	条款类型
《清洁生产促进法》	2002/2012	第19条	第三章 清洁生产的实施	企业	要求
	2002/2012	第33/31条	第四章 鼓励措施	政府	支持
《大气污染防治法》	2015/2018	第41条	第四章 大气污染防治措施	企业	义务
	2015/2018	第43条	第四章 大气污染防治措施	企业	义务

附录2 环境诉讼中技术改造案例要点情况①

案件名称	提出主体	提出主体的理由	适用与否的理由	适用对象	结案方式②	适用类型	适用结果
某研究所诉D公司大气污染案③	责任人	技术改造费用应当计作企业成本	否，技术改造是企业应当履行的法定义务和社会责任	案内改造	判决	不使用	/
某中心诉A、B环境污染责任纠纷案④	责任人	技术改造降低了案涉事件后的环境风险	否，技术改造不能减少已经发生的侵权行为造成的损害时	案内改造	判决	不使用	/

① 案例搜集时间截至2021年7月12日。
② 表格中解决部分表示情况：第一种，调解或和解案件中，无法从文书中提取相关的信息；第二种，检察院涉及的案件未实质进入诉讼程序，而不能将结案方式归入表格中的类型。
③ （2018）苏09民初25号；（2020）苏民终158号。
④ （2019）赣03民初13号；（2020）赣民终355号。

续表

案件名称	提出主体	提出主体的理由	适用与否的理由	适用对象	结案方式②	适用类型	适用结果
某环保联合会诉C等环境污染民事公益诉讼案①	法院	技术改造从根本上消除污染；协调矛盾	是，协调矛盾：经济与环境	案内改造	判决	技术改造；分期；技术改造抵扣	赔偿金额的40%可以延期支付；且技术改造费用可以在符合条件的情况下在40%延期支付的金额中抵扣
某检察院诉B公司大气污染民事公益诉讼案②	责任人	技术改造降低并减少污染；继续技术改造，消除污染	是，协调矛盾：法律关系双方	案内改造	诉前和解	技术改造抵扣	诉讼过程中投入的6000万元技术改造费用被认可，从总的赔偿金额（1.0560亿元）中进行抵扣
某环境保护基金会诉某水务公司民事公益诉讼案③	法院	企业生存经营，以及当地经济	是，协调矛盾：经济与环境，法律关系双方	案内改造	调解	技术改造抵扣	生态损害赔偿费用（11306842.8元）的30%交纳；70%用于后续设备升级，若未按要求完成则需后续交纳

① （2014）苏环公民终字第00001号，由于最高院再审（2015）民申字第1366号维持了技术改造抵扣的二审意见，故本书对相关内容的探讨以江苏高院二审文书的内容为主。

② 参见《检察公益诉讼起诉典型案例》（最高人民检察院2021年9月15日发布）之"内蒙古自治区呼和浩特市赛罕区人民检察院督促履行环境保护监督职责行政公益诉讼起诉案"，载最高人民检察院网，https://www.spp.gov.cn/spp/xwfbh/wsfbt/202109/t20210915_529543.shtml#2，最后访问日期：2023年10月17日。

③ 参见《青岛中院发布环境资源审判十大典型案例》（2020年6月3日发布），载青岛新闻网，http://news.qingdaonews.com/wap/2020-06/03/content_21824792.htm，最后访问日期：2023年10月17日。

续表

案件名称	提出主体	提出主体的理由	适用与否的理由	适用对象	结案方式②	适用类型	适用结果
某政府诉某H公司生态环境损害赔偿案①	原告政府	在技术改造的前提下，考虑被告资金紧张的问题	是，协调矛盾：经济与环境；转型	案外企业转型	判决	技术改造 分期	提供担保之后，可以分5期（每期各交纳20%）的方式支付赔偿费用，若一期未按期履行，则原告可以就全部未赔偿费用申请强制执行
某检察院诉某制衣公司污染环境刑事附带民事公益诉讼案②	检察机关	技术改造，环保检验达标	是，协调矛盾：经济与环境；转型	案内改造	判决（开庭前整改）	履行责任本身	生态环境损害赔偿款支付到位，案件开庭之前投入800万元进行技术改造，并重新投产。不仅解决了企业多年的污染问题，而且推动企业实现了转型升级，实现了绿色可持续发展
定置网破坏渔业资源行政公益诉讼案③	检察机关	协调矛盾；技术改造使设备符合相关国家标准	是，协调矛盾：执法与民生	案外普遍改造	/	其他	检察建议落实后，市农业农村局联合相关机构进行定制网技术改造，在三联村试验完成后在全市推广

① （2018）苏民终1316号。
② 参见《检察机关服务保障长江经济带发展典型案例（第二批）》（最高人民检察院2019年11月21日发布），载最高人民检察院网，https://www.spp.gov.cn/xwfbh/wsfbt/201911/t20191121_438798.shtml#2，最后访问日期：2023年10月17日。
③ 参见《"守护海洋"检察公益诉讼专项监督活动典型案例》（最高人民检察院2020年4月29日发布），海南省海口市秀英区定置网破坏渔业资源行政公益诉讼案，载最高人民检察院网，https://www.spp.gov.cn/xwfbh/wsfbt/202004/t20200429_460199.shtml#1，最后访问日期：2023年10月19日。

续表

案件名称	提出主体	提出主体的理由	适用与否的理由	适用对象	结案方式②	适用类型	适用结果
某检察院诉S公司、Z等12人污染环境刑事附带民事公益诉讼案①	/	公司进行技术改	调解支持	案内改造	调解	量刑因素	完成替代性修复项目资金投入不少于2.33亿元，用于环境治理、节能减排生态环保项目的新建、升级和提标改造
某研究所诉X公司环境民事公益诉讼案②	/	/	调解支持	案内改造	调解	履行责任本身	停止销售不达标车辆，对已经销售的不达标车辆进行技术改造，使之达到排放标准
某基金会与F公司环境污染责任民事公益诉讼案③	法院	缴纳罚款，技术改造，考虑经营状况	是，其他：积极治理并升级预防污染	案内改造；案内改造	判决	技术改造抵扣	诉讼过程中投入2000万元进行技术改造，允许折抵一审鉴定损害时间段之前的损害

① 参见《2019年度人民法院环境资源典型案例》（最高人民法院2020年5月8日发布），江苏省南京市鼓楼区人民检察院诉南京胜科水务有限公司、ZHENG QIAOGENG（郑巧庚）等12人污染环境刑事公益诉讼案，https://www.court.gov.cn/zixun/xiangqing/228361.html，最后访问日期：2023年10月19日。

② 参见《自然之友诉现代汽车环境民事公益诉讼在北京四中院调解结案》，载北京市第四中级人民法院网，https://bj4zy.bjcourt.gov.cn/article/detail/2019/05/id/3965982.shtml，最后访问日期：2023年10月19日。

③ （2018）冀民终758号。

续表

案件名称	提出主体	提出主体的理由	适用与否的理由	适用对象	结案方式②	适用类型	适用结果
某政府与D公司环境污染责任纠纷案①	法院	技术改造从根本上消除污染	是，协调矛盾；经济与环境	案内改造；案内改造	判决	技术改造 分期	依据环境治理工程、生产副产酸无害化处理、购买环境污染责任保险的情况，在判决书中分类作出技术改造抵扣的具体规定，三项技术改造抵扣的资金数额总量为环境损害赔偿费的50%
Q公司与某检察院环境污染责任纠纷案②	责任人	技术改造成本高	是，协调矛盾；经济与环境	案内改造	判决	技术改造 分期	提供有效担保之后生态损害赔偿资金可以分期支付，若技术改造成果通过评估，可以抵扣第三期款项

① （2020）豫民终1217号。
② （2020）渝民终387号。

参考文献

一、中文著作

1. 蔡守秋主编：《环境资源法教程》，高等教育出版社2004年版。
2. 陈慈阳：《环境法总论》，中国政法大学出版社2003年版。
3. 陈清秀：《行政罚法》，法律出版社2016年版。
4. 陈泉生：《环境法原理》，法律出版社1997年版。
5. 方世荣、石佑启主编：《行政法与行政诉讼法》（第三版），北京大学出版社2015年版。
6. 公丕祥主编：《法理学》，复旦大学出版社2008年版。
7. 关保英：《行政法学》（下册），法律出版社2013年版。
8. 韩德培主编：《环境保护法教程》，法律出版社2015年版。
9. 何海波、晏翀、严驰恒：《法治的脚步声——中国行政法大事记（1978—2014）》，中国政法大学出版社2005年版。
10. 胡锦光：《行政处罚研究》，法律出版社1998年版。
11. 黄茂荣：《法学方法与现代民法》，法律出版社2007年版。
12. 姜明安编：《行政程序研究》，北京大学出版社2006年版。
13. 姜明安：《行政法》，北京大学出版社2017年版。
14. 金瑞林：《环境法概论》，当代世界出版社2000年版。
15. 雷磊：《法律体系、法律方法与法治》，中国政法大学出版社2016年版。
16. 李亮：《法律责任条款规范化设置研究》，中国社会科学出版社2016年版。
17. 罗豪才、湛中乐主编：《行政法学》（第三版），北京大学出版社2012年版。
18. 吕忠梅：《环境法》，法律出版社1997年版。
19. 吕忠梅主编：《环境法原理》（第二版），复旦大学出版社2017年版。

20. 吕忠梅等:《中国环境司法发展报告（2015-2017）（简本）》,人民法院出版社2017年版。

21. 曲新久:《刑事政策的权力分析》,中国政法大学出版社2002年版。

22. 沈宗灵主编:《法理学》（第三版）,北京大学出版社2009年版。

23. 宋功德:《行政法哲学》,法律出版社2000年版。

24. 苏永钦:《寻找新民法》,北京大学出版社2012年版。

25. 孙笑侠主编:《法理学》,中国政法大学出版社1996年版。

26. 汪劲:《环境法律的理念与价值追求》,法律出版社2000年版。

27. 王贵松:《行政裁量的构造与审查》,中国人民大学出版社2016年版。

28. 王利明:《民法典体系研究》（第二版）,中国人民大学出版社2012年版。

29. 王万华:《中国行政程序法典试拟稿及立法理由》,中国法制出版社2010年版。

30. 吴从周:《概念法学、利益法学与价值法学:探索一部民法方法论的演变史》,中国法制出版社2011年版。

31. 吴庚:《行政法之理论与实用》,中国人民大学出版社2010年版。

32. 王利明、王叶刚:《法律解释学读本》,江苏人民出版社2016年版。

33. 王社坤编著:《环境法学》,北京大学出版社2015年版。

34. 信春鹰主编:《〈中华人民共和国环境保护法〉学习读本》,中国民主法制出版社2014年版。

35. 许玉秀:《当代刑法思潮》,中国民主法制出版社2005年版。

36. 杨小君:《行政处罚研究》,法律出版社2002年版。

37. 张璐主编:《环境与资源保护法学》,北京大学出版社2010年版。

38. 章剑生:《现代行政法基本理论》（第二版）（上卷）,法律出版社2014年版。

39. 张文显:《法学基本范畴研究》,中国政法大学出版社1993年版。

40. 张文显主编:《法理学》,高等教育出版社、北京大学出版社2007年版。

41. 周珂:《生态环境法论》,法律出版社2001年版。

42. 张志勇编:《行政法律责任探析》,学林出版社2007年版。

43. 中共中央文献研究室:《十五大以来重要文献选编（上）》,人民出版社2000年版。

二、中文译著

1. ［德］迪特尔·施瓦布:《民法导论》,郑冲译,法律出版社2006年版。

2. ［德］贡塔·托依布纳:《法律:一个自创生系统》,张骐译,北京大学出版社

2004年版。

3. ［德］卡尔·拉伦茨：《法学方法论》，陈爱娥译，商务印书馆2003年版。

4. ［德］尼克拉斯·卢曼：《社会的法律》，郑伊倩译，人民出版社2009年版。

5. ［德］施密特·阿斯曼：《秩序理念下的行政法体系建构》，林明锵等译，北京大学出版社2012年版。

6. ［德］魏德士：《法理学》，吴越、丁晓春译，法律出版社2005年版。

7. ［美］P.诺内特、P.塞尔兹尼克：《转变中的法律与社会》，张志铭译，中国政法大学出版社1994年版。

8. ［美］戴维·伊斯顿：《政治体系——政治学状况研究》，马清槐译，商务印书馆1993年版。

9. ［美］富勒：《法律的道德性》，郑戈译，商务印书馆2005年版。

10. ［美］理查德·B.斯图尔特：《美国行政法的重构》，沈岿译，商务印书馆2011年版。

11. ［美］马克·艾伦·艾纳斯：《规制政治的转轨》（第二版），尹灿译，钱俞均校，中国人民大学出版社2015年版。

12. ［美］文森特·奥斯特罗姆：《美国公共行政的思想危机》，毛寿龙译，上海三联书店1999年版。

13. ［日］南博方：《行政法》（第六版），杨建顺译，中国人民大学出版社2009年版。

14. ［瑞典］亚历山大·佩茨尼克：《法律科学：作为法律知识和法律渊源的法律学说》，桂晓伟译，武汉大学出版社2009年版。

15. ［英］马丁·洛克林：《公法与政治理论》，郑戈译，商务印书馆2013年版。

16. 莫菲等译：《法国环境法典》，周迪、张莉校，法律出版社2020年版。

17. 岳小花译：《菲律宾环境保护法典》，李聚广校，法律出版社2020年版。

18. 竺效等译：《瑞典环境法典》，竺效、张燕雪丹等校，法律出版社2018年版。

19. 李钧等译：《意大利环境法典》，李钧、李修琼、蔡洁校，法律出版社2021年版。

三、外文著作

1. Ian Ayres& John Braithwaite, *Responsive Regulation: Transcending the Deregulation Debate*, Oxford University Press, 1992.

2. Loris S. Bennear & Cary Coglianese, *Flexible Environmental Regulation*, Sheldon Kamieniecki and Michael E. Kraft, eds., Oxford Handbook of U.S. Environmental Policy,

Oxford University Press, 2012.

3. Neil Gunningham & Peter Grabosky, *Smart Regulation: Designing Environmental Policy*, Clarendon Press·Oxford, 1998.

4. Neil MacCormick, *Coherence in Legal Justification, in: Moral Theory and Legal Reasoning*, Garland Publishing, Inc, 1998.

四、中文期刊论文

1. 包万超:《行政法平衡理论比较研究》,载《中国法学》1999年第2期。

2. 蔡琳:《法律论证中的融贯论》,载《法制与社会发展》2006年第2期。

3. 蔡琳:《融贯论的可能性与限度——作为追求法官论证合理性的适当态度和方法》,载《法律科学》2008年第3期。

4. 蔡守秋:《论我国法律体系生态化的正当性》,载《法学论坛》2013年第2期。

5. 曹洪军、李昕:《中国生态文明建设的责任体系构建》,载《暨南学报(哲学社会科学版)》2020年第7期。

6. 曹明德:《对修改我国环境保护法的再思考》,载《政法论坛》2012年第6期。

7. 曹炜:《论环境法法典化的方法论自觉》,载《中国人民大学学报》2019年第2期。

8. 曹炜:《环境监管中的"规范执行偏离效应"研究》,载《中国法学》2018年第6期。

9. 陈柏祥:《试论环境刑事司法中的证明责任问题》,载《求索》2012年第3期。

10. 陈冬:《环境法学方法论——游走于规范法学与社科法学之间》,载《郑州大学学报(哲学社会科学版)》2016年第4期。

11. 陈金钊:《论法律概念》,载《学习与探索》1995年第4期。

12. 陈金钊、吴冬兴:《〈民法典〉阐释的"体系"依据及其限度》,载《上海师范大学学报(哲学社会科学版)》2021年第2期。

13. 陈泉生:《论环境法的基本原则》,载《中国法学》1998年第4期。

14. 陈太清:《对行政罚款限度的追问》,载《江苏社会科学》2016年第1期。

15. 陈伟:《环境污染和生态破坏责任的二元耦合结构——基于〈民法典·侵权责任编〉(草案)的考察》,载《吉首大学学报(社会科学版)》2020年第3期。

16. 陈兴良:《刑法的刑事政策化及其限度》,载《华东政法大学学报》2013年第4期。

17. 崔志伟:《刑事司法的"回应型"转向——寻求处罚实质合理性的基点》,载《河北法学》2019年第2期。

18. 崔卓兰、刘福元：《论行政自由裁量权的内部控制》，载《中国法学》2009年第4期。

19. 邓海峰、俞黎芳：《环境法法典化的内在逻辑基础》，载《中国人民大学学报》2019年第2期。

20. 邓文莉：《我国环境刑法中不宜适用严格责任原则》，载《法商研究》2003年第2期。

21. 丁敏：《"环境违法成本低"问题之应对——从当前环境法律责任立法缺失谈起》，载《法学评论》2009年第4期。

22. 钭晓东、黄秀蓉：《论中国特色社会主义环境法学理论体系》，载《法制与社会发展》2014年第6期。

23. 钭晓东：《论环境法律责任机制的重整》，载《法学评论》2012年第1期。

24. 杜辉：《面向共治格局的法治形态及其展开》，载《法学研究》2019年第4期。

25. 樊勇：《私人自治的绿色边界——〈民法总则〉第9条的理解与落实》，载《华东政法大学学报》2019年第2期。

26. 方新军：《内在体系外显与民法典体系融贯性的实现 对〈民法总则〉基本原则规定的评论》，载《中外法学》2017年第3期。

27. 方新军：《融贯民法典外在体系和内在体系的编纂技术》，载《法制与社会发展》2019年第2期。

28. 房绍坤：《论我国民法典物权编立法中的外部体系协调》，载《政治与法律》2018年第10期。

29. 冯洁语：《公私法协动视野下生态环境损害赔偿的理论构成》，载《法学研究》2020年第2期。

30. 高铭暄、郭玮：《论我国环境犯罪刑事政策》，载《中国地质大学学报（社会科学版）》2019年第5期。

31. 高其才：《现代立法理念论》，载《南京社会科学》2006年第1期。

32. 高秦伟：《论行政裁量的自我拘束》，载《当代法学》2014年第1期。

33. 耿佳宁：《污染环境罪单位刑事责任的客观归责取向及其合理限制：单位固有责任之提倡》，载《政治与法律》2018年第9期。

34. 巩固：《"生态环境"宪法概念解析》，载《吉首大学学报（社会科学版）》2019年第5期。

35. 巩固：《守法激励视角中的〈环境保护法〉修订与适用》，载《华东政法大学学报》2014年第3期。

36. 古力、余军：《行政法律责任的规范分析——兼论行政法学研究方法》，载《中国法学》2004年第5期。

37. 顾昕：《走向互动式治理：国家治理体系创新中"国家—市场—社会关系"的变革》，载《学术月刊》2019年第1期。

38. 关保英：《论行政执法中法治思维的运用》，载《社会科学战线》2014年第10期。

39. 关保英：《行政处罚中行政相对人违法行为制止研究》，载《现代法学》2016年第6期。

40. 关保英：《行政法典总则的法理学分析》，载《法学评论》2018年第1期。

41. 关保英：《新时代背景下行政法功能重构》，载《社会科学研究》2018年第5期。

42. 郭禾、张新锋：《民法典编纂背景下的知识产权法体系化路径》，载《知识产权》2020年第5期。

43. 郭忠：《法律规范特征的两面性——从法律目的实现的角度分析》，载《浙江社会科学》2012年第6期。

44. 何华：《〈民法总则〉第123条的功能考察——兼论知识产权法典化的未来发展》，载《社会科学》2017年第10期。

45. 何江：《为什么环境法需要法典化——基于法律复杂化理论的证成》，载《法制与社会发展》2019年第5期。

46. 何荣功：《预防刑法的扩张及其限度》，载《法学研究》2017年第4期。

47. 侯学勇、郑宏雁：《当代西方法学中的融贯论》，载《法学方法》2014年第2期。

48. 侯学勇：《融贯性论证的整体性面向》，载《政法论丛》2009年第2期。

49. 侯学勇：《融贯论在法律论证中的作用》，载《华东政法大学学报》2008年第4期。

50. 侯学勇：《主体立场上的法律融贯与理性重构——基于巴尔金理论的理解》，载《浙江社会科学》2019年第1期。

51. 侯艳芳：《单位环境资源犯罪的刑事责任：甄别基准与具体认定》，载《政治与法律》2017年第8期。

52. 侯艳芳：《我国环境犯罪惩治中严格责任制度之否定研究》，载《河南大学学报（社会科学版）》2010年第4期。

53. 侯艳芳：《我国环境刑法中严格责任适用新论》，载《法学论坛》2015年第5期。

54. 胡静、崔梦钰：《二元诉讼模式下生态环境修复责任履行的可行性研究》，载《中国地质大学学报（社会科学版）》2019年第6期。

55. 胡炜：《公私合作环境治理的法理透析》，载《江西社会科学》2017年第2期。

56. 黄海华：《行政处罚的重新定义与分类配置》，载《华东政法大学学报》2020年第4期。

57. 黄健武：《法律的价值目标与法律体系的构建》，载《法治社会》2016年第2期。

58. 黄萍：《环境服务机构侵权责任探讨——基于〈环境保护法〉第65条的分析》，载《甘肃政法学院学报》2017年第3期。

59. 黄文艺：《谦抑、民主、责任与法治——对中国立法理念的重思》，载《政法论丛》2012年第2期。

60. 黄锡生、史玉成：《中国环境法律体系的架构与完善》，载《当代法学》2014年第1期。

61. 黄小勇：《行政的正义——兼对"回应性"概念的阐释》，载《中国行政管理》2000年第12期。

62. 江必新：《迈向统一的行政基本法》，载《清华法学》2012年第5期。

63. 江帆、朱战威：《惩罚性赔偿：规范演进、社会机理与未来趋势》，载《学术论坛》2019年第3期。

64. 江国华：《行政转型与行政法学的回应型变迁》，载《中国社会科学》2016年第11期。

65. 姜明安：《论行政自由裁量权及其法律控制》，载《法学研究》1993年第1期。

66. 姜涛：《社会管理创新与经济刑法双重体系建构》，载《政治与法律》2012年第6期。

67. 姜渊：《政府环境法律责任的反思与重构》，载《中国地质大学学报（社会科学版）》2020年第2期。

68. 姜战军：《损害赔偿范围确定中的法律政策》，载《法学研究》2009年第6期。

69. 蒋香兰：《生态修复的刑事判决样态研究》，载《政治与法律》2018年第5期。

70. 焦艳鹏：《环境法典编纂与中国特色社会主义法律体系的完善》，载《湖南师范大学社会科学学报》2020年第6期。

71. 柯坚：《当代环境问题的法律回应——从部门性反应、部门化应对到跨部门协同的演进》，载《中国地质大学学报（社会科学版）》2011年第5期。

72. 柯坚：《环境法原则之思考——比较法视角下的共通性、差异性及其规范性建构》，载《中山大学学报（社会科学版）》2011年第3期。

73. 劳东燕：《刑事政策与刑法体系关系之考察》，载《比较法研究》2012年第2期。

74. 劳东燕：《刑事政策与功能主义的刑法体系》，载《中国法学》2020年第1期。

75. 乐：《全国环境法体系学术讨论会在武汉大学召开》，载《法学评论》1987年第2期。

76. 雷磊：《法教义学能为立法贡献什么？》，载《现代法学》2018年第2期。

77. 雷磊：《法教义学与法治：法教义学的治理意义》，载《法学研究》2018年第5期。

78. 雷磊：《法律概念是重要的吗》，载《法学研究》2017年第4期。

79. 雷磊：《融贯性与法律体系的建构——兼论当代中国法律体系的融贯化》，载《法学家》2012年第2期。

80. 李传轩：《环境法法典化的基本问题研究》，载《华东政法大学学报》2007年第3期。

81. 李洪雷：《行政体制改革与法治政府建设四十年（1978—2018）》，载《法治现代化研究》2018年第5期。

82. 李龙、李慧敏：《政策与法律的互补谐变关系探析》，载《理论与改革》2017年第1期。

83. 李启家：《环境法领域利益冲突的识别与衡平》，载《法学评论》2015年第6期。

84. 李蕊：《论行政处罚种类划分与设定》，载《济南大学学报（社会科学版）》2020年第3期。

85. 李嵩誉：《生态优先理念下的环境法治体系完善》，载《中州学刊》2017年第4期。

86. 李涛：《改革开放以来我国法律制定的价值理念嬗变与时代面向》，载《甘肃社会科学》2020年第4期。

87. 李永军：《民法典物权编的外在体系评析——论物权编外在体系的自洽性》，载《比较法研究》2020年第4期。

88. 李挚萍：《生态环境修复责任法律性质辨析》，载《中国地质大学学报（社会科学版）》2018年第2期。

89. 梁晓敏：《环境行政罚款的替代性履行方式研究》，载《中国地质大学学报（社会科学版）》2019年第3期。

90. 梁迎修：《方法论视野中的法律体系与体系思维》，载《政法论坛》2008年第1期。

91. 刘超：《自然保护地体系结构化的法治路径与规范要义》，载《中国地质大学学报（社会科学版）》2020年第5期。

92. 刘风景：《立法目的条款之法理基础及表述技术》，载《法商研究》2013年第3期。

93. 刘静然：《论污染者环境修复责任的实现》，载《法学杂志》2018年第4期。

94. 刘军平：《中国法治进程中的立法理念刍论》，载《政法论丛》2005年第3期。

95. 刘鹏、王力：《回应性监管理论及其本土适用性分析》，载《中国人民大学学报》2016年第1期。

96. 刘绍宇：《论行政法法典化的路径选择——德国经验与我国探索》，载《行政法学研究》2021年第1期。

97. 刘太刚：《从审慎监管到包容审慎监管的学理探析——基于需求溢出理论视角下的风险治理与监管》，载《理论探索》2019年第2期。

98. 刘卫先：《绿色发展理念的环境法意蕴》，载《法学论坛》2018年第6期。

99. 刘武俊：《中国立法主流观念检讨》，载《学术界》2001年第2期。

100. 刘长兴：《论环境法法典化的边界》，载《甘肃社会科学》2020年第1期。

101. 刘长兴：《论环境损害的政府补偿责任》，载《学术研究》2017年第1期。

102. 刘长兴：《论行政罚款的补偿性——基于环境违法事件的视角》，载《行政法学研究》2020年第2期。

103. 刘长兴：《超越惩罚：环境法律责任的体系重整》，载《现代法学》2021年第1期。

104. 刘志坚：《环境保护基本法中环境行政法律责任实现机制的构建》，载《兰州大学学报：社会科学版》2007年第6期。

105. 柳经纬：《民法典编纂的体系性困境及出路》，载《甘肃社会科学》2018年第2期。

106. 龙卫球：《我国民法基本原则的内容嬗变与体系化意义——关于〈民法总则〉第一章第3-9条的重点解读》，载《法治现代化研究》2017年第2期。

107. 罗豪才、宋功德：《公域之治的转型——对公共治理与公法互动关系的一种透视》，载《中国法学》2005年第5期。

108. 罗豪才、宋功德：《现代行政法学与制约、激励机制》，载《中国法学》2000年第3期。

109. 罗豪才、宋功德：《行政法的治理逻辑》，载《中国法学》2011年第2期。

110. 罗豪才、袁曙宏、李文栋：《现代行政法的理论基础——论行政机关与相对一方的权利义务平衡》，载《中国法学》1993年第1期。

111. 罗豪才：《行政法的核心与理论模式》，载《法学》2002年第8期。

112. 罗丽：《论生态文明理念指导下的环境法体系的完善》，载《环境与可持续发展》2014年第2期。

113. 吕霞：《我国〈环境保护法〉中的政府环境质量责任及其强化》，载《法学论坛》2020年第5期。

114. 吕忠梅、窦海阳：《修复生态环境责任的实证解析》，载《法学研究》2017年第3期。

115. 吕忠梅、窦海阳：《以"生态恢复论"重构环境侵权救济体系》，载《中国社会科学》2020年第2期。

116. 吕忠梅：《环境法典编纂：实践需求与理论供给》，载《甘肃社会科学》2020年第1期。

117. 吕忠梅：《环境司法理性不能止于"天价"赔偿：泰州环境公益诉讼案评析》，载《中国法学》2016年第3期。

118. 马怀德：《〈行政处罚法〉修改中的几个争议问题》，载《华东政法大学学报》2020年第4期。

119. ［英］马克西米利安·德奥·马尔：《融贯性在法律推理理论中的作用与价值》，邢焱鹏译，方新军校，载《苏州大学学报（法学版）》2020年第3期。

120. 马骧聪：《论我国环境资源法体系及健全环境资源立法》，载《现代法学》2002年3期。

121. 茅少伟：《民法典的规则供给与规范配置——基于〈民法总则〉的观察与批评》，载《中外法学》2018年第1期。

122. ［美］理查德·B.斯图尔特：《二十一世纪的行政法》，苏苗罕译，毕小青校，载《环球法律评论》2004年第2期。

123. 蒙那代里、薛军：《关于中国民法典编纂问题的提问与回答——以民法典的结构体例为中心》，载《中外法学》2004年第6期。

124. 孟庆瑜、马雁：《环境行政执法中的博弈决策分析——基于执法效能的视角》，载《湖北大学学报（哲学社会科学版）》2017年第5期。

125. 欧阳澍、杨开湘：《严格责任原则在环境刑法中的应用》，载《求索》2007年第9期。

126. 潘丽萍：《"法的价值理念"的主体间性向度——法律信仰何以可能》，载《东南学术》2015年第2期。

127. 潘文博：《论责任与量刑的关系》，载《法制与社会发展》2016年第6期

128. 泮伟江：《托依布纳法的系统理论评述》，载《清华法律评论》2011年第1期。

129. 彭錞：《迈向欧盟统一行政程序法典：背景、争议与进程》，载《环球法律评论》

2016年第3期。

130.戚建刚：《"融贯论"下的行政紧急权力制约理论之新发展》，载《政治与法律》2010年第10期。

131.祁毓：《环境规制与执法效应研究新进展与展望》，载《国外社会科学》2016年第3期。

132.秦小建：《价值困境、核心价值与宪法价值共识——宪法回应价值困境的一个视角》，载《法律科学》2014年第5期。

133.阮李全、胡耕通：《论环境行政不作为的控制机制》，载《社会科学家》2009年第5期。

134.施理：《德国环境法法典化立法实践及启示》，载《德国研究》2020年第4期。

135.施志源：《绿色发展理念指引下的自然资源用途管制制度建设》，载《中国软科学》2020年第3期。

136.石丹：《民法典背景下的知识产权体系化构建探析》，载《私法》2018年第2期。

137.石佳友：《民法典的立法技术：关于〈民法总则〉的批判性解读》，载《比较法研究》2017年第4期。

138.石佑启、杨治坤：《中国政府治理的法治路径》，载《中国社会科学》2018年第1期。

139.舒国滢：《决疑术：方法、渊源与盛衰》，载《中国政法大学学报》2012年第2期。

140.宋保振：《法律解释方法的融贯运作及其规则——以最高院"指导案例32号"为切入点》，载《法律科学》2016年第3期。

141.宋华琳：《部门行政法与行政法总论的改革——以药品行政领域为例证》，载《当代法学》2010年第2期。

142.宋华琳：《功能主义视角下的行政裁量基准——评周佑勇教授〈行政裁量基准研究〉》，载《法学评论》2016年第3期。

143.苏苗罕：《美国联邦政府监管中的行政罚款制度研究》，载《环球法律评论》2012年第3期。

144.苏永钦：《现代民法典的体系定位与建构规则——为中国大陆的民法典工程进一言》，载《交大法学》2010年第1期。

145.孙宪忠：《论民法典贯彻体系性科学逻辑的几个要点》，载《东方法学》2020年第4期。

146. 孙笑侠：《公、私法责任分析——论功利性补偿与道义性惩罚》，载《法学研究》1994年第6期。

147. 谭冰霖：《环境行政处罚规制功能之补强》，载《法学研究》2018年第4期。

148. 谭冰霖：《论行政法上的减轻处罚裁量基准》，载《法学评论》2016年第5期。

149. 汤文平：《民法教义学与法学方法的系统观》，载《法学》2015年第7期。

150. 唐绍均、蒋云飞：《论基于利益分析的"环境优先"原则》，载《重庆大学学报（社会科学版）》2016年第5期。

151. 唐瑭：《生态文明视阈下政府环境责任主体的细分与重构》，载《江西社会科学》2018年第7期。

152. 陶希晋：《在改革中尽快完善行政立法》，载《现代法学》1987年第1期。

153. 汪学文：《联邦德国"环境责任法"的制定》，载《德国研究》1994年第4期。

154. 王彬：《论法律解释的融贯性——评德沃金的法律真理观》，载《法制与社会发展》2007年第5期。

155. 王灿发、陈世寅：《中国环境法法典化的证成与构想》，载《中国人民大学学报》2019年第2期。

156. 王灿发：《论生态文明建设法律保障体系的构建》，载《中国法学》2014年第3期。

157. 王福强：《基层环境执法困境及其解释》，载《湖北民族学院学报（哲学社会科学版）》2019年第3期。

158. 王贵松：《论法律的法规创造力》，载《中国法学》2017年第1期。

159. 王贵松：《依法律行政原理的移植与嬗变》，载《法学研究》2015年第2期。

160. 王剑、史玉成：《中国自然资源权利体系的类型化建构》，载《甘肃政法学院学报》2019年第6期。

161. 王敬波、王宏：《为谁立法——野生动物保护立法目的再讨论》，载《浙江学刊》2020年第3期。

162. 王锴：《宪法解释的融贯性》，载《当代法学》2012年第1期。

163. 王理万：《中国法典编纂的初心与线索》，载《财经法学》2019年第1期。

164. 王利明：《〈民法典〉中环境污染和生态破坏责任的亮点》，载《广东社会科学》2021年第1期。

165. 王利明：《体系创新：中国民法典的特色与贡献》，载《比较法研究》2020年第4期。

166. 王明远：《德国〈环境责任法〉的基本内容和特色介评》，载《重庆环境科学》2000年第4期。

167. 王明远：《论我国环境公益诉讼的发展方向：基于行政权与司法权关系理论的分析》，载《中国法学》2016年第1期。

168. 王社坤、苗振华：《环境保护优先原则内涵探析》，载《中国矿业大学学报（社会科学版）》2018年第1期。

169. 王伟：《保护优先原则：一个亟待厘清的概念》，载《法学杂志》2015年第12期。

170. 王小钢：《生态环境修复和替代性修复的概念辨证——基于生态环境恢复的目标》，载《南京工业大学学报（社会科学版）》2019年第1期。

171. 王钰：《功能刑法与责任原则 围绕雅科布斯和罗克辛理论的展开》，载《中外法学》2019年第4期。

172. 王竹：《从〈民法总则（草案）〉看民法典条文形式性编纂技术——部分基于法律条文大数据分析对比技术的编纂建议》，载《法学论坛》2017年第1期。

173. 韦贵红、黄雅惠：《论环境保护优先原则》，载《清华法治论衡》2015年第1期。

174. 魏胜强：《融贯性论证与司法裁判的和谐》，载《法学论坛》2007年第3期。

175. 吴继刚：《环境法律责任概念辨析》，载《理论学刊》2004年第2期。

176. 吴凯杰：《环境法体系中的自然保护地立法》，载《法学研究》2020年第3期。

177. 吴真：《企业环境责任确立的正当性分析——以可持续发展理念为视角》，载《当代法学》2007年第5期。

178. 夏凌：《法国环境法的法典化及其对我国的启示》，载《江西社会科学》2008年第4期。

179. 夏凌：《国外环境立法模式的变迁及中国的路径选择》，载《南京大学法律评论》2009年第1期。

180. 肖泽晟：《论行政强制执行中债权冲突的处理》，载《法商研究》2011年第3期。

181. 谢鸿飞：《民法典的外部体系效益及其扩张》，载《环球法律评论》2018年第2期。

182. 熊丙万：《法律的形式与功能——以"知假买假"案为分析范例》，载《中外法学》2017年第2期。

183. 熊超：《我国生态环境部门职责履行责任清单机制构建——以环保部门机构垂直管理改革为背景》，载《学术论坛》2020年第5期。

184. 熊琦：《知识产权法与民法的体系定位》，载《武汉大学学报（哲学社会科学版）》2019年第2期。

185. 熊樟林：《论〈行政处罚法〉修改的基本立场》，载《当代法学》2019年第1期。

186. 熊樟林：《行政处罚的种类多元化及其防控——兼论我国〈行政处罚法〉第8条的修改方案》，载《政治与法律》2020年第3期。

187. 熊樟林：《应受行政处罚行为的构成要件》，载《南京大学法律评论》2015年第2期。

188. 徐本鑫：《民事司法中环境修复责任的选择性适用》，载《安徽师范大学学报（人文社会科学版）》2019年第5期。

189. 徐本鑫：《刑事司法中环境修复责任的多元化适用》，载《北京理工大学学报（社会科学版）》2019年第6期。

190. 徐祥民、巩固：《关于环境法体系问题的几点思考》，载《法学论坛》2009年第2期。

191. 徐祥民：《大气污染防治中的地方政府大气环境质量责任制度实证研究》，载《法学论坛》2020年第5期。

192. 徐祥民：《地方政府环境质量责任的法理与制度完善》，载《现代法学》2019年第3期。

193. 徐以祥、刘海波：《生态文明与我国环境法律责任立法的完善》，载《法学杂志》2014年第7期。

194. 徐以祥：《论我国环境法律的体系化》，载《现代法学》2019年第3期。

195. 许中缘：《论法律概念——以民法典体系构成为视角》，载《法制与社会发展》2007年第2期。

196. 许中缘：《政治性、民族性、体系性与中国民法典》，载《法学家》2018年第6期。

197. 许德风：《论法教义学与价值判断 以民法方法为重点》，载《中外法学》2008年第2期。

198. 许德风：《法教义学的应用》，载《中外法学》2013年第5期。

199. 薛刚凌：《行政法法典化之基本问题研究——以行政法体系建构为视角》，载《现代法学》2020年第6期。

200. 闫胜利：《我国政府环境保护责任的发展与完善》，载《社会科学家》2018年第6期。

201. 严益州：《德国〈联邦行政程序法〉的源起、论争与形成》，载《环球法律评论》

2018年第6期。

202.杨炳霖：《对抗型与协同型监管模式之比较》，载《中国行政管理》2015年第7期。

203.杨炳霖：《监管治理体系建设理论范式与实施路径研究——回应性监管理论的启示》，载《中国行政管理》2014年第6期。

204.杨登峰、李晴：《行政处罚中比例原则与过罚相当原则的关系之辨》，载《交大法学》2017年第4期。

205.杨海坤：《论我国行政程序法典化》，载《学习与探索》1996年第3期。

206.杨解君、蒋都都：《〈行政处罚法〉面临的挑战与新发展——特别行政领域行政处罚应用的分析》，载《行政法学研究》2017年第3期。

207.杨解君：《行政处罚方式的定性、选择与转换——以海关"收缴"为例的分析》，载《行政法学研究》2019年第5期。

208.杨立新：《〈民法总则〉规定的民法特别法链接条款》，载《法学家》2017年第5期。

209.叶金方：《行政法规范类型初探》，载《人民论坛》2015年第21期。

210.叶金育、褚睿刚：《环境税立法目的：从形式诉求到实质要义》，载《法律科学（西北政法大学学报）》2017年第1期。

211.叶汝求：《改革开放30年环保事业发展历程——解读历次国务院关于环境保护工作的决定》，载《环境保护》2008年第21期。

212.易军：《民法基本原则的意义脉络》，载《法学研究》2018年第6期。

213.应松年：《中国行政程序立法的路径》，载《湖南社会科学》2008年第6期。

214.应松年：《中国行政程序法立法展望》，载《中国法学》2010年第2期。

215.于飞：《"内在体系外显"的功能与局限：民法总则基本原则规定评析》，载《人民法治》2017年第10期。

216.于飞：《民法基本原则：理论反思与法典表达》，载《法学研究》2016年第3期。

217.张宝：《我国环境公益保护机制的分化与整合》，载《湖南师范大学社会科学学报》2021年第2期。

218.湛中乐：《现代行政过程论》，载《行政法论丛》2004年第1期。

219.张红：《让行政的归行政，司法的归司法——行政处罚与刑罚处罚的立法衔接》，载《华东政法大学学报》2020年第4期。

220.张辉：《环境行政权与司法权的协调与衔接——基于责任承担方式的视角》，载

《法学论坛》2019 年第 4 期。

221. 张力：《民法典"现实宪法"功能的丧失与宪法实施法功能的展开》，载《法制与社会发展》2019 年第 1 期。

222. 张莉：《法国行政诉讼法典化述评》，载《法学家》2001 年第 4 期。

223. 张璐璐：《德国环境法法典化失败原因探究》，载《学术交流》2016 年第 6 期。

224. 詹建红：《论我国刑事司法模式的回应型改造》，载《法学杂志》2020 年第 4 期。

225. 张守文：《经济法的政策分析初探》，载《法商研究》2003 年第 5 期。

226. 张淑芳：《私法渗入公法的必然与边界》，载《中国法学》2019 年第 4 期。

227. 张淑芳：《行政处罚实施中违法行为的纠正途径》，载《法学》2013 年第 6 期。

228. 张淑芳：《行政行为中相关考虑的价值及基本范畴》，载《政法论坛》2015 年第 3 期。

229. 张文显：《法律责任论纲》，载《吉林大学社会科学学报》1991 年第 1 期。

230. 张翔：《环境宪法的新发展及其规范阐释》，载《法学家》2018 年第 3 期。

231. 张翔：《宪法与部门法的三重关系》，载《中国法律评论》2019 年第 1 期。

232. 张学永：《法律经济学视野下的刑罚目的与刑罚配置原则》，载《理论月刊》2017 年第 11 期。

233. 张忠利：《迈向环境法典：爱沙尼亚〈环境法典法总则〉及其启示》，载《中国人大》2018 年第 15 期。

234. 张忠民、赵珂：《环境法典的制度体系逻辑与表达》，载《湖南师范大学社会科学学报》2020 年第 6 期。

235. 张梓太、陶蕾、李传轩：《我国环境法典框架设计构想》，载《东方法学》2008 年第 2 期。

236. 张梓太：《论法典化与环境法的发展》，载《华东政法大学学报》2007 年第 3 期。

237. 张梓太：《论我国环境法法典化的基本路径与模式》，载《现代法学》2008 年第 4 期。

238. 张梓太：《中国环境立法应适度法典化》，载《南京大学法律评论》2009 年第 1 期。

239. 章剑生：《从地方到中央：我国行政程序立法的现实与未来》，载《行政法学研究》2017 年第 2 期。

240. 章志远：《行政法总则行政保障篇起草的基本遵循》，载《江淮论坛》2019 年第 2 期。

241. 章志远：《中国特色行政法法典化的模式选择》，载《法学》2018年第9期。

242. 章志远：《作为行政处罚总则的〈行政处罚法〉》，载《国家检察官学院学报》2020年第5期。

243. 赵宏：《行政法学的体系化建构与均衡》，载《法学家》2013年第5期。

244. 赵惊涛、张辰：《排污许可制度下的企业环境责任》，载《吉林大学社会科学学报》2017年第5期。

245. 赵万一：《民法基本原则：民法总则中如何准确表达？》，载《中国政法大学学报》2016年第6期。

246. 钟瑞华、李洪雷：《论我国行政法法典化的意义与路径——以民法典编纂为参照》，载《行政管理改革》2020年第12期。

247. 周绑扬、罗大平：《我国环境法的法律体系与立法体系研究》，载《理论月刊》2004年第10期。

248. 周杰普：《论公司参与人的环境损害赔偿责任》，载《政治与法律》2017年第5期。

249. 周婧：《封闭与开放的法律系统如何可能？——读卢曼〈法律作为社会系统〉》，载《社会学研究》2009年第5期。

250. 周卫：《论〈环境保护法〉修订案中的保护优先原则》，载《南京工业大学学报（社会科学版）》2014年第3期。

251. 周骁然：《体系化与科学化：环境法法典化目的的二元塑造》，载《法制与社会发展》2020年第6期。

252. 周佑勇：《行政法总则中基本原则体系的立法构建》，载《行政法学研究》2021年第1期。

253. 朱炳成：《形式理性关照下我国环境法典的结构设计》，载《甘肃社会科学》2020年第1期。

254. 朱春玉：《环境法学体系的重构》，载《中州学刊》2010年第5期。

255. 朱广新：《民法典编纂：民事部门法典的统一再法典化》，载《比较法研究》2018年第6期。

256. 朱维究：《对我国行政法法典化的思考——兼论行政法实体规范与程序规范的统一》，载《中国行政管理》2001年第4期。

257. 朱晓勤：《生态环境修复责任制度探析》，载《吉林大学社会科学学报》2017年第5期。

258. 朱岩：《社会基础变迁与民法双重体系建构》，载《中国社会科学》2010年第6期。

259. 朱芸阳：《民法典抽象技术的逻辑与路径》，载《南京大学学报（哲学·人文科学·社会科学）》2016年第1期。

260. 竺效、丁霖：《绿色发展理念与环境立法创新》，载《法制与社会发展》2016年第2期。

261. 竺效：《论生态文明建设与〈环境保护法〉之立法目的完善》，载《法学论坛》2013年第2期。

262. 竺效：《论中国环境法基本原则的立法发展与再发展》，载《华东政法大学学报》2014年第3期。

263. 祝捷、杜晞瑜：《论监察法规与中国规范体系的融贯》，载《上海政法学院学报》2020年第3期。

五、外文期刊论文

1. Barnett Lawrence, *Supplemental Environmental Projects: A New Approach for EPA Enforcement*, Spring 1995, 12 Pace Environmental Law Review.

2. Benne C. Hutson & Amanda K. Short, *The Nexus Requirement for Supplemental Environmental Projects - The Emperor's New Clothes of Environmental Enforcement*, 2011, 3 Charlotte Law Review.

3. Christopher D. Carey. *Negotiating Environmental Penalties: Guidance on the Use of Supplemental Environmental Projects*, 1998, 44 Air Force Law Review.

4. Daniel A. Farber, *Taking Slippage Seriously: Noncompliance and Creative Compliance in Environmental Law*, 1999, 23 Harvard Environmental Law Review.

5. Douglas Rubin, *How Supplemental Environmental Projects Can and Should Be Used to Advance Environmental Justice*, 2010, 10 University of Maryland Law Journal of Race, Religion, Gender and Class.

6. Julia Black & Robert Baldwin, *Really Responsive Risk-based Regulation*, 2010, 32 Law and Policy.

7. Kathleen Boergers, *The EPA's Supplemental Environmental Projects Policy*, 1999, 26 Ecology Law Quarterl.

8. Kenneth T. Kristl, *Making a Good Idea Even Better: Rethinking the Limits on

Supplemental Environmental Projects, 2007,31 Vermont Law Review.

9. Leonor Moral Soriano, *A Modest Notion of Coherence in Legal Reasoning: A Model for the European Court of Justice*, 2003,16 Ratio Juris.

10. Mark J. Zimmermann, *Working with EPA's Revised Policy on Supplemental Environmental Projects*, 1995,1 Environmental Compliance& Litigation Strategy.

11. Richard Stewart, *A New Generation of Environmental Regulation?*, 2001,29 Capital University Law Review.

12. Steven A. Herman. *EPA's Revised Supplemental Environmental Projects Policy Will Produce More Environmentally Beneficial Enforcement Settlements*. 1995 National Environmental Enforcement.

六、报纸杂志

1.陈媛媛：《最高检通报2018年检察公益诉讼工作情况 环境公益诉讼办案量大幅提升》，载《中国环境报》2018年第12月26日，第01版。

2.贺震：《遏制阻挠执法须补齐法律短板》，载《中国环境报》2017年4月21日，第03版。

3.刘传义：《环境执法为啥这样难？》，载《中国环境报》2014年2月26日，第02版。

4.靳昊、颜维琦：《免罚清单，一场有温度的执法变革》，载《光明日报》2020年9月5日，第07版。

5.马新萍：《阻挠执法比环境违法性质更恶劣》，载《中国环境报》2018年9月20日，第02版。

6.任飞：《如何化解行政执法引起的政企矛盾？》，载《中国环境报》2017年3月22日，第08版。

7.时延安：《惩罚目的选择对刑事法制模式的影响》，载《检察日报》2021年4月22日，第03版。

8.王贵松：《我国行政法法典化路径》，载《法治日报》2021年2月26日，第05版。

9.万学忠：《学界首次提出构建中国行政法法典》，载《法制日报》2018年1月19日。

10.杨建顺：《为什么行政法不能有统一的法典？》，载《检察日报》2020年6月3日，第07版。

11.张志峰：《严防"一刀切"，严格"切一刀"》，载《人民日报》2018年09月21日，第13版。

12. 竺效：《建立生态（环境）损害预防与救济长效法律机制》，载《中国环境报》2017年12月22日，第03版。

七、文集文摘

1. 刘飞：《德国〈联邦行政程序法〉的"法律性"效力分析——对德国行政程序立法体例的一个侧面观察》，载姜明安主编：《行政法论丛》（11卷），法律出版社2008年版。

2. [美] 奥利·洛贝尔：《新新政：当代法律思想中的管制的衰落与治理的兴起》，载罗豪才、毕洪海编：《行政法的新视野》，商务印书馆2011年版。

3. [美] 理查德·B.斯图尔特：《环境规制的新时代》，载王慧：《美国行政法的改革——规制效率与有效执行》，法律出版社2016年版。

4. 湛中乐、尹好鹏：《制定统一的行政法典既有必要亦有可能——〈荷兰行政法通则〉概述》，载罗豪才主编：《行政法论丛（第2卷）》，法律出版社1999年版。

八、学位论文

1. 侯学勇：《法律论证的融贯性研究》，山东大学2009年博士学位论文。

2. 夏凌：《环境法的法典化——中国环境立法模式的路径选择》，华东政法大学2007年博士学位论文。

3. 庄超：《环境法律责任制度的反思与重构》，武汉大学2014年博士学位论文。

九、中文网络资料

1. 蔡守秋：《国外加强环境法实施与执法能力建设的努力》，载社科网，https://www.sinoss.net/uploadfile/2010/1130/812.pdf，最后访问日期：2023年10月19日。

2. 《生态环境部全面推行环境执法"双随机、一公开"》，载中华人民共和国生态环境部网站 https://www.mee.gov.cn/xxgk2018/xxgk/xxgk15/201804/t20180429_630120.html#:~:text=%E4%B8%BA%E6%B7%B1%E5%85%A5%E8%B4%AF%E5%BD%BB%E8%90%BD%E5%AE%9E%E5%85%9A,%E6%8F%90%E9%AB%98%E4%BA%86%E5%8F%AF%E9%9D%A0%E6%94%AF%E6%92%91%E3%80%82，最后访问日期：2023年12月27日。

3. 《推行"双随机"的主要目的有哪些？》，载中国政府网，http://www.gov.cn/xinwen/2018-06/08/content_5297093.htm，最后访问日期：2023年10月19日。

4. 《最高人民法院环境资源审判庭成立五周年新闻发布会》，载人民法院网，https://www.chinacourt.org/article/subjectdetail/id/MzAwNMhON4ABAA.shtml，最后访问日期：2023

年 10 月 19 日。

5. 寇江泽：《环保的"钢牙"可以更利些》，载人民政协网，https://www.rmzxb.com.cn/c/2017-04-26/1504644.shtml，最后访问日期：2023 年 10 月 19 日。

6.《全国人大常委会法工委：将积极推进生态环境立法领域法典编纂工作》，载人民网，http://npc.people.com.cn/n1/2021/0130/c14576-32017715.html，最后访问日期：2023 年 10 月 19 日。

7.《如何有序推进法典编纂？|立法学研究会专题会议》，载中国法律评论公众号，https://mp.weixin.qq.com/s/JHnaXL3Lv-e3BEOopHGuQQ，最后访问日期：2023 年 10 月 19 日。

8. 王炜：《重磅解读|新行政处罚法将对生态环境监管执法产生哪些重大影响？》，载中国环境网，https://res.cenews.com.cn/h5/news.html?id=149474，最后访问日期：2023 年 10 月 19 日。

9. 应松年：《制定行政法总则的时机已经成熟》，载财新网，http://opinion.caixin.com/2017-12-29/101191468.html，最后访问日期：2023 年 10 月 19 日。

10. 卓泽渊：《推进国家治理体系和治理能力现代化》，载人民网，http://theory.people.com.cn/n1/2018/1221/c40531-30480059.html，最后访问日期：2023 年 10 月 19 日。

十、外文网络资料

1. United States Environmental Protection Agency Supplemental Environmental Projects Policy 2015 Update.

2. 1992 GAO Opinion.

3. Environmental Protection Agency Notices. Final EPA Supplemental Environmental Projects Policy Issued.63 Fed. Reg. 24796 (1998).

4. Environmental Protection Agency Notices: Interim Revised EPA Supplemental Environmental Projects Policy Issued,60 Fed. Reg. 24856 (1995).

5. Office of Enforcement and Compliance Monitoring, U.S. EPA. A Framework For statute-Specific Approaches to Penalty Assessments.

6. OECD: The Implementation of the Polluter-Pays Principle. C(73)1(Final).

7. OECD:Recommendation On Environment And Economics Guiding Principles Concerning International Economic Aspects Of Environmental Policies C(72)128.

图书在版编目(CIP)数据

环境行政法律责任规范的体系化研究 / 梁晓敏著. —北京：中国法制出版社，2024.4
ISBN 978-7-5216-4306-0

Ⅰ.①环⋯ Ⅱ.①梁⋯ Ⅲ.①环境保护法—行政执法—研究—中国 Ⅳ.①D922.680.4

中国国家版本馆CIP数据核字（2024）第050834号

责任编辑：潘环环　　　　　　　　　　　　　　　封面设计：杨鑫宇

环境行政法律责任规范的体系化研究
HUANJING XINGZHENG FALÜ ZEREN GUIFAN DE TIXIHUA YANJIU

著者 / 梁晓敏
经销 / 新华书店
印刷 / 北京虎彩文化传播有限公司
开本 / 710毫米×1000毫米　16开　　　　　印张 / 17　字数 / 227千
版次 / 2024年4月第1版　　　　　　　　　　2024年4月第1次印刷

中国法制出版社出版
书号 ISBN 978-7-5216-4306-0　　　　　　　定价：69.00元

北京市西城区西便门西里甲16号西便门办公区
邮政编码：100053　　　　　　　　　　　　传真：010-63141600
网址：http://www.zgfzs.com　　　　　　　 编辑部电话：010-63141813
市场营销部电话：010-63141612　　　　　 印务部电话：010-63141606
（如有印装质量问题，请与本社印务部联系。）